NANA WALZER

(HRSG.)

DIE BILDUNG DER MENSCHLICHKEIT FÜR ERWACHSENE

Schritte zur Gesellschaft von morgen

D1731435

braumüller

Bibliografische Information der Deutschen Nationalbibliothek
Die Deutsche Nationalbibliothek verzeichnet diese Publikation in der
Deutschen Nationalbibliografie; detaillierte bibliografische Daten
sind im Internet über http: // dnb.d-nb.de abrufbar.

1. Auflage 2019
© 2019 by Braumüller GmbH
Servitengasse 5, A-1090 Wien
www.braumueller.at

Fotos/Abb.:
Cover Hintergrundbild: © Omelchenko / shutterstock.com
Bilderleiste (von links nach rechts): (1) © Monkey Business Images / shutterstock.
com, (2) © maxstockphoto / shutterstock.com, (3) © Africa Studio / shutterstock.com,
Seite 10: Quelle: http://www.bmz.de/de/ministerium/ziele/2030_agenda/index.html
Seite 86: © www.pixabay.com

Der Beitrag auf den Seiten 92-110 ist mit freundlicher Genehmigung des Verlags
zu großen Teilen ein Nachdruck von: Brigitte Sindelar: Pubertät und Adoleszenz:
Erwachsen werden ist schwer!, Verlag Austria Press 2014 (Inh.: Dr. Sindelar
Psychoedukation GmbH) www.austriapress.at

Druck: EuroPB, Dělostřelecká 344, CZ 261 01 Příbram
ISBN 978-3-99100-284-0

D|R|I

HUMAN AND GLOBAL
DEVELOPMENT RESEARCH INSTITUTE

Inhalt

Vorwort

Das Human and Global Development Research Institute (DRI) wurde 2013 als gemeinnütziges und unabhängiges Forschungs- und Bildungsinstitut mit Sitz in Wien gegründet. Hauptthema ist der Zusammenhang von menschlicher und globaler Entwicklung.

Das DRI propagiert unter anderem die Ergänzung der *Allgemeinen Erklärung der Menschenrechte* um eine *Allgemeine Erklärung der Menschenpflichten*. Menschenrechte sind wichtig und ihre Durchsetzung erfordert weitere Anstrengungen. Sie reichen aber nicht aus, um eine funktionierende Gesellschaft zu tragen – es ist notwendig, auch die Verpflichtungen zu bestimmen, die mit dem Anspruch auf Rechte einhergehen. Ein weiteres Thema ist die Errichtung eines *Weltparlaments* bei den Vereinten Nationen. Ein Parlament für die gesamte Menschheit wäre ein Meilenstein in der politischen Geschichte der Menschheit, aber vielmehr noch in der Bewusstseinsevolution: Ein Weltparlament ist nur sinnvoll, wenn die Menschheit sich zuvor tatsächlich als eine einzige erkennt und versteht. Das DRI propagiert auch die verstärkte Berücksichtigung von *psycho-sozio-kulturellen Faktoren* für nachhaltige Entwicklung, insbesondere in den Sustainable Development Goals (SDGs) der Vereinten Nationen.

Hinter diesen Anstrengungen und Vorschlägen steht eine Eigenschaft des Menschen, die unverzichtbar für alle gesellschaftlichen Vorhaben ist und ohne die alle politischen, moralischen und sozialen Pläne scheitern müssen: **die Menschlichkeit.** Diese Menschlichkeit als Grundlage der Gesellschaft gilt es zu pflegen.

In unserem ersten gemeinsamen Buch, Band I: „Die Evolution der Menschlichkeit – Wege zur Gesellschaft von morgen" (2017), haben wir geschrieben:

„Die Evolution der Menschlichkeit – Wege zur Gesellschaft von morgen *untersucht die Hintergründe für die immer größer werdenden Reibungsflächen unserer Gesellschaft. Es beleuchtet die derzeit stark wahrnehmbare und fundamental anmutende zwischenmenschliche Spaltung von Meinungen, Stimmungen, Ausrichtungen und Handlungsweisen aber nicht, um sie zu beklagen, sondern um den Hindernissen im Verständnis und Verhalten auf einer neuen Ebene zu begegnen. Unser Ziel ist kein geringeres, als eine fundierte Basis für ein gelingendes Miteinander in aller Unterschiedlichkeit zu liefern. Mit diesem Ansatz versuchen wir eine Lücke zu füllen, die sich in unserer Gesellschaft derzeit [...] auftut: Wir begegnen aktiv jener weit und immer weiter aufklaffenden Schere, verursacht durch gravierende Unterschiede zwischen Wertvorstellungen, Kulturen, Generationen, Regionen, Bildungsniveaus, Einkommensverhältnissen, Mentalitäten, Selbstverständnissen und Weltwahrnehmungen."*

Ein wichtiger Baustein, um diese Lücke zu schließen, ist die Menschlichkeit, derer wir alle uns bewusst sind, und die keiner weiteren Legitimation bedarf.

Wir alle wissen, dass wir Menschen sind und wie wir anderen Menschen begegnen sollten – nämlich menschlich.

Nur eine globale Gesellschaft, die auf Menschlichkeit gegründet ist, und das nicht nur in globaler und nationaler Politik, sondern individuell, täglich und bei jeder/jedem Einzelnen, wird in der Lage sein, die großen globalen Herausforderungen zu meistern, die die Vereinten Nationen als Sustainable Development Goals zusammengestellt haben. In Band I schrieben wir:

„Die wichtigen Aufgaben, denen sich die Menschheit heute gegenübersieht, können wir nur gemeinsam lösen."

Das gilt uneingeschränkt weiter. Auf der nächsten Seite sehen Sie die 17 Sustainable Development Goals der Vereinten Nationen, ihre Einbettung in die Basis der Menschlichkeit und ihr Ziel des gelingenden Miteinanderlebens.

Die ursprüngliche Idee und damit der Sinn des Projektes *Die Evolution der Menschlichkeit – Wege zur Gesellschaft von morgen* bestand darin, geeignete Unterlagen für ein Bildungsprogramm zu liefern, das sowohl für die Weiterbildung einzelner Leser nutzbar ist, als auch in Schulen, weiterführenden Ausbildungsinstituten und Bildungsprogrammen für Erwachsene zur Anwendung kommen kann. Band I, erschienen 2017, lieferte dazu die geistigen und theoretischen Grundlagen. Folgebände sollten dann die praktischen Materialien für Unterricht und Bildungsprogramme enthalten.

Mit Band II und III, die 2019 erscheinen, wollen wir dieser Ankündigung nachkommen und ausgewählte Bildungsmaterialien, die von ExpertInnen und PraktikerInnen zur Verfügung gestellt wurden, zugänglich machen.

Dieses Buch konnte nicht gelingen ohne die Unterstützung und freundliche Begleitung durch viele KollegInnen, Organisationen und FreundInnen, denen wir an dieser Stelle sehr herzlich danken. Für das Buch als Gemeinschaftswerk gilt unser Dank zunächst allen AutorInnen und Co-AutorInnen, des Weiteren dem Braumüller-Verlag. Schlussendlich gilt unser Dank allen KollegInnen und SponsorInnen des Human and Global Development Research Institute (DRI) für wertvolle Beiträge und immer spannende Diskussionen.

Der Weg zur Gesellschaft von morgen führt über eine Kultivierung von Mitmenschlichkeit.

Daran sollten wir – trotz einer heterogenen Gesellschaft und gerade in einer Zeit, die von Unsicherheit auf vielen Ebenen geprägt ist – festhalten.

Peter Gowin
Wien, im März 2019

Ziel: Miteinander leben

Sustainable Development Goals der Vereinten Nationen

Basis: Menschlichkeit

Es ist nie zu spät für mehr Menschlichkeit

Noch besser mit sich selbst und miteinander leben

Der Mensch, als körperliches Wesen betrachtet, hat wie jedes Lebewesen bestimmte Grundbedürfnisse (Essen, Schlafen, Regeneration, Schutz, Gemeinschaft, Anerkennung etc). Es sind vor allem die sogenannten *soft skills*, also die Fähigkeiten des Geistes und des Gefühlslebens, die es uns ermöglichen, anders als in rein lebenserhaltenden Bahnen zu handeln. Sie befähigen uns Menschen zu mehr als zum reinen Überleben. Sie machen uns menschlich und mitmenschlich. Unsere geistigen und emotionalen Kompetenzen erlauben uns, über uns selbst hinauszudenken und nicht nur in unserem eigenen Sinne zu handeln. Aus Sicht der Evolution betrachtet, begründet die Fähigkeit zum Miteinander den Erfolg des Überlebens der Menschheit. Aber genau diese Entwicklung führte uns an die heikle Stelle in der Evolution der Gesellschaft, an der wir heute stehen.

Menschlichkeit als Problem und Lösung zugleich

In unserer hoch arbeitsteiligen, stark verflochtenen und zunehmend komplexer werdenden Welt kann das Überleben des Einzelnen nur mehr durch das Zusammenwirken vieler gesichert werden. Das gemeinsame Funktionieren bedarf der Abstimmung und Aufteilung von für das Überleben aller notwendigen Tätigkeiten und Ressourcen ebenso wie des Teilens von Informationen, die dafür nötig sind. Zugleich erleben sich immer mehr Menschen als isoliert und abgekoppelt. Mit zunehmender Individualisierung und Fragmentierung der Gesellschaft stehen wir von dem Problem gnadenloser Überforderung durch ein „Zuviel" an Lebenswelten. Die Welt ist ein Dorf geworden, aber das Dorf ist so groß, dass uns das Leid überwältigt, Zusammenhänge zu komplex und Lösungen kaum sichtbar sind. Es sind aber genau hier an dieser Stelle des gelingenden Miteinanders oder der sich weiter spaltenden Gesellschaft die Menschlichkeit und die Mitmenschlichkeit, die uns durch die unauslotbaren Tiefen und gefährlichen Untiefen des Lebens leiten können.

Der Mensch zwischen gestern und morgen

Die Digitalisierung hat quasi als Speerspitze der ihr zivilisationstechnisch vorangegangenen Wellen von Industrialisierung und konsumorientierter Marktwirtschaft der Wohlstands-, Erlebnis- und Informationsgesellschaft den Weg geebnet. Wir leben heute in einer Umwelt, die zugleich analog und digital geformt und erfahren wird. Für das analoge Zusammenleben gab es noch ein, zwei Generationen zuvor klarere Regeln. Mit Kriegsende entfaltete sich in Westeuropa das friedliche Miteinander entlang der internationalen wirtschaftlichen Verflechtungen, die wiederum durch den wirtschaftlichen Aufschwung des Wiederaufbaus genährt wurden. Was lange Zeit gut lief und eine Erwartung des „immer besser" hervorrief, kippte in den 2000er-Jahren, spätestens mit der Finanzkrise 2007/2008 in eine Rat- und Hilflosigkeit, die bis heute die Bevölkerung – auf allen Altersstufen anders – verunsichert. Die Jungen sehen keine klaren Lebenswege mehr vor sich, die mittlere Generation hat das Prekariat erreicht, sie kann sich zunehmend weder des fixen Einkommens noch der Pension sicher sein und die Älteren fühlen sich mitunter fremd, unbedeutend und unbeweglich in dieser neuen Welt. Was vor einigen Jahrzehnten noch für alle Generationen zumindest generell vorhersehbar schien, nämlich ihr Lebensweg und die äußeren Umstände, was einst planbar, überschaubar und erklärbar war, wurde mittlerweile zu einer unkontrollierbaren Umwelt, die völlig andere Lösungsfindungskompetenzen, Denk- und Verhaltensweisen braucht, als es früher der Fall war. Gewalt ist keine Lösung. Guter Wille reicht schon lange nicht. Entertainment, Image und Werbung mobilisieren zum Konsum, befähigen aber nicht zur Innovation. Die Selbst- und Mitverantwortung muss neu gelernt und in einem sich verändernden Umfeld angewandt werden. In wechselnden Herausforderungen schleudert es mittlerweile die stabilsten Systeme, egal ob es politische, soziale oder wirtschaftliche sind.

Überleben zwischen realer und virtueller Welt

Während manche Menschen durch ein hohes Maß an Bildung bei gleichzeitiger Prägung durch ein wertebasiertes soziales Umfeld den

Spagat zwischen Derealisierung und mitmenschlichem Verhalten meistern, reiten andere Menschen auf der digitalen Welle und schöpfen dort durch Manipulationen aller Art (im Finanzwesen, durch Informationssteuerung, Manipulation von Meinungen, Big Data, Datenhandel etc.) ungleich mehr Wert ab, als es durch analoge Tätigkeit möglich wäre, ohne sich für die Mitmenschen, die dies nicht tun/können, (mit) verantwortlich zu fühlen. Wieder andere existieren relativ abgekoppelt vom Zugang zur und dem Verständnis für die virtuelle Welt. Sie werden passiv durch sie manipuliert, ohne die Zusammenhänge zu verstehen, fühlen sich abgehängt oder verweigern sich dem Wandel. Diese verschiedenen Spaltungen in der Gesellschaft führen dazu, dass das generelle „Miteinander" derzeit wieder massiv durch radikal die Gesellschaft teilende Bewegungen bedroht wird.

Die Leitunterscheidungen unserer Gesellschaft

Digital/analog, urban/ländlich, bildungsnah/bildungsfern, mobil/statisch, global/regional, mental und emotional offen/verschlossen, geistig/handwerklich arbeitend, an der Gesellschaft teilnehmend/sich von ihr ausgeschlossen fühlend, älter („pre-digital Natives")/jünger („digital Natives"), patriarchal geprägt/mit dem Anspruch der Gleichberechtigung aufgewachsen, reflektiv/instinktiv, leistungsorientiert/lebensqualitativ ausgerichtet, schnell/langsam, anpassungsfähig/unflexibel, traditionalistisch/fortschrittlich, monokulturell/multi- oder transkulturell – solche und ähnliche Leitunterscheidungen lassen Menschen heute in ihrem Selbstverständnis, in ihrer Weltsicht, in ihren Verhaltensweisen und in ihren Erwartungen an die Einstellungen und Verhaltensweisen anderer massiv auseinanderdriften. Mit der einhergehenden Diversifizierung der Gesellschaft(en) und der zunehmenden Individualisierung drängt sich die große Frage nach der eigenen Identität auf. Zu wissen, wer man ist und wo man dazugehört, ist eines der Grundbedürfnisse des Menschen. Aber: *Wer bin ich, wenn alle anders sind?* Wenn jeder einzigartig ist? Die Antwort darauf wäre eigentlich höchst logisch und ganz einfach. Sie bedürfte keinerlei aggressiver Methoden der gegenseitigen Ab- und Ausgrenzung – ganz im Gegenteil. Wenn Menschen bereit dazu wären, sie zu hören, wäre ein gutes Zusammenleben in der Tat trotz und in aller Unterschiedlichkeit einfach und machbar: *Wir sind alle Menschen*. Mit denselben Grundbedürfnissen. Diese gilt es zu befriedigen. *Wie* wir dies tun und welche Rolle wir dabei in unserer arbeitsteiligen Gesellschaft einnehmen, bleibt dabei den Individuen überlassen. Aber genau an diesem „Wie" scheinen sich die Geister zu scheiden. Mittlerweile geht es nicht mehr darum, welche Arbeit jeder Mensch ausübt, um seinen Dienst an der Gemeinschaft zu leisten und sein Überleben zu sichern. Es geht vielmehr darum, wie das Gemeinsame aussieht, nämlich als kleiner Kreis (exkludierend) oder größer gedacht, bis hinauf zur Globalgesellschaft (inklusiv). Mit den unterschiedlichen Identifikationsformen ändert sich auch das mitmenschliche und mitverantwortliche Verhalten.

„Jeder gegen jeden" oder „wir miteinander", das ist hier und jetzt die große Frage.

Würden wir anerkennen, dass alle Menschen als Individuen einzigartig sind und dass zugleich jeder Mensch ein Recht auf die Befriedigung seiner Bedürfnisse auf seine individuelle Art hat, bräuchten wir uns nur mehr der gerechten Verwaltung der individuellen Zugänge zur Bedürfnisbefriedigung zu widmen. Dann ginge es nur mehr darum, einen funktionellen transkulturellen Rahmen zu schaffen, in dem die Menschen frei und gleich, sicher und solidarisch jede/r für sich und miteinander existieren können. Betrachten wir etwa die Europäische Grundrechtecharta, so steht vieles davon bereits geschrieben. Und dennoch sind so viele Menschen offenbar (noch?) nicht dazu bereit das friedliche Zusammenleben in aller Vielfalt konstruktiv und kooperativ zu sehen und zu leben.

Warum die Unmenschlichkeit um sich greift

Eigentlich steht jeder Mensch heute vor einer Wahl. Leider ist diese Wahl vielen gar nicht bewusst und sie reagieren auf die unausgesprochene Frage mit Abwehr, Ignoranz, Festhalten am Alten und Gewohnten oder Aggression. Die Frage lautet: *Wie positionieren wir Menschen uns – und zwar jede/r Einzelne – entlang der zunehmend unser Leben und unser Zusammenleben bestimmenden Veränderungen?* Nennen wir diese Veränderungen technologische Entwicklungen (die Technologie steht hier stellvertretend für all die anderen Leitunterscheidungen, die weiter oben angesprochen wurden). Um diese Frage zu beantworten, ist es zunächst notwendig, die jede/n Einzelne/n betreffenden Leitunterscheidungen a. überhaupt erst einmal zu erkennen und b. die Antwort dann so im eigenen Leben zu integrieren, dass sie nicht mehr *Entweder-oder*-Polaritäten darstellen. Statt sich selbst und seine Lebenswelt als etwa national *oder* europäisch, als digital *oder* analog, als urban *oder* ländlich, als monokulturell *oder* multikulturell/transkulturell festzulegen, ist eine Fähigkeit zum oszillierenden Verständnis angesagt. Dazu braucht es aber eine gewisse Selbstreflexion und dies ist eine der vielen Fähigkeiten im Rahmen der Persönlichkeitsentwicklung, die es heute zu entwickeln gilt.

Unsere komplexe Welt braucht Menschen, die fähig und willens sind, in ihr zurechtzukommen.

Wir brauchen heute eine Art der Bildung, die Menschen dazu befähigt, auch in unbekannten, stets wechselnden Umständen zu überleben. Die heutigen Herausforderungen rufen nach einer Entfaltung von Fähigkeiten, die tatsächlich für das Überleben in immer „unmenschlicher" werdenden Zeiten geeignet sind. Die „Unmenschlichkeit" bezieht sich dabei auf die Technologienähe genauso wie auf die Ferne zu eigenen Gewohnheiten durch individuelle, soziale, regionale, kulturelle Prägungen. Der Mensch ist ein Gewohnheitswesen, aber für das miteinander Überleben in wenig vorherbestimmbaren Umwelten brauchen wir die Erfahrung genauso wie den Willen, die auf der Erfahrung basierenden Erkenntnisse für notwendige Innovationen weiterzuentwickeln. Der Begriff der „Unmenschlichkeit" bezieht sich also einerseits etwa auf neue Weltwahrnehmungsmechanismen durch die Digitalisierung/Virtualisierung unserer Lebenswelt und andererseits auf die prinzipielle Komplexität unserer Lebenswelt, die ein Durchblicken von Zusammenhängen und Ursache-Wirkung-Verhältnissen in unserer global verflochtenen und intersystemisch dependenten Welt nahezu unmöglich macht. Diese Umstände verunsichern Menschen so sehr, dass sie auch in ihren Ansichten und Handlungen zum Regress, also zur Abschottung, zur Abwehr, zur Ignoranz oder auch zum Kampf gegen das Neue, andere neigen.

Bildungsangebote von heute müssen Menschen durch Persönlichkeitsentwicklung dazu befähigen, in diversen Lebenswelten, die durch vielfältige Perspektiven auch widersprüchlich erscheinen können, nicht nur zurechtzukommen, sondern sich und ihre Umwelt durch die Verarbeitung der Widersprüche sogar noch weiterzuentwickeln.

Ein Beispiel: Lange schon treten Wahrscheinlichkeiten an die Stelle von Gewissheit (siehe Statistiken als Quelle für Entscheidungen der Finanzwelt, die zum Zweck der Legitimation sogar auf Unwahrscheinlichkeitsberechnungen zurückgreift). Der Begriff der „Wahrheit" als absolute Größe hat sich gemeinsam mit der „Gewissheit" parallel zu dieser Entwicklung verändert. „Die Wahrheit", „die eine erkennbare Welt", wie sie etwa bis vor kurzem noch von sich als objektiv-neutral definierenden Medienberichterstattern postuliert wurde, gibt es nicht mehr. Sie wurde von einem individuellen Wirklichkeitsempfinden abgelöst, das massiv durch die Informationen in der eigenen (digitalen und sozialen) Blase geprägt wird. Dieser Umstand wiederum scheint nur menschlich, vielleicht allzu menschlich. Denn wenn die Informationsflut im Alltag so unübersichtlich wird und dabei anhaltend unerfreulich bleibt, versuchen Menschen nur noch das für sie Relevante und Positive herauszufiltern. Also verlegen sie sich darauf, alles, was sie und ihre Vorannahmen unterstützt, verstärkt und selektiv wahrzunehmen. Algorithmen helfen dabei, die eigene Selbst- und Weltwahrnehmung zu bestätigen, und der Konsum bzw. die politischen Nutznießer freuen sich darüber (denn wirtschaftliche oder politische Motive sind ja der Grund für die Programmierung der Algorithmen). Wer sich wohlfühlt, ist auch zuversichtlicher, was seine Finanzen betrifft, und hat auch mehr Lust auf Neues (wohlgemerkt angenehm Kontrollierbares wie Konsumgüter). Wer sich verstanden fühlt, auch und gerade in seinen negativen Emotionen, ist geneigt sein Vertrauen herzuschenken und mitunter auch auf dem Wahlzettel auszudrücken. Durch unsere Grundbedürfnisse werden wir leider unglaublich manipulierbar – und werden tatsächlich unglaublich manipuliert. Wenn die Gewissheit darüber, „wie die Dinge sind", heute nicht mehr von außen kommen kann („jedes Informationsangebot ist nur ein geringer Auszug der ganzen Wirklichkeit") und da sich die Umstände und Referenzräume ständig ändern, kann sie nur noch von innen kommen. Und zwar ähnlich der Nabe eines Rades: Innere Stabilität durch einen starken Persönlichkeitskern und eine gute Verbindung zu sich selbst ermöglichen äußere Flexibilität und eine Bewegungsfreiheit in vielen Resonanzfeldern. Aber eine große Zahl an Menschen ist noch nicht bereit für den Siegeszug der Selbst- und Mitverantwortung. Sie stecken noch im unübersichtlichen Gefühlschaos unserer heterogenen Zeit und sehen bzw. spüren noch keinen Ausweg. Der Eindruck negativer Fremdbestimmung hinterlässt sie immer wieder frustriert, enttäuscht, wütend, traurig und ohnmächtig. Und anstatt diese Irritationen konstruktiv zu bearbeiten, übernehmen die Gefühle die Kontrolle.

Mit dem Einzug von subjektivierten Sichtweisen als akzeptierte Referenzgröße für die Beurteilung der Welt tritt die Emotion als Zünglein auf der Waage auf den Plan.

So ist etwa im öffentlichen Raum die Schamgrenze dramatisch gesunken, sowohl was die „Stammtischsprache", die Ausdrucksweise im Netz oder auch die Sprache und das Verhalten an Schulen betrifft, aber ebenso was das Verhalten von RepräsentantInnen der Gesellschaft betrifft (denken wir an Donald Trumps Aussage *„Mexikaner sind Vergewaltiger"* oder auch an die Art der abwertenden, teils hasserfüllten Untergriffe im österreichischen Nationalrat). Ethisch-moralische Barrieren fallen und was früher nicht ging, ist heute breit akzeptierter Alltag. Diese Entwicklungen, die zivilisatorisch durchaus einem kulturtechnischen Rückschritt gleichen, aufnehmend, sprechen wir in diesem Buch von einer Neudefinition des „Menschlichen", nämlich in einem Sinne der Mitmenschlichkeit, als Einstellung und Fähigkeit, die Einfühlungsvermögen und Rücksichtnahme miteinbezieht.

Mindeststandard Menschlichkeit

Im vorliegenden Buch geht es darum, jenes Entwicklungsmaterial zu liefern, das Menschen dazu motiviert und befähigt, auf (Mit-)Menschlichkeit basierende Entscheidungen zu treffen und dadurch ihre Lebenswelt und die Gesellschaft konstruktiv mitzugestalten. Es geht dabei weniger um ethische Prinzipien oder moralische Imperative, nicht um ein „Du sollst!" oder „Du sollst nicht!", sondern darum, dass jede/r inmitten der Komplexität und Vielfalt, die unseren Alltag ausmachen, handlungsfähig bleibt und dazu beitragen kann, die Herausforderungen, vor denen wir als Menschheit stehen, ein Stück weit mit zu lösen.

Ziel ist, dass Menschen nicht Teil des Problems sind, sondern Teil der Lösung werden.

Mit dem Stichwort der *Neuen Aufklärung* beschreibt der Physiker Ernst Ulrich von Weizsäcker, Co-Vorsitzender des Clubs of Rome, den Zugang, der die Lösungsfindung für die großen Zukunftsprobleme der Menschheit ermöglicht. Durch diese neue Denkweise *„müsse eine Balance zwischen Geschwindigkeit, Nachhaltigkeit und Stabilität gefunden werden"*. Schon Immanuel Kant forderte in seiner Definition von Aufklärung die Befreiung der Menschheit aus ihrer selbstverschuldeten Unmündigkeit. Dieser Aufruf zum selbstständigen Denken galt der Befreiung aus alten Glaubenssätzen und Dogmen. Heute, könnte man sagen, gilt dieser Satz erneut als Aufforderung, unsere Gewohnheiten zu hinterfragen und über sie hinauszuwachsen. Hinaus aus einem mitverschuldeten Empfinden der Hilflosigkeit und des Ausgeliefertseins einer nachpostmodernen Welt und hinein in eine aktive Lösungsfindungskompetenz, die es uns allen ermöglicht, diese Welt gemeinsam zu gestalten und zu verbessern und im Sinne der Nachhaltigkeit und Stabilität für alle zu handeln.

---

1 Von Weizsäcker, Ernst Ulrich, im Gespräch mit Welty, Ute: „Wir brauchen eine neue Aufklärung". Deutschlandfunk Kultur, 07.04.2018. https://www.deutschlandfunkkultur.de/50-jahre-club-of-rome-wir-brauchen-eine-neue-aufklaerung.1008.de.html?dram:article_id=415017

Wo heute vielfach der Ruf nach dem „starken Mann" laut wird, da zeigt sich diese selbstverschuldete Unmündigkeit wieder. Dabei machen Menschen eine Autoritätsperson zum Verantwortlichen für die Zukunft ihrer Lebenswelt und sind froh, sie ihm aufbürden zu können, ohne die Last selbst tragen zu müssen. Sie nehmen dafür sogar antidemokratische Entwicklungen, autoritäre Regime, Unterdrückung und den Verlust von Grund- und Menschenrechten, der Rechtsstaatlichkeit oder der Säkularität in Kauf. Meines Erachtens tun sie dies, weil sie es nicht gewohnt sind, selbst zu denken und zu handeln – und damit Erfolg zu haben. Das mangelnde Selbstbewusstsein, das fehlende Selbstwertgefühl und das Manko an Selbstwirksamkeit trägt viel dazu bei, dass Menschen sich nicht für Freiheit, Gleichheit und Mitmenschlichkeit einsetzen. Vielleicht muss der Leidensdruck für sie erst wieder ähnlich hoch werden, wie er damals zur Zeit der ersten Aufklärung war. Vielleicht sind eine solche Erfahrung und erneute gewaltige Revolutionen aber gar nicht notwendig und wir können vorausschauend gegensteuern, indem wir die Evolution der Entwicklung von Mensch und Gesellschaft aktiv befördern. Jedenfalls wird es höchste Zeit, dass wir uns mitverantwortlich für das Gesunden der Welt und das Gelingen der Gesellschaft fühlen und zeigen. Für eine solche geteilte Verantwortung braucht es allerdings das oben angesprochene Grundgefühl der Selbstverantwortung und zudem ausgeprägte Lösungsfindungskompetenzen. Die Begleitung dorthin ist Aufgabe der Bildung. Dazu geeignetes pädagogisches Material zu liefern, ist der Grund für dieses Buch.

Der schwierige Weg zu einer gesunden Gesellschaft

Die Kultivierung von Mitmenschlichkeit ist aus unserer Sicht der entscheidende Schritt für die weitere positive Entwicklung der Menschheit. Das Erzeugen von Verständnis für uns selbst – für die Funktionsweisen von uns Menschen als Einzelpersonen und als Gesellschaft – erleichtert den Umgang mit den vielfältigen Herausforderungen unserer Zeit. Erst ein aktives selbst- und mitverantwortliches Handeln schafft ein Klima der Gemeinsamkeit, erst recht in und trotz aller Vielfalt.

Mitmenschlichkeit kann auf drei Ebenen betrachtet werden: auf der individuellen, der zwischenmenschlichen und der gesellschaftlichen Ebene.

Die Fähigkeit zur Selbstverantwortung, zum verantwortlichen Umgang mit sich, mit anderen und der Welt, braucht einen Reifungsprozess von einzelnen Menschen sowie von der Gesellschaft. Das ist nicht schwer nachzuvollziehen, wenn wir uns umsehen und fragen, wo es derzeit an Mitmenschlichkeit mangelt. Dazu brauchen wir nicht die Flüchtlingsfrage bemühen, es reicht ein Blick in die alltägliche Umwelt:

- *Unachtsamkeit im zwischenmenschlichen Umgang*: Ein „Werteverfall" wird von vielen beanstandet, erkennbar etwa am Fehlen der Grundregeln des höflichen Miteinanders. Das kann mit einem Abbau von hierarchischen Autoritätsverhältnissen in der Gesellschaft verbunden sein (Menschen sehen sich zunehmend gleichgestellter und identifizieren sich selbst und einander weniger mit ihren beruflichen Rollen), damit einhergehen sollte aber mehr Respekt und Wertschätzung und nicht weniger.
- *Emotionalisierung statt Sachlichkeit in der Argumentation*: Wenn Emotionen derart wichtig sind, dann ist es Zeit, sich darüber klar zu werden, wie sie entstehen, wie wir sie beeinflussen können, und ein Bewusstsein dafür zu entwickeln, dass wir alle emotional manipulierbar sind – und wie wir damit umgehen können.
- *Kurzfristiges Gewinndenken in Wirtschaft und Politik:* statt nachhaltigen Planens und Umsetzens. Wenig Gestaltungkraft in der Politik etwa im Bildungs- oder Sozialsektor vermittelt auch den Eindruck, dass ein mitmenschliches Miteinander wenig Priorität hat.
- *Aneinander vorbeileben, statt miteinander zu leben*: Ein Blick ins städtische Umfeld reicht. Je mehr Menschen nebeneinander wohnen, desto mehr Distanz und desto weniger Gefühl für Mitverantwortung scheint zwischen ihnen zu herrschen.

- *Menschen sorgen eher für sich selbst, schauen aufs eigene Über-leben:* anstatt die Herausforderungen gemeinsam anzugehen (wobei es hier auch Gegenbewegungen gibt, Stichworte: *shared spaces* und *shared goods*, weg von der Konsumkultur, aber auch WGs für Senioren).
- *Angst statt Zuversicht:* Das Gesellschaftsklima ist ausschlag-gebend für psychische Gesundheit – Aufschwung muss auch anders denkbar und erlebbar sein als rein wirtschaftlich/konsumtechnisch. Seelische Gesundheit muss anders begründ-bar sein als durch Leistungsorientierung. Die Burnout-Zahlen sprechen für die massive Belastung, wenn der Selbstwert über das Erwerbsleben generiert werden soll, die Wirtschaft aber keine Erfolge für viele ermöglicht. Die Erschöpfung vieler ist auch der gleichzeitigen Entfremdung von der eigenen Persön-lichkeit und ihren Bedürfnissen geschuldet.
- *Problemfokus statt Lösungsorientierung:* Jammern, Schwarz-malen, politisch motivierte Verängstigung und Hetze – all dies liefert weder Verständnis für Problemhintergründe noch Lösungen.

Um mehr Mitmenschlichkeit in die Gesellschaft zu integrieren, gibt es so viele Wege, wie es Menschen gibt.
- *Stimmung:* Jede/r Einzelne kann an der Stimmung und der Art und Weise, wie er durch die Welt geht, arbeiten. Stim-mungen sind enorm ansteckend. Grant genauso wie Fröhlich-keit. Übernehmen wir Verantwortung für die Gefühle, die wir abgeben, und schauen wir darauf, dass wir keine emotionale Umweltverschmutzung betreiben – und die Welt wird ein riesiges Stück weit besser sein.
- *Respekt:* Im Umgang miteinander können wir einander mit Wertschätzung und Aufmerksamkeit begegnen. Die Qualität einer Begegnung öffnet erst die Tür zur vertiefenden Ausein-andersetzung und zur Verbindung. Lächeln und Augenkontakt sind ein guter Anfang.
- *Verantwortung:* Im gesellschaftlichen Umfeld sollte uns klar sein, dass wir das Miteinander ebenso in jedem Moment

prägen. Durch jedes Like auf ein negatives Posting, das uns kurzfristig aufregt und unsere Vorurteile bedient, machen wir die Welt ein Stück weit aggressiver. Wir bestimmen die Resonanzräume, die wachsen und unsere Welt verkörpern, selbst.

- *Bildung*: In die Bildung sollten wir wichtige Elemente der Persönlichkeitsentwicklung einbauen: Wahrnehmungsfähigkeit, emotionale Intelligenz, soziale Kompetenz, Konfliktfähigkeit, das konstruktive Nutzen von Vielfalt etc.
- *Verständnis* für die menschlichen und sozialen, kulturellen Funktionsweisen: Warum denken, fühlen und verhalten wir uns so, wie wir es tun – und andere anders? Wie schaffen wir Brücken?
- *Zuversicht* statt Angst: Wer Angst hat, sollte sich zunächst selbst mit diesem Zustand auseinandersetzen. Angst ist ein Stresszustand in uns selbst, ausgelöst durch eine Situation, durch die wir uns bedroht fühlen. Aber das Gefühl der Bedrohung kann uns durch wütende Menschen vermittelt werden, auch wenn wir selbst gar nicht persönlich gefährdet sind. Das ist Manipulation. Leider sehr effektive, weil stark spürbare. Wenn sich jemand in unserer Umgebung aufregt, so spüren wir das sofort. Es stresst uns. Unter Stress sinkt das geistige Leistungsvermögen, die Muskeln spannen sich an, der Atem wird flacher – wir gehen in einen Kampf- oder Fluchtmodus. Hier sind wir nicht für sachliche Argumente zugänglich. Also gilt es als Erstes, für Entspannung, Ruhe und Gelassenheit zu sorgen. Erst aus dieser veränderten Stimmung heraus kann man dann genauer hinsehen: Was macht mir Angst? Wer macht mir Angst? Sind es vielleicht die Menschen in meinem direkten Umfeld, die mich anstacheln mit ihren Horrorgeschichten und Hassreden? Und wenn mir selbst tatsächlich etwas Schlimmes widerfahren ist: Wo sind die Lösungen für Probleme zu sehen? Vom Aufregen allein geschieht noch lange nichts.
- *Lösungsorientierung*: erkennt man daran, dass zielorientierte Fragen gestellt werden: Was soll der Fall sein? Wie kann das erreicht werden? Welche Vorschläge gibt es? Was sind Vorteile und Nachteile? Wann, wer, was genau … etc.

Mitmenschlichkeit erkennt man letztlich daran, dass wir kooperativ statt konkurrenzorientiert, konstruktiv statt destruktiv, informativ statt ignorant, kreativ/innovativ statt abwehrend/abwertend im Umgang mit Vielfalt und zuversichtlich statt angstbesetzt angesichts von Herausforderungen aller Art denken, fühlen und handeln.

Praktische Mitmenschlichkeit kann sich erst entfalten, sobald wir erkennen, dass wir gemeinsam besser dazu in der Lage sind, Probleme zu lösen, als allein. Um diesen Grundsatz auch in der Praxis anwenden zu können, müssen wir die Unterschiede zwischen uns als notwendig anerkennen und wissen, warum sie uns immer wieder irritieren, ja sogar irritieren müssen, und wie wir damit sinnvoll umgehen können. Irritation ist eines der Hauptprobleme in unserem Alltag. Wir lieben unsere Komfortzone oder zumindest kontrollierte und anregende Aufregung. Aber wir bekommen ständig unkontrollierbares Chaos, unangenehme Emotionen, ein Gefühl von Überforderung, Kontrollverlust, Stress, Panik etc. vermittelt.

Das Ziel von „Die Bildung der Menschlichkeit" ist es, zu lernen und zu lehren, wie mit Menschen in aller Unterschiedlichkeit und mit Herausforderungen kooperativ und lösungsorientiert umgegangen werden kann.

Die vorgestellten Wege dienen dazu, uns allen gemeinsame Prinzipien kennen- und anwenden zu lernen. Wir haben dafür Übungen und Methoden für alle Altersstufen von 0 bis 100+ gesammelt. Sie eignen sich sowohl für das Selbststudium als auch für PädagogInnen aller Art, für Eltern wie fürs Berufsleben, für die Freiwilligenarbeit wie für humanitäre Hilfe. Man kann die beiden Bände von „Die Bildung der Menschlichkeit" daher auch in einem durchlesen oder sich die Stellen heraussuchen, die für das momentane Leben und Umfeld relevant sind. Weiterführende Literaturtipps und wertvolle Links sind in den Beiträgen und zum Schluss angegeben. Die vorliegenden praktischen

Zugänge sind zudem Anregungen zur weiteren Entwicklung von Übungen, Modellen und Handlungsmöglichkeiten. In Teil I, „Die Bildung der Menschlichkeit für junge Menschen", richten sich die Beiträge an die Altersstufen von 3 bis 18 Jahren. Teil II, „Die Bildung der Menschlichkeit für Erwachsene", wendet sich hingegen an alle, die schon im Erwachsenenalter angekommen sind, das an verschiedenen Stellen wesentliche Fragen aufwirft: Wie gehen wir mit der weltweiten mitmenschlichen Verantwortung um (Stichwort „humanitäre Hilfe"), wie gehen wir mitmenschlich im Berufsleben, im interkulturellen Kontext oder als Eltern unter den schwierigsten Umständen um, wie stellen wir in der Mitte des Lebens neue tragfähige Beziehungen zu uns selbst und anderen her, wie können wir in Würde altern und wie können wir das Sterben besser begleiten oder gar meistern? Das Werden, das Sein aber auch das Vergehen werden gleichermaßen durch das Auge der Menschlichkeit betrachtet. Statt jedoch dabei das „Allzumenschliche" zu meinen, also die Sichtweisen in den Vordergrund zu stellen, mit denen Menschen hadern und an denen Menschen (ver)zweifeln, steht das Gelingende im Zentrum.

Dieses Buch macht jedenfalls klar, dass es nie „zu spät" für eine Wandlung und Vertiefung ist. *Jeder Mensch, der ein gutes Verhältnis zu sich selbst hat und der tiefe Verbindungen zu sich, zu anderen und zur Umwelt aufbauen und halten kann, ist eine enorme Bereicherung für unsere Welt.* Die Entwicklung dorthin kann sich im Mutterleib genauso wie im oder am Sterbebett vollziehen – ebenso wie in allen Lebensaltern und Lebenslagen dazwischen. Das Buch fordert uns zur Handlung auf und stärkt all jene, die sich der unfairen und missbräuchlich verwendeten Etikette „Gutmensch" mit Weisheit entgegenstellen möchten. Weisheit, Tiefe und Reife sind keine naiven Geisteshaltungen, sie münden nicht in oberflächliche Taten und wer sie einfach aburteilt, beweist nur den eigenen beschränkten Horizont. Gleichsam leben wir jedoch in einer Zeit, die die emotionsgeladene Oberfläche, die ständige Überreizung durch Negativität oder das platte Vereinfachen unüberblickbarer Zusammenhänge als „erfolgreich" hochjubelt, indem ihnen ein Großteil der öffentlichen wie allzu oft auch der privaten Aufmerksamkeit geschenkt wird.

Und so möchte dieses Buch das Substanzielle stärken und dabei helfen, die Bindungen zu sich, anderen und der Umwelt tragfähig zu machen und die Selbst- und Mitverantwortung fördern.

Von der Evolution der Menschlichkeit zur Praxis der Mitmenschlichkeit

„Die Bildung der Menschlichkeit" ist der logische Folgeband zu „Die Evolution der Menschlichkeit", in dem es um *Verständnis*, wie die Evolution der Menschlichkeit fortschreitet und tatsächlich gelingen kann, geht. Der vorliegende Band widmet sich der *Praxis* und der Umsetzung der im ersten Buch vorgestellten wissenschaftlichen und praktischen Erkenntnisse. Die folgende Skizze stellt die Themenvielfalt und die Entwicklungslinie der Bücher vor und weist auf das Ziel, das durch Verständnis und Praxis erreicht werden soll, nämlich auf die *gelebte und erfahrene (Mit-)Menschlichkeit*:

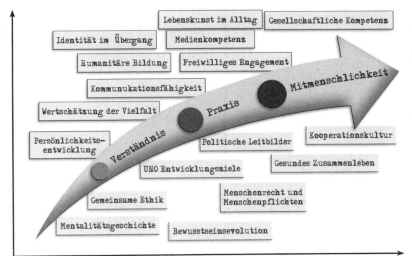

Quelle: Gowin/Walzer, „Die Evolution der Menschlichkeit. Wege zur Gesellschaft von morgen." Braumüller 2017, S. 436.

Die Beiträge nehmen das Überwinden von Schwierigkeiten als Anker-
punkt und beschreiben praxisnah und anwendbar Schritte zur „Gesell-
schaft von morgen", die für uns eben eine gelingende, weil mitmenschlich
eingestellte und mitverantwortlich handelnde ist.

Die „Bildung der Menschlichkeit für Erwachsene" im Überblick

Mitmenschlichkeit braucht Menschen, die in gutem Kontakt zu sich selbst stehen und zum friedlichen und kooperativen Miteinander bereit und fähig sind. Solche Menschen verstehen nicht nur die Notwendigkeit eines mitmenschlichen Umganges, sie stehen auch für Freiheit, Gleichheit und soziale Gerechtigkeit aktiv ein. Den Ausdrucksformen der Mitmenschlichkeit, also dass wir auf uns und aufeinander achten und darauf schauen, dass es uns allen – Menschen wie Umwelt – gut geht, sind keine Grenzen gesetzt. Um eine sinnvolle Struktur in unser Unterfangen zu bringen, haben wir uns dazu entschieden, Material für jedes Lebensalter zu sammeln.

„Die Bildung der Menschlichkeit für Erwachsene" befasst sich unter dem Titel „Mensch sein" mit der Bildung von (Mit-)Menschlichkeit mittels profunder Auseinandersetzung mit der Frage, wie mehr Menschlichkeit und Mitmenschlichkeit in unserem Leben und in unserer Gesellschaft implementiert werden können. Hier finden Aspekte der Persönlichkeitsentwicklung und der Selbst(er)kenntnis für das Selbststudium ihren Raum. Genauso wird der menschliche Reifungsprozess als Grundlage für mitmenschliches Verhalten im Umgang mit den Wehrlosesten, nämlich den Ungeborenen und den Sterbenden, adressiert. Auch Menschen in Führungs- und Vorbildfunktionen in der Freiwilligenarbeit, im humanitären Engagement, in der Elternbildung und im Arbeitsleben werden wertvolle Anregungen und Anleitungen finden. Das Buch bietet zudem einen außergewöhnlichen Schlussakt, in dem das Tabuthema Sterben von drei Seiten beleuchtet wird: aus Sicht pflegender Angehöriger, seitens professioneller SterbebegleiterInnen und zu guter Letzt aus der Betroffenenperspektive. Doch zunächst sei ein Kapitel nach dem anderen vorgestellt.

Die Kapitel 5–7 befassen sich mit den Themen „Humanitäres Engagement und Freiwilligenarbeit" (5.), „Elternbildung" (6.) und „Erwachsenenbildung" (7.). Karl Zarhuber schildert praxisnah Wege zur „Humanitären Bildung" (5.1) sowie zur gelebten Menschlichkeit durch die „4 Humanitären Grundsätze" (5.2). Danach beschreibt er mit dem „Project Humanity" (5.3) Wege, die Hilfsbereitschaft in der Zivilgesellschaft zu steigern. Unter 5.4 beleuchtet Daniel Passweg unsere Werte. Und der Punkt 5.5 zeigt, wie „Plakate als pädagogische Hilfsmittel für humanitäre Themen" eingesetzt werden können. Kapitel 6 beginnt mit einem erst wenig bekannten, aber dafür umso wichtigeren Forschungsfeld: der pränatalen Psychologie. Ludwig Janus, Pränatalpsychologe und Psychohistoriker, beschreibt in seinem Beitrag „Menschlichkeit beginnt bereits vor der Geburt" (6.1), wie Menschwerdung am frühesten Anfang unseres Lebens vor sich geht und welchen Einfluss Eltern darauf haben. In der Förderung der Elternkompetenz liegt dann auch ein wesentlicher Baustein für die Bildung einer gesunden Gesellschaft. Wie wesentlich die früheste Phase im Leben eines Kindes in Bezug auf seine weitere Entwicklung ist, wurde vielfach wissenschaftlich festgestellt. Und während Menschenrechte dafür sorgen sollen, dass jeder Mensch in Umständen leben kann, die es ihm ermöglichen, ein selbstbestimmtes und sicheres Leben zu führen, ist vielfach unbekannt, dass es analog zu den Menschenrechten auch Kinderrechte und sogar Rechte für Ungeborene gibt (die nichts mit den Argumenten von Abtreibungsgegnern zu tun haben). Sie werden daher in diesem Buch abgedruckt und können als Arbeitsgrundlage für PädagogInnen, für Heranwachsende und Erwachsene, die ihr eigenes Leben durchleuchten möchten, sowie als Reflexionshintergrund für (werdende und seiende) Eltern verwendet werden. Als Psychohistoriker ist sich Ludwig Janus über die Riesenchance in der Geschichte bewusst, die wir aktuell haben: *Wir können jetzt lernen, unsere ungelösten persönlichen, aber auch gesellschaftlichen und historischen Themen innenorientiert und ohne aggressive Projektion nach außen zu lösen.* Dazu brauchen wir Menschen, die mit Hilfe einer inneren Auseinandersetzung Konflikte lösen können und also mitmenschlich gebildet, selbst- und mitverantwortlich handeln können. Wo früher Gewaltinszenierungen nötig waren, ist heute persönliche Verantwortung möglich. Die prägende Phase vor und während der Geburt trägt jedenfalls maßgeblich zum späteren Beziehungs- und Problemlösungsverhalten von Menschen bei. Mit den besonderen Herausforderungen, die der „Alltag mit Kindern" (6.2) mit sich bringt, setzt sich Pädagogin und Elterntrainerin Veronika Lippert höchst praxisnah auseinander. Kinderpsychologin und Psychotherapeutin Brigitte Sindelars Beitrag widmet sich der vielleicht schwierigsten Phase im Leben Heranwachsender, der „Pubertät und Adoleszenz: Erwachsen zu werden ist schwierig!" (6.3). Im Kapitel 7 schreibt Autorin und Erwachsenentrainerin Karin Schreiner anwendungsorientiert über wesentliche Schritte zur „interkulturellen Kompetenz" (7.1). Univ.-Prof. Thomas Bauer konzentriert sich in seiner Lehrtätigkeit auf Medienkultur und Medienbildung. Sein Beitrag (7.2) beschreibt die Bedeutung der sozial-medialen Praxis für die Menschlichkeit als bewusst gelebte Handlungsform in der Gesellschaft und verweist auf die Wichtigkeit medialer Bildung für eine zeitgemäße und mitmenschlich orientierte Kommunikationskultur. Darauf folgt mein Artikel „Emotionale Kommunikation" (7.3), der sich auf die Verantwortung von Medien(machenden) für die emotionalen Wirkungen ihrer Produkte bezieht. Er befasst sich mit konkreten Schritten, um weg von der Verbreitung von Stress und Negativität und hin zu mehr emotionaler Handlungsfähigkeit und Lösungsorientierung in der Gesellschaft zu kommen. Und dass „Achtsamkeit in der Arbeitswelt einen Schlüssel zum Glück" (7.4) liefert, davon konnte sich die Gründerin der Achtsamkeits-Akademie, Susanne Strobach, durch jahrelange Praxiserfahrung als Unternehmensberaterin und Trainerin überzeugen. Sie schildert in ihrem Beitrag viele überzeugende Übungen zum Thema. Einen tiefgreifenden Einblick in „Das reife Selbst" (7.5) und in Möglichkeiten zur Persönlichkeitsbildung durch Selbstcoaching offeriert Autor, Coach und Lehrtrainer Babak Kaweh.

Ab Kapitel 8 dreht sich alles um das Leben in der zweiten Lebenshälfte, Kapitel 9 fokussiert auf den letzten Lebensabschnitt. Beiden Themen wird in dieser Einleitung – ähnlich wie der vorgeburtlichen Phase – etwas mehr Raum gewidmet, da sie weniger selbsterklärend, für den guten Umgang miteinander aber ungemein wichtig sind und uns tatsächlich, so wir das Glück haben so lange zu leben, alle betreffen. Unter dem Titel „Das Alter meistern" stellen sich zwei Beiträge der Frage nach einem Altern in Würde und nach der Selbstbestimmung im Alter. Ab der Lebensmitte keimt wahrscheinlich in jedem Menschen früher oder später einmal das Gefühl auf, dass die Selbstverständlichkeit des Lebens ein Ende hat. Wir können uns wehren, so viel wir wollen, Krankheit, Alter und Tod sind unausweichlich. Diese Tatsache bringt manche dazu, ihr Leben in vollen Zügen auszukosten, mitunter ohne Rücksicht auf Verluste, auf andere, auf die Umwelt oder die Nachwelt. Andere wiederum verschließen Augen, Ohren und Herz, versteinern, werden abweisend, verschroben, aggressiv im Angesicht ihrer Vergänglichkeit. Dritte geben sich selbst auf für andere, für ein größeres Ziel. Doch wie sieht ein gelingendes Leben aus, wenn der Körper nachgibt, die Kräfte langsam, aber sicher schwinden, zunächst nur über die Jahrzehnte hinweg, später oder im Krankheitsfall schubartig ...? Wie können wir mit uns selbst verbunden bleiben, wenn unser Körper, unser Gefühlsleben und sogar der Geist sich scheinbar gegen uns wenden, unsere Welt auf den Kopf stellen? Wie können wir mit anderen verbunden bleiben, wenn die Menschen um uns immer jünger werden, die Freundinnen und Freunde sterben, die Welt sich schneller dreht, als uns lieb ist? Nur durch und mit menschlicher Reife. Der erste Beitrag im Kapitel 8 befasst sich daher mit dem Alterungsprozess auf allen Ebenen: Welche Fragen stellt uns der alternde Körper, sei es nun optisch oder innerlich, durch veränderte Wahrnehmung seiner selbst und von außen, durch Schmerzen oder den Verlust von Funktionsfähigkeiten? Welche Hürden stellen sich emotional in der zweiten Lebenshälfte? Was können wir mental dazu beitragen, dass das Altern kein übles, unlösbares Problem ist, sondern ein spannendes Rätsel wird, dem nachzugehen sich lohnt? Und wie können wir in unserem Gleichgewicht bleiben oder wieder hineinfinden, wenn die Stürme des Lebens uns den Boden unter den Füßen wegreißen? Das gute, tiefe Verhältnis zu sich selbst steht hierbei im Fokus. Denn nur wer gut bei sich ist, mit sich verbunden ist, kann auch tragfähige Verbindungen zu anderen aufbauen und trotz aller Schicksalsschläge aufrechterhalten. Diesen und mehr wesentlichen Fragen zum besser Altwerden geht mein Beitrag „Am Wendepunkt" (8.1) nach.

Manche treten in dieser Zeit die Flucht nach vorne an, orientieren sich weit(er) nach außen, verschanzen sich hinter ihrer Arbeit und scheinbar wichtigen Aufgaben. Der Pensionsschock stresst viele Menschen ungemein. Es ist vielen kaum möglich, sich mit dem Ausscheiden aus dem „Dazugehören" und dem Versiegen der Selbstwertquelle „Beruf" als ein wertvolles, akzeptiertes Mitglied der Gesellschaft zu fühlen und mit dieser Situation reif umzugehen. Umso schwieriger wird es, wenn wir bereits zuvor unser Leben lang dem Druck von außen nachgegeben haben, uns angepasst haben und „performt" haben, eine Rolle gespielt haben, anderen Ansprüchen gerecht werden wollten. Wie können wir Frieden finden im Lebensabschnitt „nach der Arbeit"? Diesem heiklen Thema widmet sich Coach und Mediator Theo Brinek in seinem Artikel über „Retirement-Coaching" (8.2).

Wohlgemerkt: Niemand *muss* mit dem Alter auch reif werden. Manche Menschen sind vollauf zufrieden, indem sie ewig Kind bleiben oder bis zum Schluss dem Jugendideal hinterherjagen. Sie haben eine bestimmte Haltung, Werte und entsprechende Verhaltensweisen entwickelt, die sie in ihrer Mitte bleiben lassen und verhindern, dass sie am Leben verzweifeln. Genau diese Schutzmechanismen verhindern aber oft auch, dass sich diese Menschen selbst wahrnehmen, gut spüren, geschweige denn, dass sie andere umfassend wahrnehmen und auf sie eingehen können. Sie möchten aus Selbstschutz nicht reifen, bevor der Abschied nicht gekommen ist, mitunter nicht einmal dann. Sie bleiben lieber isoliert in ihrem Kokon. Wir begegnen ihnen in diesem Kapitel nichtsdestotrotz mit offenen Augen – von innen und von außen. Beispielsweise im ersten Beitrag des letzten Kapitels dieses Buches: „Menschlichkeit im Umgang mit Sterbenden" (9.1), in dem Palliativschwester Monica Aschauer die breit gefächerten Herausforderungen, denen sich Angehörige von Sterbenden stellen müssen, aufzeigt. Das „richtige" Verhalten am Lebensende erweist sich als höchst individuell und das „richtige" Verhältnis zum Tod anderer zu entwickeln, braucht die kostbaren Momente, in denen begleitende Menschen, all die unglaublich schweren Gefühle wahrnehmend, zu sich selbst finden. Dieser Beitrag richtet sich an all jene, die ihre Lieben beim Scheiden aus ihrem Leben begleiten. Was bedeutet Menschlichkeit, Mitmenschlichkeit in dieser Phase, die so oft von intensiven Gefühlen wie Wut,

Angst und Hilflosigkeit, von überwältigender Überforderung, gekennzeichnet ist? Es gibt zwar viel Literatur und Ausbildungen für Fach- und Pflegepersonal, ebenso über das Begleiten von Demenzkranken, aber die Sterbebegleitung, die fast jeden von uns im Leben irgendwann einmal trifft, wenn wir die Rolle der/des Begleitenden einnehmen, ist wesentlich weniger breit bekannt.

Auch das Hauptaugenmerk der beiden letzten Beiträge liegt auf dem Ankommen, auf dem Friedenschließen, auf der Ruhe und Stille, die immer wieder notwendig sind, um die unendlichen Tiefen des Lebens und des Todes auszuloten und das ureigene Verhältnis dazu zu erkunden.

Im vorletzten Beitrag „Die Evolution der Mitmenschlichkeit am Lebensende" von Psychologe und Zen-Lehrer Rolf Kaufmann, dreht sich alles um die Selbstbestimmung am Lebensende. Die Wahl zu haben, *wie* man sterben möchte, ist hierzulande (in Österreich) noch nicht üblich. In der Schweiz hingegen können sich Schwerstkranke unter fachlicher Begleitung und im Kreise ihrer Lieben auf eine ihnen entsprechende Weise vom Leben verabschieden. Geschrieben wurde der Beitrag unter dem Motto „aus der Praxis für die Praxis". Er beschreibt ein berührendes und durchaus typisches Fallbeispiel, in dem erläutert wird, wann und warum diese Wahl Sinn macht. Es werden die Umstände, die zu dieser Entscheidung geführt haben, beschrieben sowie die Rahmenbedingungen, wie selbstbestimmtes Sterben zutiefst menschenwürdig stattfinden kann, beleuchtet. Der Autor begleitet seit vielen Jahren mit großem Einfühlungsvermögen Menschen in diesem und durch diesen schwierigen Prozess.

Der letzte Beitrag befasst sich mit der Auseinandersetzung mit dem eigenen Tod. Er wurde von Gerhart Langthaler in seinen letzten Lebenswochen verfasst, kurz darauf ist er am 10. Juli 2018 verstorben. Wir kannten uns zwar erst wenige Jahre, fühlten uns aber durch die gemeinsame Arbeit in Seminaren und Aufstellungen nah und tief verbunden. Gerhart hat sein Leben lang großartig geschrieben und wunderbar gemalt, etwa wunderschöne Kalligraphien angefertigt. Als höchst reflektierter Mensch hat Gerhart den Eindruck vermittelt, aus seiner Mitte heraus zu leben und zur Ruhe gekommen zu sein. Und zugleich wurde im Angesicht des

Unvermeidlichen diese seine so ruhige See und Seele massiv aufgewühlt. Seine intensive Auseinandersetzung „Auf der Suche nach der Balance" (9.2) beschließt dieses Buch.

Die folgende thematische Strukturierung, die aus seinem ersten Antwortmail auf meine Anfrage, ob er denn einen Buchbeitrag verfassen möchte, stammt – und in einem ans Bett gefesselten Zustand verfasst wurde – gibt einen Vorgeschmack auf eine in menschlicher Hinsicht in voller Blüte stehende Persönlichkeit, die kennenlernen zu dürfen mich mit tiefster Dankbarkeit erfüllt:

What a Lovely War *(AT)*
Aus dem Tagebuch eines Betroffenen

Selbstporträt
Wer ist die Person, die von einer entscheidenden Lebensphase erzählt

Ein messerscharfer Befund
verändert das Wesentliche des Daseins

Die polierte Seite einer schmutzigen Münze
Es wird nicht so heiß gegessen, wie gekocht – oder?

Realität contra Wirklichkeit
Von der Konstruktion zu den Beweisen

Krankheit – Angst vor der Wirklichkeit
Fast ein Geheimwissen

Mein Begleiter Hieronymus Bosch
Auf dem Weg in eine selbst gemachte Hölle

Das letzte Hemd hat keine Taschen
Was will ich, was muss ich hinterlassen?

Die neue Freiheit
Das große Abschiednehmen

Über die vier kostbaren Worte
Kein Zorn, keine Vergeltung, nur Liebe und andere Heilmethoden

Ich bin
Du musst es nicht glauben, du musst es sein

Sonderticket mit langer Laufzeit
Möglich ist alles, aber wahrscheinlich ist es nicht

Oh, wie schade – ach, wie fein
Über Gewinn und Verlust vor der Abreise

Dankbarkeit ist das Ende und der Anfang

Ich danke allen AutorInnen für ihre überaus wertvollen Beiträge. Mögen sie breit gesät werden und viel Resonanz finden, damit möglichst viele erkennen, dass jeder Mensch wichtig ist, auch er oder sie selbst, und einen Unterschied macht. Jede/r kann ein Leuchtturm von Menschlichkeit, des Friedens und der Freundlichkeit, der Hilfsbereitschaft und des Humors, der Kreativität und der Weisheit sein. Und jede/r kann ein Mahnmal der Unmenschlichkeit, der Taubheit und der Bosheit, der Gewalt und der Zerstörung sein. Aktiv oder passiv. Gewollt oder ungewollt. Wir alle hinterlassen einen Eindruck, für den wir letztlich die Verantwortung zu tragen haben. Jeder Moment, jede Tat, jeder Blick bewegt, bewirkt, trägt etwas dazu bei, wer wir sind, wie wir andere beeinflussen und in welcher Welt wir leben. Wir haben die Wahl. Nutzen wir sie!

Herzlichst, Nana Walzer

5.

Humanitäres Engagement und Freiwilligen- arbeit für junge Erwachsene

5.1
Humanitäre Bildung
Karl Zarhuber

Menschlichkeit ist lernbar ...

Populismus, Extremismus, Fanatismus, Radikalisierung, Rufe nach dem starken Mann, alle diese Phänomene rufen auch nach einer neuen Aufklärung, nach einem Perspektivenwechsel, um sich nicht in der Abwehr und im Widerstand gegen diese Entwicklungen zu verbrauchen. Mit der neuen Aufklärung meinen wir nicht nur – wie seinerzeit aufgerufen – den eigenen Verstand zu nützen, um aus der Unmündigkeit herauszutreten. Heute würden wir sagen, die Intelligenz, den Verstand des Herzens zu nutzen, um das Leben und die Welt aus einer anderen Perspektive zu begreifen und Lösungen für Herausforderungen zu gestalten.

Die von uns allen ersehnte Sicherheit und die Ordnung können wir in erster Linie in uns selbst schaffen, das kann uns keine staatlich organisierte Sicherheit und Ordnung abnehmen.

Wir neigen dazu, diese zutiefst gehegten Wünsche nach außen zu verlegen, und stellen immer wieder fest, dass sie dort nicht die Erfüllung finden. Hunderte Polizisten mehr werden nicht helfen, dass wir uns sicherer fühlen in unserem Land. Nur die im Inneren gefundene Sicherheit, Klarheit, Ordnung und Stabilität ist nachhaltig und hilft uns, Veränderungen im Außen gut aufzunehmen und zu verarbeiten.

Was also wird anders, wenn wir das Alltagsgeschehen in der Welt und um uns herum von der humanitären Perspektive der Menschlichkeit betrachten, dieses Geschehen auf der Basis von humanitären Werten interpretieren und danach handeln?

Wohl kaum jemand wird, danach gefragt, die substantielle Bedeutung der Menschlichkeit in Zweifel ziehen. Und das scheint das

Schicksal der Menschlichkeit zu sein, dass beinahe jede und jeder sie auf den Lippen führt, aber oft nicht danach handelt. Nicht weil die Menschen bösartig sind, werden im Namen der Menschlichkeit Sachen gemacht, die weit von derselben entfernt sind, sondern weil wir oft gar nicht wissen, was es bedeutet, Menschlichkeit ganz konkret im Alltag, im Hier und Jetzt umzusetzen. Genau darum geht es hier in diesen Beiträgen und in diesem Buch. Menschlichkeit in der Tiefe zu begreifen, aus diesem Bewusstsein zu leben und zu handeln.

Wir reden hier von einer Menschlichkeit im mitmenschlichen Sinne, aber letztlich von einer Menschlichkeit im ganzheitlichen Sinne, die uns auffordert auch all unsere Fehler und Unzulänglichkeiten in unsere Persönlichkeit und in das Selbst zu integrieren. Erst dann sind wir ganz. Also eine Menschlichkeit, die uns anleitet, uns selbst so anzunehmen, wie wir sind, uns zu lieben und uns selbst wertzuschätzen. Das ist definitiv nicht Egoismus, sondern das ist die Grundlage, die es uns ermöglicht, dies auch anderen Menschen zuteilwerden zu lassen und sie zu lieben, um Freude am Leben zu haben und zu verbreiten. Eine Menschlichkeit, die uns als Individuen und als Gemeinschaften gut miteinander im Frieden leben lässt.

Durch das Bewusstsein und die Implementierung humanitärer und wertorientierter Bildung können wir die negativen Auswirkungen von Krisensituationen lindern sowie eine gewaltlose Kultur und ein friedliches Umfeld schaffen. Ich habe einmal die Erklärung gehört, was Schalom, hebräisch „Frieden", bedeutet: im Lande die Früchte des Landes genießen zu können. Damit ist eigentlich alles gesagt, damit kann nur das Paradies der Menschlichkeit gemeint sein, in dem wir tatsächlich leben, wenn wir uns erlauben, es zu sehen und mitzugestalten.

Was bedeutet es nun konkret, die Phänomene des Alltags aus einer humanitären Perspektive zu sehen? Mit Studierenden der Pädagogischen Hochschule Niederösterreich hatten wir den Versuch gemacht, Zeitungsartikel über Alltagsgeschichten umzuschreiben, sie aus einer humanitären Perspektive zu betrachten. Die Entdeckungen, die wir dabei gemacht hatten, waren hochinteressant. Was macht nun den Unterschied? Es wurde evident, dass jene Beiträge, die aus einer humanitären Perspektive geschrieben waren, den Kriterien objektiver Sachlichkeit, des Respektierens der Privatsphäre, der Würde, der Empathie – d. h. die Perspektive der Beteiligten einzunehmen –, der Beleuchtung von allen Seiten und der Lösungsorientierung folgten. So einfach war das und ist es, das Alltagsgeschehen aus einer menschlichen, neutralen, unabhängigen und unparteilichen, sprich aus einer humanitären Perspektive zu betrachten.

Übung zum Perspektivenwechsel – „Next Practice"

Die Möglichkeit eines Perspektivenwechsels würden wir gerne an einem Beispiel aus dem Alltag zeigen. Im Rahmen des Seminars „Bildung Mit Menschlichkeit" hatten wir ein Experiment gemacht. Die Studierenden wählten einen beliebigen Artikel aus einer Zeitung, aus einem Online-Medium, aus der Tagespresse und versuchten, den dargestellten Sachverhalt aus einer humanitären Perspektive zu betrachten und aus dieser Perspektive den Sachverhalt in einem neuen Artikel darzustellen. Im Folgenden ein Beispiel von Lisa Kurucz:

Originaltitel:
Schockbericht: Tausende Flüchtlinge sollen Terroristen sein

Schlagzeile:
brisanter Bericht: Tausende Flüchtlinge bezeichnen sich als frühere Taliban

Neufassung aus der humanitären Perspektive

Neuer Titel:
Nicht alle Flüchtlinge sind Terroristen!

Neue Schlagzeile:
Auch wenn sich ein paar Flüchtlinge den früheren Taliban zugehörig fühlen, gibt es keinen Grund zur Verallgemeinerung oder Panik

Einem „Spiegel"-Bericht zufolge kamen im Zuge der Flüchtlingskrise im Jahr 2015 „mehrere Tausend Talibankämpfer aus Afghanistan" nach Deutschland. Fakt ist jedoch, dass keine genauen Zahlen bekannt sind und es sich hierbei nur um Vermutungen handelt. Auch die Behauptung, dass sich einige Flüchtlinge aufgrund einer besseren Bleibeperspektive bewusst mit dem Bekenntnis, ehemalige Talibanmitglieder zu sein, selbst belasten, ist nicht belegt. Natürlich gibt es, genauso wie in allen Ländern dieser Welt, auch unter den Flüchtlingen einige, welche keine guten Absichten besitzen, jedoch sind Spekulationen und falsche Behauptungen sehr kontraproduktiv für eine erfolgreiche Integration von Menschen, die „nur" auf der Suche nach Frieden und einem menschenwürdigen Leben sind.

Humanitäre Perspektive – Kommentar: Der Artikel beinhaltet einige ungenaue Angaben und Vermutungen, wie beispielsweise „womöglich mehrere Tausend Taliban-Kämpfer aus Afghanistan", weshalb es offensichtlich an Objektivität mangelt. Menschlichkeit verlangt meines Erachtens immer eine objektive Betrachtungsweise, da die Wahrheit so nicht verzerrt werden kann. In den Medien werden Informationen oftmals verfälscht, um die Meinung des Empfängers bewusst zu beeinflussen. Mit diesem Artikel wird offensichtlich versucht, die Leser durch Verallgemeinerungen in Panik zu versetzen. Aufgrund solcher Artikel werden Flüchtlinge oftmals als „Terroristen" abgestempelt, wodurch ihnen die Integration erschwert wird.

Diese Übung ist im Prinzip sehr einfach und bietet jede Menge Gesprächsstoff zum jeweiligen Thema im Rahmen der Menschlichkeit.

Erste Hilfe – „The Will and the Skill"

In Erste-Hilfe-Kursen wie auch in vielen anderen Kursausbildungen, z. B. „Babyfit", „Pflegefit" des Österreichischen Jugendrotkreuzes, geht es um viel mehr als um die kompetente Anwendung der richtigen Griffe und lebensrettenden Sofortmaßnahmen: Es geht um den

Willen, zu helfen, um die Hilfsbereitschaft, hier in natürlich oft sehr schwierigen Situationen. Eine kürzlich durchgeführte Untersuchung in Österreich gibt an, dass die Zahl der Erste-Hilfe-Kurse ansteigt, aber die Bereitschaft zur Hilfeleistung sinkt. Das ist ein interessantes Phänomen, bei dem es sich mit humanitärer Bildung anzusetzen lohnt, weil beides wichtig ist beim Helfen, das Wollen und das Können, the Will and the Skill.

Weitere Beispiele zur Humanitären Bildung:
- Auf der Website des Österreichischen Jugendrotkreuzes, wie z. B. die Reihe der Themenhefte „Konkret"
- Projekte und Materialien aus aller Welt in englischer Sprache gibt es auf dem Humanitarian Education Learning Portal (HELP). Später wird es dazu eine Humanitarian Education WebApp geben.
- Ein Beispiel ist das „Project Humanity", das in einem der nächsten Kapitel vorgestellt wird.

Ein sehr gutes Praxisbeispiel für Humanitäre Bildung ist Freiwilligkeit als Haltung und freiwilliges Engagement.

Frei-will-igkeit

In einem logischen nächsten Schritt geht es darum, nicht bei der Betrachtung und der Deutung des Geschehens aus der humanitären Perspektive stehenzubleiben, sondern ganz konkrete Aktionen, Handlungen zu setzen. „Walk the Talk", um Zeugnis abzulegen und glaubwürdig zu bleiben. Eine Möglichkeit, aktiv zu werden, ist freiwilliges Engagement. In der Freiwilligkeit steckt der freie Wille eines sich selbst bewussten, selbständig denkenden, fühlenden und handelnden Menschen.

Darüber hinaus zielt wertorientierte Bildung darauf ab, ein besseres gemeinnütziges, zivilgesellschaftliches Engagement sowie einen stärkeren sozialen Zusammenhalt aufzubauen und somit die Menschen zu schützen und deren Menschenwürde zu garantieren. Die

Weiterentwicklung der Fähigkeit und des Willens, anderen Menschen zu helfen und sich um sie zu kümmern, ist das Herzstück der Menschlichkeit.

Freiwilliges Engagement als gemeinnütziges und zivilgesellschaftliches Engagement heißt so viel wie: Ich kann etwas tun, hier und jetzt in meinem Umfeld, dort wo ich lebe und arbeite; ich kann mich und Dinge um mich verändern und somit die Welt verändern.

Nach dem Rotkreuzgrundsatz bedeutet Freiwilligkeit „freiwillige, uneigennützige Hilfe ohne jedes Gewinnstreben" (Jean Pictet, „Die Grundsätze des Roten Kreuzes, Ein Kommentar"), das mehr als eine Tätigkeit auch eine Grundhaltung beschreibt, aus der ich mein Leben und die Gesellschaft, in der ich lebe, aktiv betrachten und mitgestalten kann.

Wie und wo kann ich mich freiwillig engagieren?

Wir suchen immer wieder Menschen, die regelmäßig ein paar Stunden für verschiedene Tätigkeiten Zeit haben. Schon mit wenigen Stunden gespendeter Zeit kann man sich aktiv einbringen. Es gibt sehr viele Möglichkeiten sich freiwillig zu engagieren. Als mögliche Quellen sollen hier das http://www.freiwilligenweb.at/ und für besonders für junge Leute das Freiwillige Soziale Jahr und der Zivildienst (https://www.zivildienst.gv.at/) genannt werden.

Viele zivilgesellschaftliche Organisationen haben es sich zum Ziel gesetzt, freiwilliges Engagement vor allem in der außerschulischen Jugendarbeit zu fördern. Dieses außerschulische Engagement ist meist in Form von Jugendgruppen organisiert, die nach einem selbst gewählten Programm arbeiten. Sie engagieren sich sozial auf ganz unterschiedliche Weise wie z. B.: internationale Aktivitäten, Besuch von Jugendlichen in anderen Ländern oder Engagement gegen Rassismus. Wir wollen Ihnen hier ein paar Praxisbeispiele vorstellen, wie junge Leute in Gruppen an humanitäre Themen von einer humanitären Perspektive herangeführt werden können.

Gruppenstunden spezifisch zur außerschulischen Jugendarbeit (Anlage) aus den Bereichen:

- „Menschen auf der Flucht", 10 Stundenblätter für Jugendgruppen von Dr. Christina Hager, mit Materialien, Herausgeber: ÖRK, ÖJRK mit Förderung des BMFJ
- „Generationen", Stundenbild 6: „Pflege aus sozialer Sicht" (G35–G40) und 8: „Pflegeberufe" (G45–G58), Dr. Christina Hager, herausgegeben vom ÖRK, ÖJRK mit Förderung des BMFJ
- „Eine Stunde für Freiwilligkeit" – Stundenbild (Magazin „Henri", „Das Versprechen – The Pledge", 18, 2015, Österreichisches Rotes Kreuz, S. 69–70)

Die 4 Humanitären Grundsätze: Menschlichkeit in der Praxis

Einleitung: Karl Zarhuber

Prävention und Intervention

Wie im vorhergehenden Beitrag ausgeführt, kann jeder Mensch lernen, Situationen von einer humanitären Perspektive zu betrachten, zu interpretieren und im Sinne der humanitären Werte und Prinzipien zu handeln. Dazu tragen alle Menschen bei, die Resilienz der Menschen als Individuen und in der Gemeinschaft zu stärken.

Die humanitäre Perspektive leitet uns an, das Geschehen und die Ereignisse aus einer menschlichen, unparteilichen, unabhängigen und neutralen Brille zu sehen, das heißt mit dem Bewusstsein der Menschlichkeit, Unparteilichkeit, Unabhängigkeit und Neutralität in die Welt zu schauen.

Nicht umsonst haben sich die Vereinten Nationen und alle Organisationen, die weltweite humanitäre Hilfe organisieren und leisten, Menschlichkeit, Unparteilichkeit, Unabhängigkeit und Neutralität als Humanitäre Prinzipien übereinstimmend als Handlungsleitlinie gegeben.

Der Mensch ist immer und überall Mitmensch!

Was verstehen wir unter Humanität, Menschlichkeit?

Das *United Nations Office for the Coordination of Humanitarian Affairs* (OCHA) hat für Menschlichkeit (Humanity) als das erste der vier Humanitären Grundsätze (Menschlichkeit, Neutralität, Unparteilichkeit, Unabhängigkeit) folgende Definition verfasst, die für alle humanitären Organisationen verbindlich ist: *„Human suffering must be addressed wherever it is found. The purpose of humanitarian action is to protect life and health and ensure respect for human beings."*[2]

Menschliches Leid muss also gesehen, angesprochen und behandelt werden, wo auch immer es auftritt. Der Zweck humanitärer Maßnahmen besteht darin, Leben und Gesundheit zu schützen und die Würde der Menschen sicherzustellen. Als oberstes Ziel gilt es, das Überleben von betroffenen Menschen in akuter Not zu sichern und ihr Leid zu lindern. Humanitäre Hilfe wird nach Maßstäben der Bedürftigkeit geleistet. Die Würde des Menschen muss dabei gewahrt bleiben.

Die Rotkreuz- und Rothalbmondbewegung, die in 191 Ländern der Welt mit einer Nationalen Gesellschaft präsent ist und humanitären Einsatz leistet, bekennt sich zur Menschlichkeit als dem ersten der sieben Grundsätze (Menschlichkeit, Unparteilichkeit, Neutralität, Unabhängigkeit, Freiwilligkeit, Einheit und Universalität) mit folgender Definition: *„Die internationale Rotkreuz- und Rothalbmond-Bewegung, entstanden aus dem Willen, den Verwundeten der Schlachtfelder unterschiedslos Hilfe zu leisten, bemüht sich in ihrer internationalen und nationalen Tätigkeit, menschliches Leiden überall und jederzeit zu verhüten und zu lindern. Sie ist bestrebt, Leben und Gesundheit zu schützen und der Würde des Menschen Achtung zu verschaffen. Sie fördert gegenseitiges Verständnis, Freundschaft, Zusammenarbeit und einen dauerhaften Frieden unter allen Völkern."*[3]

---

2   United Nations Office for the Coordination of Humanitarian Affairs (OCHA), what are the Humanitarian Principles?, 2012, S. 1.

3   Jean Pictet, „Die Grundsätze des Roten Kreuzes, Ein Kommentar", Institut Henry Dunant 1979, Deutsche Übersetzung: DRK-LV Badisches Rotes Kreuz e. V., 1990, E-Book-Bearbeitung: Österreichisches Rotes Kreuz, 2017

Die weiteren drei der vier Humanitären Prinzipien sind folgende.

Neutrality

Humanitarian actors must not take sides in hostilities or engage in controversies of a political, racial, religious or ideological nature.

Neutralität

Humanitäre Akteure dürfen bei Feindseligkeiten keine Partei ergreifen oder Auseinandersetzungen politischer, rassischer, religiöser oder ideologischer Art führen.

Impartiality

Humanitarian action must be carried out on the basis of need alone, giving priority to the most urgent cases of distress and making no distinctions on the basis of nationality, race, gender, religious belief, class or political opinions.

Unparteilichkeit

Humanitäre Maßnahmen müssen allein nach Maßgabe der Not durchgeführt werden, wobei den dringlichsten Notfällen Vorrang einzuräumen ist und keine Unterscheidung nach Staatsangehörigkeit, Rasse, Geschlecht, religiöser Überzeugung, Klassenzugehörigkeit oder politischer Meinung vorgenommen wird.

Independence

Humanitarian action must be autonomous from the political, economic, military or other objectives that any actor may hold with regard to areas where humanitarian action is being implemented.

Unabhängigkeit

Humanitäre Maßnahmen müssen unabhängig von den politischen, wirtschaftlichen, militärischen oder sonstigen Zielen sein, die ein Akteur in Bereichen verfolgen kann, in denen humanitäre Maßnahmen durchgeführt werden.

Es geht nun darum, aus der Perspektive dieser vier Grundsätze auf das Alltagsgeschehen zu schauen, die Ereignisse in diesem Licht zu deuten und entsprechende Handlungen zu setzen. Es ist unschwer zu erkennen, dass alle vier humanitären Prinzipien auf ein Bewusstsein und auf eine Haltung hinzielen, die es uns ermöglicht, fern von Beurteilungen, Verurteilungen und Bewertungen, allein nach dem Maßstab der Menschlichkeit zu denken und zu handeln.

Als Beispiel für praktische Übungen zu diesen vier Grundsätzen bieten wir die Stundenbilder für die Prinzipien der Menschlichkeit, Unabhängigkeit, Unparteilichkeit und Neutralität, die Frau Dr. Christina Hager für das Magazin „Henri", „Das Versprechen – The Pledge", gestaltet hat, hier an.

- „Eine Stunde für die Menschlichkeit"
- „Eine Stunde für die Unparteilichkeit"
- „Eine Stunde für die Neutralität"
- „Eine Stunde für die Unabhängigkeit"

Übungen von Christina Hager
aus dem Magazin „Henri", „Das Versprechen – The Pledge", 18 , 2015, Österreichisches Rotes Kreuz, S. 61–68

Eine Stunde für die MENSCHLICHKEIT

„Das Konzert"

Lukas und Sophie haben sich schon lange auf das Konzert gefreut. Die Geschwister haben die Karten für denAuftritt ihrer Lieblingsband von den Großeltern bekommen. Heute Abend wird es so weit sein – die Vorfreude steigt ….

… und Lukas steigt auf sein Fahrrad. Die Zeit bis zum Aufbruch will er noch sportlich verbringen. Zu sportlich vielleicht. Die Kurve ist eng – und gerade da läuft ein Tier über die Straße. Lukas kann ausweichen, aber den Sturz nicht verhindern. Die Folgen: Unfallkrankenhaus, Arm in Gips, Gehirnerschütterung – und erst einmal Bettruhe. Kein Konzert …

Sophie sagt tröstende Worte: „Du tust mir leid. Es wird schon wieder. Ich erzähl dir alles. Sei froh, dass nichts Schlimmeres passiert ist."

Ein bisschen ärgert sie sich darüber, dass sie jetzt allein zum Stadion fahren muss – Lukas kennt sich schließlich viel besser aus. Und darüber, dass ihre Freundin keine Zeit hat, Lukas' Karte zu übernehmen und mit ihr zu gehen. Aber sie sagt: „Ruh dich aus! Ich muss jetzt los."

Das passt zu Lukas (kreuze an):

☐ Pechvogel   ☐ bedauernswert   ☐ selbst schuld
☐ Schmerzen   ☐ Enttäuschung   ☐ Unfall
☐ unvorsichtig   ☐ traurig   ☐ neidisch
☐ arm

Das passt zu Sophie (kreuze an):

☐ Trost   ☐ freundlich   ☐ herzlos
☐ enttäuscht   ☐ bedauernswert   ☐ selbstbezogen
☐ kann nichts dafür   ☐ Glück gehabt   ☐ mitfühlend
☐ gleichgültig

„Die Wanderung"

Alex, Roman, Silvia und Renate haben die gemeinsame Wanderung miteinander gut geplant. Es soll ein unvergesslicher Tag für die kleine Gruppe werden. Die Rucksäcke sind gepackt, die Wetteraussichten könnten nicht besser sein. Morgen früh geht es los.

Der Wecker läutet – und Silvia merkt sofort, dass etwas nicht stimmt: Der Kopf schmerzt, ihr ist schrecklich heiß, sie kann kaum schlucken und ihr ist schlecht. Keine Chance auf eine Wanderung. Ihr kommen die Tränen – schließlich war es ihre Idee! Sie wollte so gerne zu den Wasserfällen und hat die anderen zum Mitkommen motiviert. Sie greift zum Telefon und sagt ab. „Habt einen schönen Tag!", bringt sie heraus – dann fließen die Tränen wieder.

Eine Stunde später: Es läutet an der Tür. Silvia steht stöhnend auf und schleppt sich zum Eingang. Ein Blick durch den Gucker:

Da stehen Alex, Roman und Renate. Kurz darauf sitzen sie um Silvias Bett. Die Wanderung wird verschoben. „Wir hätten keine Freude daran gehabt, wenn du währenddessen krank und traurig daheim liegst!" Die Freunde verzehren den mitgebrachten Proviant – und auf Silvias Nachttisch steht bald eine Kanne Tee und etwas Zwieback. Sie bekommt sogar einen kalten Umschlag auf die heiße Stirn ... und schläft irgendwann ein. Sie ist krank, aber nicht mehr traurig. Es tut gut, dass die Freunde sie verstanden und nicht alleingelassen haben!

Aufgabe:

Das denken die Freunde: ✎ _____

Das denkt Silvia: ✎ _____

BEARBEITUNG:

Grundlagen: Mitgefühl oder auch Mitleid kann man nicht erklären, nur empfinden.
Aktiv: Was Mitgefühl ist, weiß man, wenn man es für jemand anderen empfunden hat.
Passiv: Was Mitgefühl bewirkt, weiß man, wenn es einem jemand entgegengebracht hat.
Die beiden kurzen Geschichten sollen dazu anregen, Mitgefühl zu empfinden und diese Empfindung mit dem Verhalten der Protagonisten zu vergleichen: Wer verhält sich eher so, wie es meinem Empfinden entspricht?

Ablauf: Die Geschichten werden gelesen. Es ist sowohl möglich, beide hintereinander lesen zu lassen, als auch, erst eine zu bearbeiten und danach die zweite.
Im Anschluss wird der Arbeitsauftrag zu jeder Geschichte bearbeitet (siehe Kästchen). Es gibt dabei kein „Richtig" und kein „Falsch". Die Ergebnisse sind Grundlage für ein Gespräch, bei dem jeder seine Antworten erklärt und begründet. Ziel ist es, mit Hilfe des Vergleichens eigener und der Zugänge anderer

verschiedene Sichtweisen und deren Bewertung durch andere kennenzulernen.

Beispiel: Es ist nicht „falsch", Sophies Verhalten in Ordnung zu finden – aber es ist wichtig, zu wissen, dass es von anderen möglicherweise als herzlos/gleichgültig beurteilt wird.

Für den Abschluss sucht sich jeder eine der beiden Geschichten aus. Der Arbeitsauftrag ist der gleiche – er kann schriftlich oder als Rollenspiel* umgesetzt werden:

- Stell dir vor, du bist Lukas. Sag Sophie, wie es dir bei ihrem Verhalten geht!
- Stell dir vor, du bist Silvia. Sag deinen Freunden, wie es dir bei ihrem Verhalten geht!

* Im Rollenspiel können Sophie und die Freunde auch noch selbst antworten – so entsteht ein Gespräch über Kommunikationsformen und Beziehungsverhalten.

ZUSAMMENHANG:

Menschen haben verschiedene Lebensweisen, Religionen, Sprachen, Geschlechter. Was alle gemeinsam haben, ist das Menschsein. Deshalb ist der Schutz der Menschenwürde die erste Voraussetzung für das Zusammenleben – der Begriff dafür ist Menschlichkeit.

ROTKREUZ-GRUNDSATZ DER MENSCHLICHKEIT:

Die internationale Rotkreuz- und Rothalbmondbewegung, entstanden aus dem Willen, den Verwundeten der Schlachtfelder unterschiedslos Hilfe zu leisten, ist bestrebt, Leben und Gesundheit zu schützen und der Würde des Menschen Achtung zu verschaffen. Sie fördert gegenseitiges Verständnis, Freundschaft, Zusammenarbeit und dauerhaften Frieden unter allen Völkern.

Eine Stunde für die UNPARTEILICHKEIT

Jedem das Gleiche! Jedem das Gleiche?

Tante Susanne besucht ihre Nichte Luzia und ihre beiden Neffen Stefan und Roland. Sie freut sich schon darauf, besonders, weil sie die drei lange nicht gesehen hat – sie leben zu weit weg. Tante Susanne möchte den drei Kindern eine Freude machen, deshalb kauft sie für jedes eine große Schachtel Schokolade. Die gleiche Schachtel für jedes Kind – Tante Susanne möchte keines bevorzugen oder benachteiligen. Gerechtigkeit ist ihr sehr wichtig.

Die Kinder freuen sich über die Geschenke. Aber als sie sie auspacken, bekommt Stefan plötzlich ein langes Gesicht. Seit Kurzem weiß er, dass er Diabetes hat – eine Krankheit, die es ihm weitgehend verbietet, Zucker zu essen. Tante Susanne hat das noch nicht gewusst. Stefan bedankt sich und schenkt seine Schokolade den Geschwistern.

Tante Susanne ist ebenfalls enttäuscht. Sie wollte ja auch Stefan eine Freude machen! Und jetzt hat er gar nichts bekommen. Dann hat sie eine Idee: „Weißt du was? Wir zwei gehen morgen ins Kaufhaus und du suchst dir ein Buch oder eine DVD aus!"

Stefan strahlt wieder – und Luzia und Roland genießen die Riesenportion Schokolade gleich noch mehr, weil sie jetzt nicht mehr das Gefühl haben, dass der Bruder leer ausgegangen ist.

Menschen sind verschieden und leben unter ganz verschiedenen Umständen. Deshalb sind auch ihre Bedürfnisse ganz verschieden. Allen dasselbe geben zu wollen ist deshalb nicht sinnvoll – was soll ein Bewohner Afrikas mit einer Daunenjacke oder jemand, der kein sauberes Wasser hat, mit Suppenpulver? Braucht ein guter Schüler die gleiche Hilfe bei den Hausaufgaben wie der, der damit nicht allein zurechtkommt?

Diskutiert – und findet Beispiele:
- Was ist fair?
- Jedem das Gleiche! Oder: Jedem das, was er braucht!

- Wie ist das, wenn einer sehr viel braucht –
  und ein anderer gar nichts?
- Wie ist das innerhalb eines Landes/eines Kontinents –
  und zwischen verschiedenen Ländern/Kontinenten?

Viele Menschen sind auf der Flucht. Sie haben alles zurückgelassen und müssen in einem fremden Land neu anfangen. Vielleicht leben solche Menschen ja in deiner Nähe?

Schreib zwölf Dinge auf, von denen du meinst, dass diese Menschen sie auf jeden Fall brauchen können:

Und jetzt schreib zwölf Dinge auf, die du gern hättest:

Vergleicht die beiden Listen!
- Sprecht auch über eure eigene Wünsche – sind sie gleich? Was unterscheidet sie?
- Hast du selbst schon einmal etwas bekommen, womit du nichts anfangen konntest?

BEARBEITUNG:

Grundlagen: Je jünger Kinder sind, umso eher halten sie „jedem das Gleiche" für gerecht und fair. Erst wenn sie den Zusammenhang mit individuellen Bedürfnissen an sich selbst erfahren haben, ändert sich langsam das Verständnis. Auch in der Schule tendieren sie immer noch dazu, Lehrpersonen dann für fair zu halten, wenn sie alle gleich behandeln.

Anhand der Geschichte können sie nachvollziehen, wie Geben und Schenken mit individuellen Situationen zusammenhängen. Der Bezug zu eigenen Wünschen verdeutlicht die Hierarchie der Bedürfnisse. Davon ausgehend können Analogien entwickelt werden, die bei älteren Kindern und Jugendlichen bis zur Thematisierung von Entwicklungshilfe, Verteilungsgerechtigkeit und Ökologie erweitert werden können.

Ablauf: Die Geschichte wird gelesen oder erzählt. Die anschließende Diskussion (wie weit sie führt, richtet sich nach den vorhandenen Möglichkeiten und Potenzialen) soll vorhandene Sichtweisen aufdecken und bewusst machen. Sie soll aber auch dazu führen, dass diese relativiert und hinterfragt werden.

Dazu müssen alle zu Wort kommen – und niemand muss sich für seinen Standpunkt rechtfertigen. Moralisierende Bewertungen führen meist nur zur Verteidigung des einmal formulierten Standpunktes. Allerdings sollte darauf Wert gelegt werden, dass Meinungen begründet werden. Den Abschluss der Diskussion bildet eine kurze Zusammenfassung der in der Gruppe vorhandenen Ansichten und ihrer Begründungen.

Darauf folgt das Erstellen der beiden Listen. Der Vergleich der Listen und die Gespräche darüber finden möglichst ungesteuert unter den Schülern statt. Jeder sollte dabei wenigstens drei Gesprächspartner haben, damit alle mit einer entsprechenden Bandbreite von unterschiedlichen Erfahrungen konfrontiert werden.

Den Abschluss bildet ein kurzes Statement jedes Teilnehmers über die gewonnenen Erkenntnisse oder die resultierenden Fragen.

ZUSAMMENHANG:

Menschen haben verschiedene Bedürfnisse. Wer eine Brille braucht, dem ist mit einem Hörgerät nicht geholfen. Jedem das zu geben, was er braucht, ist deshalb menschenwürdig. Aus

Prinzip allen das Gleiche zukommen zu lassen ist unüberlegt –
und im schlimmsten Fall zynisch.

ROTKREUZ-GRUNDSATZ DER UNPARTEILICHKEIT:

Die Rotkreuz- und Rothalbmond-Bewegung unterscheidet nicht
nach Nationalität, Rasse, Religion, sozialer Stellung oder politischer Überzeugung. Sie ist einzig bemüht, den Menschen nach dem
Maß ihrer Not zu helfen und dabei den dringendsten Fällen den
Vorrang zu geben.

Eine Stunde für die NEUTRALITÄT

Acht Geschichten über die Pause

„Frau Lehrerin! Schnell!", tönt es über den Schulhof. Frau Korber schaut
in die Richtung, aus der das Rufen kommt – und erschrickt: Eine
Gruppe von Buben und Mädchen ist in eine Rauferei verstrickt – sie
kann gar nicht erkennen, wie viele es sind. Die Geräusche sind unver-
kennbar: Drohungen, Schläge, Tritte, Schmerzensschreie. Frau Korber
läuft hin, so schnell sie kann. Herr Treiber, der die Szene mitbekommen
hat, läuft hinter ihr her. Bei der Gruppe angekommen, rufen beide
gleichzeitig: „Sofort aufhören! Schluss jetzt!"

Langsam lösen sich die Raufer voneinander – und dann stehen fünf
Schüler und drei Schülerinnen schwitzend, keuchend und schmutzig
vor den beiden Lehrpersonen. Sie schicken einander wütende Blicke und
drohende Gesten. Auf die Frage: „Was ist denn hier los?" reden gleich
mehrere gleichzeitig: „Der Max hat …", „Zuerst hat der Zoran …", „Die
Anna muss immer …!", Das Durcheinander ergibt keinen Sinn.

„Jetzt mal langsam", sagt Herr Treiber, „jeder soll sagen, was passiert
ist – aber bitte hintereinander!"

Und das tun sie. Bald haben die beiden Lehrer acht Berichte gehört,
die zwei ganz verschiedene Abläufe des Vorfalls beschreiben – zwei
Gruppen, die sich in die Haare geraten sind und die sich beide im Recht
fühlen. Beide Parteien erwarten, dass Frau Korber und Herr Treiber

ihnen recht geben – damit wäre ihr grobes Verhalten den anderen gegenüber ein bisschen entschuldigt, denken sie.

Aber die beiden Lehrpersonen wissen es besser: Sie kennen jetzt zwar die Sichtweise der Streitparteien. Aber was wirklich passiert ist, können sie daraus nicht entnehmen. „Wahrscheinlich hat jeder von euch etwas richtig und etwas anderes falsch verstanden und gemacht!", sagt Frau Korber. „Darüber müssen wir später noch in Ruhe sprechen. Jetzt brauchen wir erst einmal den Verbandskasten – vier von euch bluten ja! Und die anderen sollten sich wenigstens waschen!"

Betreten gehen alle ins Schulhaus. In der nächsten Unterrichtsstunde sitzen dann einige von ihnen mit Pflastern auf Knien, Stirn und Ellenbogen in der Klasse. Zum Glück ist nichts Schlimmeres passiert.

Alle wissen: Dieser Vorfall wird noch bearbeitet werden – ohne Einsatz der Fäuste!

Um ein Urteil fällen zu können, müsste eine Person ALLE Sichtweisen und obendrein noch die Gefühle, Erwartungen und Befindlichkeiten aller Beteiligten kennen. Sie müsste in sie hineinschauen können – das ist unmöglich. Deshalb ist es sinnvoll, kein Urteil zu fällen. Das ist nicht immer einfach, aber immer hilfreich. Es ermöglicht, sich um die oftmals schlimmen Folgen eines Streites – im schlimmsten Fall eines Krieges – zu kümmern: um Angst, Schmerzen, Trauer, Verzweiflung, Wut oder Verletzungen. Denn darunter leiden immer alle Beteiligten.

Stell dir vor, du wärst Frau Korber oder Herr Treiber. Was würdest du den Kindern, die in die Rauferei verwickelt waren, antworten?

So rechtfertigen sich die Kinder:	Meine Antwort:
Der Max hat mich einen Lügner genannt!	
Zuerst hat der Zoran meine Schwester beleidigt!	
Die Anna muss immer auf den Zoran losgehen!	

Der Alex hat zuerst hingehaut!	
Die Lisa spottet immer über den Alex!	
Die Lisa hat gar nichts gemacht, aber der Zoran hat sie beschimpft!	
Der Tim hat zum Max gesagt, dass er fett ist!	

Erzählt und besprecht:
- Hast du dich schon einmal provoziert gefühlt? Wodurch?
- Hat sich schon einmal jemand von dir beleidigt oder gekränkt gefühlt, obwohl du das gar nicht wolltest?
- Hast du schon einmal einen Streit geschlichtet? Wie hast du das gemacht? Ist es dir gelungen?

BEARBEITUNG:

Grundlagen: Für Kinder und Jugendliche ist es noch schwierig, sich in die Perspektive anderer einzufühlen und zu akzeptieren, dass die Welt im Kopf anderer Menschen eben anders aussieht als im eigenen. Vor allem während der Pubertät ist das ein Problem – weil die eigene Welt dann ja selbst gerade ein Durcheinander und alles andere als klar ist. Das Aufgeben des Schemas „Wenn einer recht hat, muss der, der eine andere Sichtweise hat, notwendigerweise unrecht haben" schafft Unsicherheit. Das „Richtig-falsch-Schema" entspricht ja gerade deshalb dem Denken kleiner Kinder und dem von unreifen und unsicheren Menschen, weil es scheinbare Sicherheit bietet. Deshalb ist das Gewinnen von Selbstwert und damit Selbstsicherheit eine notwendige Voraussetzung für das Akzeptieren-Können fremder Sichtweisen – und damit für das Verständnis von Neutralität.

Ablauf: Die Geschichte wird präsentiert (selbst gelesen, erzählt, vorgelesen). Darauf folgt idealerweise ein Gespräch, in dem die Schüler ihre Meinung dazu sagen, ohne dass diese bewertet wird. Erst dann sollte der Arbeitsauftrag samt dem einleitenden Text vorgestellt und bearbeitet werden.

Im Anschluss daran werden die Antworten der Kinder besprochen. Auch dabei gilt: Eine Diskussion der Schüler untereinander und das Hinterfragen von Begründungen sind sinnvoll, Bewertungen nicht! Die sollte jeder für sich leisten.
Die drei Gesprächsthemen können in Gruppen besprochen werden. Danach wird der Klasse darüber berichtet.
Abschließende Antworten auf alle Fragen sind nicht das Ziel! Das Aufwerfen und Offenlassen von Fragen führt weiter und kann zu einem späteren Zeitpunkt als Anknüpfungspunkt dienen!

ZUSAMMENHANG:

Jeder Mensch sieht die Welt nur mit den eigenen Augen, notwendigerweise also einseitig. Neutralität repräsentiert den Respekt vor jeder subjektiven Sicht und die damit verbundene Einsicht in die Notwendigkeit, keine davon als alleinige Wahrheit zu verstehen – Voraussetzung für einen konstruktiven Umgang mit Konflikten.

ROTKREUZ-GRUNDSATZ DER NEUTRALITÄT:

Um sich das Vertrauen aller zu bewahren, enthält sich die Rotkreuz- und Rothalbmondbewegung der Teilnahme an Feindseligkeiten wie auch, zu jeder Zeit, an politischen, rassischen, religiösen oder ideologischen Auseinandersetzungen.

Eine Stunde für die UNABHÄNGIGKEIT

„Wir wollen helfen, aber wir können nicht!"

Die Familie ist direkt aus dem Kriegsgebiet in Afrika gekommen: Vater, Mutter und zwei kleine Kinder. Sie haben nur mehr, was sie am Leib und in zwei Plastiktaschen tragen. Es geht ihnen nicht gut. Der Vater ist verzweifelt, die Mutter voller Angst und die Kinder sind nicht gesund und unterernährt.

Für die Familie Greger ein klarer Fall: Sie besitzt einen Gasthof, in dem selten alle Zimmer belegt sind. Also nimmt man die Flüchtlinge auf und stellt ihnen zur Verfügung, was nötig ist: ein Zimmer mit Dusche, drei Mahlzeiten täglich und Kleidung, die die Gregers entbehren können.

Gerald und seine Schwester Iris spielen mit den Kindern und sind bald sehr stolz darauf, ein paar Worte der fremden Sprache zu kennen. Und sie sind stolz darauf, dass sie und die Eltern helfen können und es auch tun! Die Flüchtlinge sind dankbar und froh, auf die Gregers getroffen zu sein. Alles scheint bestens.

Bis eines Tages der Bürgermeister kommt und Herrn Greger um ein Gespräch bittet ...

Danach ruft Herr Greger den Familienrat zusammen:

Im Ort sind die Flüchtlinge nicht gern gesehen. Einige Vereine haben gedroht, ihre Veranstaltungen nicht mehr im Gasthof Greger abzuhalten. Familien, die bisher ihre Geburtstags-, Hochzeits- und Tauffeste hier gefeiert haben, wollen das in Zukunft anderswo tun. Die Familie Greger würde sehr viel Geld verlieren, solange die Flüchtlinge bei ihr blieben.

„Wir können sie doch nicht einfach fortschicken!", entrüstet sich Gerald. „Das ist Erpressung!", schimpft Frau Greger. Iris schlägt vor, auf Geburtstags- und Weihnachtsgeschenke zu verzichten, um Geld zu sparen. „Das reicht leider nicht", seufzt Herr Greger. „Ich bin sehr stolz auf euch beide! Aber wir brauchen das Geld."

Es fällt den Gregers furchtbar schwer, den lieb gewonnenen Gästen zu sagen, dass sie wieder fortmüssen. Zum Glück finden sie eine Unterkunft für die Flüchtlingsfamilie. In einem Nachbarort besitzt ein wohlhabender Geschäftsmann ein Ferienhaus. Nachdem Herr Greger ihm die Situation geschildert hat, ist dieser bereit, den Flüchtlingen einen Zubau zur Verfügung zu stellen.

Ihm kann es egal sein, ob irgendjemand etwas dagegen haben wird – er braucht ja von niemandem etwas.

Wer etwas braucht, ist darauf angewiesen, es zu bekommen. Wenn daran Bedingungen geknüpft sind („Das bekommst du nur, wenn ..."), muss man diese umso eher akzeptieren, je dringender das Bedürfnis ist. Deshalb ist derjenige, der ein Bedürfnis befriedigen kann, oft der Stärkere.

In welchen Situationen kommt so etwas vor? Ergänze die folgenden Sätze:

Wenn du eine Taschengelderhöhung bekommen willst, ...

Wenn du am Sonntag ins Kino gehen willst, ...

Wenn du mein Freund/meine Freundin sein willst, ...

Lies die folgenden beiden Sätze!
Gibt es hier einen Unterschied?
Warum (nicht)?

Wenn du die teure Playstation haben möchtest, musst du im Haushalt mithelfen!	Wenn du zu uns gehören möchtest, darfst du nicht mit Ausländern reden!

Erzähle:
- Was hast du schon getan, um etwas zu bekommen oder zu dürfen?
- Hast du selbst auch schon Bedingungen gestellt?

Diskutiert:
- Wann sind solche Bedingungen ganz normal?
- Wann sind sie akzeptabel?
- Wann sind sie unanständig?

BEARBEITUNG:

Grundlagen: Dass Geld angeblich die Welt regiert, ist der Grund dafür, dass das Rote Kreuz durch Spenden finanziert wird: Abhängigkeit von Geldgebern, die für ihr Geld eine Gegenleistung haben wollen, wäre das Ende seiner Möglichkeiten.

Das soll anhand der Geschichte und der anschließenden Überlegungen und Gespräche verstanden werden: Uneingeschränkt handeln kann nur, wer nicht auf die Zustimmung anderer angewiesen ist.

Junge Menschen erleben solche Abhängigkeiten – sie sind Teil ihres Alltags. Zugeständnisse und Freiheiten werden an Voraussetzungen geknüpft:

- Wenn du weggehen willst, musst du zuerst deine Aufgaben erledigen.
- Wer ein sicheres Einkommen haben will, muss unter Umständen auch zu ungewöhnlichen Zeiten arbeiten und auf Freizeit verzichten. Und manchmal auch darauf, die eigene Meinung durchzusetzen.

Wenn es um grundsätzliche Haltungen und Werte geht, die nicht diskutabel sind, ist so eine Abhängigkeit allerdings hoch problematisch. Dieser Unterschied soll deutlich werden.

Ablauf: Die Geschichte wird gelesen. Danach erhält jeder Schüler vier Zettel (idealerweise in vier verschiedenen Farben). Darauf wird je ein Statement geschrieben (keine Namensangabe!)

- zu den Flüchtlingen
- zu den Dorfbewohnern
- zur Familie Greger
- zum Geschäftsmann

Diese Zettel werden danach thematisch geordnet für alle lesbar aufgehängt. Einige Minuten lang können alle sich einen Überblick über die Aussagen verschaffen – dann werden sie diskutiert. Besonders einander widersprechende oder singuläre Statements sind von Interesse. Von wem welche Aussage ist, sollte nur dann thematisiert werden, wenn die Person, die sie geschrieben hat, das selbst anregt. Es geht um Bewusstseinsbildung, nicht um Rechtfertigung.

Zum Abschluss werden wieder vier Zettel (in denselben Farben) ausgegeben – jeder schreibt zu den vier Punkten (siehe oben) ein abschließendes Statement. Auch diese Zettel werden wieder aufgehängt. Hat sich etwas verändert?

ZUSAMMENHANG:

Hilfe für Menschen in Not unterscheidet nicht zwischen deren Herkunft, Sprache und anderen Merkmalen. Dasselbe gilt für die

Helfer. Es gibt kein Kriterium, das dafür tauglich wäre – Menschlichkeit gilt immer für alle.

ROTKREUZ-GRUNDSATZ DER UNABHÄNGIGKEIT:

Die Rotkreuz- und Rothalbmondbewegung ist unabhängig. Wenn auch die nationalen Gesellschaften den Behörden bei ihrer humanitären Tätigkeit als Hilfsgesellschaften zur Seite stehen, müssen sie dennoch eine Eigenständigkeit bewahren, die ihnen gestattet, jederzeit nach den Grundsätzen der Rotkreuz- und Rothalbmondbewegung zu handeln.

5.3
Hilfsbereitschaft steigern – „Project Humanity"

Karl Zarhuber

Wertorientierte Bildung: der nächsten Generation Zugang zu Humanitären Prinzipien und Werten verschaffen

„Steigende humanitäre Bedürfnisse, anhaltende Krisen, Gewalt, Konflikte, Naturkatastrophen sowie regionale komplexe Krisensituationen wie Zwangsumsiedlungen und Migration – all das sind humanitäre Herausforderungen, die nachhaltige Lösungen erfordern. Humanitäre und wertorientierte Bildung ist dabei eine wichtige Stütze, um solche Herausforderungen bewältigen, menschliches Leid vermeiden sowie die Resilienz der lokalen Bevölkerung stärken zu können. Wie kann dies jedoch durch Bildung, unter gleichzeitiger Einhaltung der fundamentalen und humanitären Prinzipien der Rotkreuz- und Rothalbmondbewegung, erzielt werden?

Die Erreichung dieser Ziele benötigt Innovation und Handeln ...

... bei humanitärer Bildung. Hierbei kann der Einzelne lernen, Situationen von einer humanitären Perspektive zu interpretieren und im Sinne der humanitären Werte und Prinzipien zu handeln. Junge Menschen sollen lernen, gewisse Geschehnisse durch eine humanitäre Linse zu sehen und aktiv in ihren Gemeinden mitzuwirken (wie z. B. durch das Erbringen freiwilliger Dienste). Diese innovative Methode unterstützt formelles und informelles Peer-to-Peer-Training in humanitären Werten und Prinzipien.

Innovative Methodologie und Medien bei Humanitärer Bildung und Partnerschaften – über Diversität hinaus

Menschlichkeit ist lernbar. Aus diesem Grund hat die Schweizer Föderation, das Department für Entwicklungszusammenarbeit des Außenministeriums in Zusammenarbeit mit der Pädagogischen Hochschule Zug, unterstützt vom Schweizerischen Roten Kreuz, der IFRC sowie dem IKRK, im Jahr 2015 ein Schulprojekt für junge Menschen lanciert, welches es diesen ermöglicht, die Humanitären Prinzipien zu entdecken – weit über die kulturelle und religiöse Diversität hinaus, welche oft in einem einzelnen Klassenzimmer existieren. Hierbei soll ein gemeinsames Verständnis geschaffen werden.

Das Online-Portal des Schulprojekts ist ein innovatives Lehrmittel für wertorientierte Bildung, das visuelle und funktionelle Elemente der neuen Medien beinhaltet. Es ermöglicht den StudentInnen beispielsweise ihre Ideen einzubringen, ihre *Posts* zu teilen und ein Tagebuch mit ihren Gedanken und Erkenntnissen zu führen. StudentInnen auf der ganzen Welt können von dieser tiefgreifenden Auseinandersetzung mit den Humanitären Prinzipien und deren globalen Werten lernen; entdecken, welche Relevanz die Humanitären Prinzipien für die Menschen in Not haben; herausfinden, wie humanitäre Hilfe funktioniert; über das bereits Gelernte sowie über ihre eigenen Werte nachdenken; sich ihre eigene Meinung bilden sowie diese präsentieren und vertreten.

Menschlichkeit ist lernbar – ein Schulprojekt und ein Lehrmittel zur Sensibilisierung von jungen Menschen

Die Grundsätze der Menschlichkeit, der Unparteilichkeit, der Neutralität und der Unabhängigkeit bilden die Basis sämtlicher humanitären Aktionen weltweit. Die vertiefte Auseinandersetzung mit diesen Grundsätzen, den „Humanitären Prinzipien" im Rahmen des Schulprojekts, ist für die Schülerinnen und Schüler in jeder Hinsicht gewinnbringend:

- Sie entdecken die Relevanz und die Funktion der „Humanitären Prinzipien".
- Sie beschäftigen sich dabei vertieft mit der Bedeutung der Grundsätze sowohl für Menschen in Notsituationen als auch für die humanitäre Praxis.
- Sie lernen zu verstehen, wie humanitäre Hilfe konkret funktioniert.
- Sie beziehen das neu erworbene Wissen auf sich und ihre eigenen Werte.
- Sie erarbeiten sich einen persönlichen Standpunkt und können diesen vertreten.
- Sie tragen dieses Wissen und ihre Erkenntnisse in die soziale Gemeinschaft.

„Project Humanity" im Kontext der Bildungsagenda 2030 der Vereinten Nationen

Unser Lehrmittel und das Schulprojekt zur Sensibilisierung auf die „Humanitären Prinzipien" knüpft direkt an das SDG 4.7 an. Wir stellen somit sicher, dass alle Lernenden die für nachhaltige Entwicklung notwendigen Kenntnisse und Fähigkeiten erwerben, u. a. durch Bildung für nachhaltige Entwicklung (BNE), Global Citizenship Education und die Wertschätzung kultureller Vielfalt. Zu erwähnen ist dabei insbesondere, dass das Lehrmittel und das Schulprojekt das Angebot an Schulen spezifisch im Bereich der sozialen Dimension von BNE erweitert.

Das für mich Besondere an diesem Projekt – neben der professionellen und klugen Ausarbeitung durch die Kolleginnen und Kollegen an der Pädagogischen Hochschule in Zug – ist die Tatsache, dass es von den Humanitären Prinzipien und den persönlichen Werten spricht, die jeder Mensch in sich trägt.

Darum möchten wir ein Beispiel hier anführen, wie im Rahmen von „Project Humanity" individuelle, persönliche Werte gehoben, erzählt und mit anderen ausgetauscht werden können:

1. Project Humanity, Modul 2 | Anleitung 2.2
Entnommen aus dem Online-Portal https://www.project-humanity. info/fileadmin/data/Documents/DE/Module2/Anleitung_2.2.pdf

„Meine Geschichte/Deine Geschichte"

Kurze Beschreibung

Die Teilnehmenden erzählen in einer kleinen Gruppe ihre in der Vorbereitung geschriebene Geschichte mit dem Titel *„In dieser Situation habe ich selbst Hilfe geleistet: …"*. Sie lassen sich zudem auf die Geschichten der anderen ein, hören aktiv zu, stellen Fragen und beantworten ihnen gestellte Fragen. Themen: persönliche Werte, ich & du.

Lernziele
- Benennen und Erklären der eigenen Werte in narrativer Form
- Erkennen der Subjektivität und der Funktion von persönlichen Werten

Setting: Kleingruppe, 3–4 Teilnehmende

Zeit: 45–60 Minuten

Material: persönliches Projekttagebuch

Ablauf

Die Teilnehmenden finden sich zu dritt oder zu viert in Kleingruppen. Ob die Gruppenzugehörigkeit selbst gewählt werden darf oder ob die Gruppenzusammensetzung bestimmte Kriterien (z. B. Gender-Mix) erfüllen muss, entscheidet die Lehrperson.

Nun erzählen sich die Teilnehmenden gegenseitig ihre persönlichen Geschichten zum vorgegebenen Thema. Dies soll in einem ruhigen, wenn möglich selbst gewählten Setting stattfinden, damit ohne äußere Störungen gearbeitet werden kann. Die Geschichte kann frei erzählt werden, darf aber auch aus dem Projekttagebuch abgelesen werden, wenn dies bevorzugt wird. Sie soll gemäß Vorbereitungsauftrag (im Vorbereitungsdossier) eine Beschreibung der geleisteten Hilfestellung, vor allem aber auch eine Erklärung dazu, warum und wie der Wunsch zu helfen entstanden ist, beinhalten.

Am Schluss einer jeden Erzählung darf nachgefragt und allenfalls kurz diskutiert werden, falls das Interesse in der Gruppe besteht. Auch hier sollen jedoch Bewertungen durch die Zuhörenden möglichst vermieden werden. Vielmehr soll es darum gehen, den Mut jeder und jedes Einzelnen, die eigene Geschichte zu erzählen und auf Fragen einzugehen, schätzen zu lernen und zu würdigen. Diese Hinweise soll die Lehrperson im Zuge der Übungsanleitung anbringen. Die Übung kann mit einem kurzen Gespräch im Plenum stimmig abgerundet werden.

Ausblick

Mit der erwartungsgemäß entstehenden oder wachsenden Erkenntnis der Subjektivität persönlicher Werte wird in den folgenden Lernschritten weitergearbeitet. Das Gleiche gilt für die Erkenntnis, dass persönliche Werte eine absichts- und handlungsleitende Funktion haben.

Für den konkreten Einsatz von Project Humanity in der Schule (Sekundarstufe) oder in der Jugendgruppe finden sich alle Materialien auf der Online-Plattform https://www.project-humanity.info/de.html

Gerne unterstützen wir bei der Umsetzung. Bei Interesse und für weiterführende, unterstützende Informationen kontaktieren Sie bitte Mag. Karl J. Zarhuber: karl.zarhuber@ifrc.org

Werte-Elizitation
Daniel Passweg

Ein weiteres Beispiel zum Werte-Assessment stammt aus der Reflexionspraxis von Daniel Passweg und trägt den Titel

„Werte-Elizitation"

Ziel: Werte stellen DIE Motivationsförderer dar. Wir handeln nach unseren Wünschen, Bedürfnissen und Werten und sind leistungsmotiviert, wenn ein Wert dadurch erfüllt wird.
- Wie stellen wir fest, was unsere Werte sind?
- Was ist mir wichtig?
- Was ist anderen wichtig?

Eine gute Möglichkeit stellt die Elizitation der Werte dar, die auf dem *Modell der Logischen Ebenen* von Robert Dilts basiert und von Wyatt Woodsmall entwickelt wurde.

Arbeitsanweisung: Die Punkte 1 und 2 stellen die Basis für diese Elizitation dar und können alleine durchgeführt werden. Punkte 3 bis 4 sollten mit einem Übungspartner/einer Übungspartnerin gemacht werden. Für Punkt 5 benötigen Sie einen erfahrenen Coach.

1. **Elizitation** (Schreiben Sie alle Werte, die Ihnen gerade einfallen, auf einen Zettel.)
   – Was ist mir wichtig? – Wert A.
   – Was ist mir noch wichtig? – Wert B.
   – … so lange, bis keine mehr einfallen.

2. Ranking (Ordnen Sie die Werte am Zettel nach Priorität.)
– Was springt mich als Erstes an? – Wert 1.
– Was springt mich als Nächstes an? – Wert 2.
– … alle Werte ranken.

3. Ressourcetest (Machen Sie diesen Test für die ersten 7 Werte.)
– Unterstützt Wert 7 den Wert 6? Wird Wert 6 von Wert 7 unterstützt?
– Unterstützt Wert 6 den Wert 5? Wird Wert 5 von Wert 6 unterstützt?
– … alle Werte in dieser Form abfragen. Sollte ein Wert einen anderen nicht unterstützen, sondern vielleicht sogar behindern, reflektieren Sie bitte dieses Wertepaar.

4. Inklusionstest (Machen Sie diesen Test für die ersten 7 Werte.)
– Wenn ich Wert 1 habe, habe ich dann auch Wert 2?
– Wenn ich Wert 1 und 2 habe, habe ich dann auch Wert 3?
– … alle Werte in dieser Form abfragen. Sollte ein Wert durch andere erfüllt sein, können Sie diesen Wert, wenn es für Sie passt, aus Ihrer Liste streichen.

5. Glaubenssätze (Reflexion der 7 wichtigsten ermittelten Werte)
– Warum ist mir Wert 1 wichtig? – Glaubenssatz 1.
– Warum ist mir Wert 2 wichtig? – Glaubenssatz 2.
– … alle Werte in dieser Form abfragen und daraus resultierende Glaubenssätze auf positive und negative Bewertungen analysieren und reflektieren.

Als systemischen Abschluss können Sie real oder auch nur spielerisch in Gedanken Ihrer Familie (Partner/in, Kinder, Eltern, Geschwister …) und Ihren Freunden mitteilen, was Ihnen wichtig ist. Teilen Sie dazu zumindest Ihre 3 wichtigsten Werte mit.

Plakate als pädagogische Hilfsmittel für humanitäre Themen
Karl Zarhuber

Das Plakat

Plakate oder Poster sind faszinierende Medien, die Generationen von Menschen in den Räumen visueller Wahrnehmungen begleiten. Plakate wirken dann besonderes gut, wenn sie es schaffen, eine Botschaft in Bild und Text klar zu verdichten und diese auf einen Blick zu signalisieren und zu kommunizieren. Plakate sind eine Kunstform der Kommunikation, auch wenn sie häufig bzw. meist für Gebrauchstexte aus Werbung und Wirtschaft eingesetzt werden. Es existiert kaum eine Organisation, ein Konzern, eine Marke, die/der ihr/sein Zeichen, ihre/seine Botschaften oder ihre/seine Produkte nicht „plakativ" vermittelt. Und plakativ sagt, was es kann und was es nicht kann, das Plakat. Ein Plakat ist ein Anstoßgeber, ein Auslöser[4], der einen Prozess initiiert, der dann Gestalt annimmt, wenn wir ihn zu Ende denken und gehen. Und Plakate sind, wie die Werbemedien in ihrer Gesamtheit, Wertevermittler. Mit produktbezogenen Botschaften vermitteln sie Werte.

In der schulischen und außerschulischen Jugendarbeit lassen sich Plakate als Impulsgeber für thematische Arbeiten hervorragend einsetzen. Wie oben gesagt, gute Plakate schaffen es, eine starke Botschaft zu kommunizieren, die eine Diskussion, ein Gespräch zu einem bestimmten Thema oder auch einen Schreibanlass in einer Schreibwerkstatt bieten kann, dem eine spannende inhaltliche Auseinandersetzung folgen kann. Im besten Fall wird so ein Prozess von den Beteiligten mit einer konkreten Aktivität oder Aktion

---

4   Der Fotograf und Künstler Claudio Alessandri hat eine ganze Serie von Plakaten, einen Kalender, „Auslöser" genannt.

abgeschlossen, für die selbst wieder Plakate gestaltet werden, um ihre Botschaft, das Gelernte zu bündeln und einer breiten Öffentlichkeit zu kommunizieren.

Daher wollen wir auch hier die besondere Rolle des Plakates oder des Posters würdigen, indem wir eine Auswahl hervorragender Beispiele anführen.

5.5.1
Plakate für humanitäres Engagement
Österreichisches Jugendrotkreuz

Plakate, Poster[5] zur Menschlichkeit von Claudio Alessandri[6] (1955–2012)

Claudio hat über viele Jahre Plakate (Poster) zu humanitären Themen des Österreichischen Jugendrotkreuzes gestaltet. Er war ein ausgezeichneter Fotograf, der selbst Idee und Konzept zu thematischen Postern entwickelt und die „Modelle" für seine Bilder selbst in der Schule gesucht hat. Claudio ist in die Schulen gegangen, hat Castings gemacht und Kinder und Jugendliche dann in sein Studio eingeladen.

Claudio Alessandri hat viele hochwertige Fotografien und Poster zu humanitären Themen gemacht – und das immer freiwillig, d. h. ohne eine finanzielle Gegenleistung dafür anzunehmen. Er war ein Mensch, den wir einen „Humanitarian" nennen, er hat Menschlichkeit gelebt in vielen Facetten.

---

5   Poster – free Download auf der ÖJRK-Fotodatenbank: http://images.roteskreuz.at/?c=1337&k=0e76a317f6

6   https://www.alessandri.at/de/home

Miteinander leben.
Voneinander
lernen

50 Jahre ÖJRK

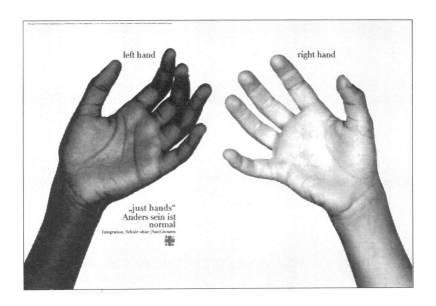

left hand

right hand

„just hands"
Anders sein ist
normal

Integration: Schule ohne (Aus)Grenzen

6.

Elternbildung

6.1

Menschlichkeit beginnt bereits vor der Geburt

Ludwig Janus/Nana Walzer

„Ein Mensch, der sich schon im Mutterleib sicher und geborgen fühlt, hat die besten Chancen, sich zu einem starken, offenherzigen und konfliktfähigen Menschen zu entwickeln. Man darf das ruhig global betrachten: Das ist der Weg zum Weltfrieden." Ludwig Janus[7]

„Menschsein mit all seinen Empfindungen beginnt lange vor der Geburt"[8] lauten die einleitenden Worte eines Interviews, das Doris Helmberger/„Die Furche" mit dem Psychoanalytiker Dr. Ludwig Janus führte. Diese Beschreibung entspricht der zentralen These der Pränatalpsychologie, die sich vor allem mit den Einflüssen von vorgeburtlichen und geburtlichen Belastungen im späteren Leben beschäftigt. Ob sich Menschen an diese Phase erinnern können oder nicht: Einschneidende Erlebnisse wie Abtreibungsversuche oder Nabelschnurumschlingungen zeigen jedenfalls im weiteren Leben ihre Wirkung, etwa dass jemand oft keine Luft bekommt. Solche Zusammenhänge lassen sich mitunter erst herausfinden, wenn die Eltern, ältere Geschwister oder andere Familienmitglieder befragt werden. Manche Wissenschaftler stehen dieser Methode der „Ursachenforschung" nach den Hintergründen von störenden körperlichen oder psychischen Phänomenen noch skeptisch gegenüber. Aber sowohl Tierversuche als auch die Hirnforschung bestätigen etwa in der Stressforschung, dass es pränatale Bedingungen dafür gibt, wie sich beispielsweise die Synapsen verbinden. Stresshormone sind

---

7   Ludwig Janus im Gespräch mit Börger, Christiane: „Von wegen Psychokram", in: Eltern 8/2017 „Die wunderbare Verwandlung", 12. Juli 2017, S. 116–120.

8   Helmberger, Doris: „Die Wissenschaft ist hier leider einseitig", aus: Die Furche 38, 21.09.2017, S. 15.

nachgewiesenermaßen „plazentagängig", werden also dem Embryo übermittelt. Schlechte Bedingungen, wie etwa Gewalt in der Familie oder schwere psychische Belastungen wie Depressionen, werden vom Ungeborenen mitbekommen. Nun ist aber die Situation im Mutterleib – genauso unmittelbar, wie sie erfahren wird – zugleich Urgrund von Geborgenheit und „Weltwahrnehmung", wenn man so möchte. Ein Mensch wird daher unbewusst sein Leben lang versuchen, ähnliche Erlebnisqualitäten herzustellen, ähnliche Empfindungen, weil sich diese als „natürlicher" Seinszustand in sein Wesen eingeprägt haben. Zudem ist von elementarer Bedeutung, wie Menschen geboren werden. Ein Fallbeispiel aus Janus' Praxis, das zeigt, dass Geburtserfahrungen den Menschen ein Leben lang prägen. In diesem Fall bedeutet eine Kaiserschnittgeburt für die psychische Verfassung des Klienten, dass er dadurch sein Leben lang darauf geprägt war, Hilfe von außen zu erwarten: *„Eine normale Geburt bedeutet für Mutter und Kind, dass man sich anstrengen muss, um ans Ziel zu gelangen. Diese Elementarerfahrung fehlt Kaiserschnittgeborenen. Das muss sich nicht bei jedem äußern, aber ich hatte einen jungen Mann, der sich auf sein Examen vorbereitet hat – und plötzlich gar nichts mehr tun und nur noch darauf warten konnte, dass ihm geholfen wurde. In der Therapie haben wir dann festgestellt, dass eine Kaiserschnittgeburt dahintersteckt. Hier können relativ geringe therapeutische Eingriffe große Wirkung entfalten."[9]*

Ludwig Janus gilt als ein Vorreiter der Pränatalpsychologie und widmete sich diesem Thema bereits zu einer Zeit, als es der medizinischen Fachwelt erst zu dämmern begann, dass der Mutterleib kein Vakuum ist und etwa Ernährung und Rauchen eine Auswirkung auf den Menschen haben. Solche Faktoren und ihre Wirkung auf die menschliche Gesundheit sind mittlerweile gut erforscht und messbar.

Gesundheit umfasst aber letztendlich weit mehr als die Abwesenheit von Krankheit, sie umfasst etwa auch die Fähigkeit, mit psychischem Leid und Schmerz zurechtzukommen. Die Fähigkeit, mit Stress effektiv umzugehen, wird bereits im Mutterleib unterstützt oder erschwert. Die grundsätzliche Befindlichkeit eines Menschen,

---

9 Ludwig Janus im Gespräch mit Helmberger, Doris: „Die Wissenschaft ist hier leider einseitig", aus: Die Furche 38, 21.09.2017, S. 15.

seine psychische Ausgangslage, wird ebenfalls in der vorgeburtlichen Zeit beeinflusst. So können tiefe und andauernde Gefühle wie etwa Unruhe, Aussichtslosigkeit oder Minderwertigkeit von der Zeit vor der Geburt herrühren. *„Je diffuser und globaler solche Gefühle, je schwieriger sie zu verorten sind, desto wahrscheinlicher stammen sie aus der vorsprachlichen Zeit."*[10]

Je nach familiärer Situation fühlen sich auch Babys entweder sicher und geborgen oder eben nicht. Diesbezüglich unterscheiden sich Babys drei Wochen vor Geburt nicht von jenen drei Wochen nach der Geburt. Pränatales Bonding wird mit zunehmendem Forschungsstand (Stichwort: Hormone) ebenso wichtig wie postnatales Bonding für die psychische Befindlichkeit und das Nervenkostüm eines Menschen.

Sind Menschen nämlich grundsätzlich eher fröhlich und optimistisch, oder aber sorgenvoll, ängstlich und pessimistisch, so hat dies eine große Auswirkung darauf, wie sie die Welt wahrnehmen und mit Herausforderungen aller Art praktisch umgehen. Denn nicht nur die *Empfindungen*, die Menschen sich selbst und der Welt grundsätzlich entgegenbringen, werden im Mutterleib beeinflusst. Auch mitmenschliches *Verhalten* zeigt sich je nachdem, mit welchem Gefühlshaushalt ein Mensch ausgestattet ist, und besonders unter Stress, also wenn „es eng" wird: Lange noch bevor unser bewusstes Verhalten einsetzt, bestimmt unser Körpergedächtnis, wie wir uns verhalten. Gestresst und regressiv, also abwehrend (aggressiv, destruktiv, autoaggressiv und selbstzerstörerisch) bzw. ignorant, flüchtend, den Kopf in den Sand steckend. Oder eben progressiv, die Herausforderung widerstandskräftig annehmend, resilient.

Wissenschaft und Forschung belegen, dass die Umstände im Mutterleib für die psychische und physische Gesundheit zentral sind: *„Die Körperzellen des Menschen haben eine Art Gedächtnis für Umwelteinflüsse und Lebensstil. Im Idealfall hilft dieses Gedächtnis, zeitlebens besonders widerstandsfähig zu sein und möglichst lange geistig rege und gesund zu bleiben. Andreas Plagemann, Leiter der Forschungsabteilung an der Klinik für Geburtsmedizin der Berliner Charité, beschreibt das*

---

10 Ludwig Janus im Gespräch mit Börger, Christiane: „Von wegen Psychokram", in: Eltern 8/2017 „Die wunderbare Verwandlung", 12. Juli 2017, S. 116–120.

Leben konsequenterweise als „individuellen, permanent umweltabhängigen Entwicklungsprozess". [...] *Klar erscheint also, dass die Gesundheit im Sinne eines lebensbegleitenden Anpassungsprozesses erst mit dem Tod endet. Doch wann startet sie? Spontan mag man die Geburt zum Startpunkt erklären. Allerdings hat sich längst herumgesprochen, wie wichtig auch die Zeit im Mutterleib für die Ausprägung zahlreicher oft erst sehr viel später wirksamer Erkrankungsrisiken ist. Die Frage, wie wir wurden, was wir sind, beantwortet Plagemann so:* „Maßgeblich durch die natürlichen und sozialen Umwelt- und Entwicklungsbedingungen, unter denen wir als Individuum schon im Mutterleib und in den ersten Lebenswochen heranwuchsen."[11]

Ernährung, Alkoholkonsum, Rauchen, Bewegung, Stress, Ruhe – auch das konkrete Verhalten der Mutter und der Umwelt bestimmt wesentlich mit, wie psychisch und physisch krankheitsanfällig ein Mensch zeit seines Lebens ist: *Der mittlerweile emeritierte Trierer Psychobiologe Dirk Hellhammer, der auf vier Jahrzehnte erfolgreiche Stressforschung zurückblickt, sagt:* ‚Frühkindliche Einflüsse sind mit Abstand der größte Risikofaktor für stressbezogene Gesundheitsstörungen.' *Traumatische Erlebnisse der Mutter während der Schwangerschaft oder des Kindes im ersten Lebensjahr fänden sich* ‚bei etwa 50 bis 70 Prozent aller Patienten mit derartigen Leiden'."[12]

Eine gesundheitsförderliche Lebensführung und eine gute Beziehung sowohl zwischen Mutter und Ungeborenem als auch mit dem Umfeld (Partner, Eltern, Großeltern) sind damit die wesentlichen Bestandteile für ein gelingendes Menschsein. Nährstoffreiche Ernährung, ausreichend Bewegung und kein Konsum von Tabak, Alkohol etc. verstehen sich eigentlich von selbst. Die Bindung und Beziehung kann ebenfalls gezielt gefördert werden, etwa mittels der sogenannten „Bindungsanalyse", sie kann helfen, eine gesunde „seelische Nabelschnur" aufzubauen und zu stärken: *Mit der Bindungsanalyse soll gezielt eine intensive und liebevolle vorgeburtliche Eltern-Kind-Bindung*

---

11 Aus: Spork, Peter: Gesundheit wird lange vor der Geburt geprägt. In: Süddeutsche Zeitung Magazin, 25. Juni 2018, https://www.sueddeutsche.de/gesundheit/vorsorge-gesundheit-wird-lange-vor-der-geburt-gepraegt-1.4027858

12 Aus: Spork, Peter: Gesundheit wird lange vor der Geburt geprägt. In: Süddeutsche Zeitung Magazin, 25. Juni 2018, https://www.sueddeutsche.de/gesundheit/vorsorge-gesundheit-wird-lange-vor-der-geburt-gepraegt-1.4027858

gefördert werden. Dafür trifft sich die Schwangere regelmäßig mit einem dafür ausgebildeten Psychotherapeuten und versucht, sich mit seiner Hilfe für die Signale des Babys zu öffnen. Über auftauchende Empfindungen, Gefühle, Bilder oder Gedanken lernt die werdende Mutter, das Baby zu verstehen und auf seine Zeichen zu reagieren."[13]

In der Praxis finden sich neben Psychotherapeuten auch spezifisch ausgebildete Hebammen, Schwangerschaftsberaterinnen und andere bindungsanalytische Begleiterinnen. Mehr Information dazu etwa auf: www.bindungsanalyse.at und auf www.bindungsanalyse.de

ÜBUNG für Schwangere: TIEFE KOMMUNIKATION

Mithilfe der Haptonomie[14] können Mutter und Vater unmittelbar Kontakt zum Baby aufzunehmen, etwa mit dem Schwimmspiel. Eine Hand wird rechts auf den Bauch gelegt und das Baby wird eingeladen, sich dorthin zu bewegen. Weil das Baby im Bauch spürt, wo ihm Platz und Wärme geboten werden, folgt es der Hand. Die rutscht weiter nach links, oder auch nach oben oder unten. Viele weitere haptonomische Übungen kann man in Kursen gezielt lernen. Sie werden von Hebammen oder in Geburtshäusern angeboten.[15]

Eigentlich sollten gute, weil gesunde und Geborgenheit spendende Verhältnisse für jedes Ungeborene eine Selbstverständlichkeit sein. Die ISPPM, *International Society for Pre- and Perinatal Psychology and Medicine*, hat deshalb eine Charta der „Rechte des Kindes" vor, während und nach der Geburt entwickelt. Sie versteht sich als Ergänzung zur UN-Konvention zu den „Rechten des Kindes", die 1989 von der UN-Generalversammlung angenommen wurde und 1990 in Kraft trat (zur UN-Kinderrechtskonvention: https://unicef.at/kinderrechte/die-un-kinderrechtskonvention/). Das Ziel der Kinder-

---

13 Aus: Ludwig Janus im Gespräch mit Börger, Christiane: „Von wegen Psychokram", in: Eltern 8/2017 „Die wunderbare Verwandlung", 12. Juli 2017, S. 116–120.

14 Leider ist die Haptonomie vorwiegend in Frankreich und den Niederlanden verbreitet und bislang kaum im deutschen Sprachraum bekannt. Der verstorbene Frans Veldmann gilt als Begründer der Haptonomie.

15 Nach: Ludwig Janus im Gespräch mit Börger, Christiane: „Von wegen Psychokram", in: Eltern 8/2017: „Die wunderbare Verwandlung", 12. Juli 2017, S. 116–120.

rechtskonvention ist es, jedem Kind zu erlauben, sein volles Potenzial zu ermöglichen. Die Forschung belegt nach ISPPM, dass *„das individuelle und soziale Leben des Kindes bereits vor der Geburt beginnt. Die Zeit vor, während und nach der Geburt ist als Kontinuum zu betrachten, in dem unterschiedlichste Entwicklungs- und Lernprozesse miteinander verwoben, voneinander abhängig und aufeinander bezogen sind. Das Fundament unserer grundlegenden Gefühle von Sicherheit und Vertrauen wird in dieser Zeit gelegt. Eine Grundvoraussetzung für die gedeihliche Entwicklung ist eine wechselseitige Bezogenheit. Auch das Kind vor der Geburt ist schon ein eigenständiges menschliches Wesen. Die Rechte des Kindes sollten in diesem Sinne erweitert werden."*[16]

1. Jedes Kind hat das Recht. schon vor der Geburt als eigene Person geachtet und respektiert zu sein.

2. Jedes Kind hat das Recht auf eine sichere vorgeburtliche Beziehung und Bindung.

3. Jedes Kind hat ein Recht darauf, dass während der Schwangerschaft und Geburt seine Erlebens-Kontinuität beachtet und geschützt wird.

4. Jedes Kind hat das Recht darauf, dass medizinische Interventionen, von Anfang an immer auch auf ihre seelische Auswirkung hin reflektiert und verantwortet werden.

5. Jedes Kind hat das Recht auf Hilfen für einen liebevollen und bezogenen Empfang in die Welt, der ihm eine sichere nachgeburtliche Bindung erlaubt.

6. Jedes Kind hat das Recht auf eine hinreichend gute Ernährung vor und nach der Geburt. Jedes Kind sollte nach Möglichkeit gestillt werden.

---

16 ISPPM e.V.: Charta der „Rechte des Kindes" vor, während und nach der Geburt. Siehe: https://www.isppm.de/wp-content/uploads/2014/10/Charta_d.pdf

7. Mit den Kinderrechten verbunden ist es ein Recht der künftigen Generationen, dass die Gesellschaft ihnen die Möglichkeit gibt, ihre eigenen Potentiale als Paar und Eltern zu entwickeln.

8. Mit diesem Recht auf Entwicklung elterlicher Kompetenz ist das Recht des Kindes auf verantwortliche, feinfühlige und bezogene Eltern oder Ersatzpersonen verbunden.

9. Um diese Rechte des Kindes zu gewährleisten, haben die gesellschaftlichen Institutionen die Pflicht, die Eltern bei der Bewältigung ihrer Aufgaben zu unterstützen.

Eine aktuelle Perspektive auf die Notwendigkeit einer stärkeren Betrachtung der Beziehungsaspekte in der klinischen Geburtshilfe, besonders während und nach der Geburt, zeigt der folgende Expertenappell von Geburtshelfern auf. Der Aufruf richtet sich an Verantwortliche im Gesundheitswesen, an Ärzte, Spitäler und Politik. Er greift die gängigen Praktiken auf und beleuchtet besonders die ungünstigen Aspekte, liefert aber zugleich Lösungsvorschläge. Hier finden sich wesentliche Auszüge des Appells in Hinblick auf das Thema „beziehungsorientierte Begleitung der Geburt" sowie entsprechende Handlungsvorschläge:

„**Individuelle Geburtsbegleitung:** Wir treten für eine Stärkung des Berufs geburtshilflich tätiger Ärztinnen, Ärzte und Hebammen ein. Deren berufliche Tätigkeit in der Geburtshilfe ist durch die Regelung einer privaten Haftpflicht akut gefährdet. Der Rückzug aus der geburtshilflichen Tätigkeit ist in beiden Berufsgruppen spürbar. Eine flächendeckende Begleitung und Versorgung von Eltern ist schon jetzt nicht mehr gegeben (Klinikschließungen, an der Kreißsaaltür abgewiesene Eltern, Überlastung von freiberuflichen Hebammen, Unterversorgung in ländlichen Versorgungsbereichen).

Individualisierung statt Programmierung von Geburten: Geburtshilfe könnte bei 85 % der Frauen ohne oder mit wenigen Interventionen auskommen. Die Unterbewertung und Eingliederung in das DRG-System schafft aber Anreize für medizinische Interventionen auch bei unauffälligem Geburtsverlauf. Gebraucht werden Abrechnungsmodalitäten, bei denen die damit verbundenen Belastungen für Mütter und Kinder vermieden werden.

Anerkennung einer notwendigen Unterstützung von Frauen/ Paaren in der Familiengründungsphase: Psychosoziale Unterstützung durch familiennahe Dienstleistungen vor, während und nach der Geburt ist unerlässlich (Rufbereitschaft, Mütterpflege im Wochenbett, Doulas zur Begleitung bei der Geburt). Die Notwendigkeit besteht, weil insbesondere in Städten nur noch selten eine familiäre Unterstützung möglich ist und bei der Begleitung und Versorgung junger Mütter eine Lücke klafft.

Bildungsziel „Leben lernen": Jugendliche und junge Erwachsene werden unzureichend auf die bedeutsame Lebensdimension von Beziehung, Paarbeziehung, Elternschaft, Mutterschaft, Vaterschaft usw. vorbereitet. Die Bildungsinhalte der Schulen stammen diesbezüglich aus dem 19. Jahrhundert, einer Zeit, die nur über ein sehr begrenztes psychologisches und psychosoziales Wissen verfügte. Heute sollte schulische Bildung neben der Berufsvorbereitung das Feld der Eigenentwicklung, der sozialen Beziehungen und die Dimension von Elternschaft als Lebenswirklichkeit von Erwachsenen aufgreifen. Als ein Beispiel: Die Tatsache, dass die Hälfte der Väter ihre Alimente nicht zahlen, zeigt die mangelnde soziale Kompetenz und Verantwortungsfähigkeit vieler Männer."[17]

Diese umfänglichen Informationen sollen das Gefühl für die Verantwortung und die Chancen von Elternschaft stärken und umfänglicher begründen, wie es heute durch unser gewachsenes Wissen möglich ist. Wurde früher vieles biologisch-schicksalhaft gesehen, sodass es einfach hingenommen werden musste, so eröffnet das eben geschilderte Wissen heute eine Perspektive auf die

---

17 Auszug aus: Psychologische Notsituation in der Geburtshilfe. Appell einer Vertreterin der Hebammen und von Vertretern der Geburtsmedizin, der Neonatologie und der Psychotherapie. Unterzeichnet von: Duesmann, Bettina/Hildebrandt, Sven/Janus, Ludwig/Linderkamp, Otwin

Möglichkeiten zu einer Gestaltung oder Mitgestaltung von Elternschaft. Dabei wurzelt die Kraft für eine gelingende Elternschaft letztlich in der Kraft der Liebesbeziehung der Eltern, aus der heraus der Wunsch und Plan für Kinder erwachsen kann. Dabei ist wichtig zu sehen, dass diese Liebesbeziehung durch das Elternwerden eine gewaltige Veränderung oder Transformation durchläuft, in der sich beim ersten Kind die Frau von den mehr oder weniger großen Elementen ihrer Tochteridentität verabschieden muss und ebenso der Mann von den mehr oder weniger großen Elementen seiner Sohnesidentität. Wie in einem Brennglas ist die Dynamik dieser Situation in einem Satz von *Jenö Raffai*, einem der Erfinder der Bindungsanalyse, zusammengefasst, der sich an eine werdende Mutter richtete, die noch täglich alles mit ihrer Mutter beratschlagen musste: „Willst du die Mutter deiner Tochter (oder deines Sohnes) werden, oder willst du die Tochter deiner Mutter bleiben?" Parallel dazu kann man für einen „werdenden" Vater, der plötzlich von Fernreisen fasziniert ist, formulieren: „Willst du der Vater deines Sohnes (oder deiner Tochter) werden, oder willst du der „ewige Sohn" deines Vaters bleiben?" Das gilt natürlich auch bei der Frau für den Vater oder beim Mann für die Mutter.

Darum kann es hilfreich sein, wenn die Partner die Dynamik in ihren Herkunftsfamilien ausführlich miteinander besprechen und sich auf diese Weise verborgene Muster und unausgesprochene Erwartungen klarmachen. Das betrifft natürlich insbesondere die Beziehungen zu den jeweiligen Eltern. Es kann sein, dass man auf verborgener Ebene noch die eine oder andere Abhängigkeit aus der Kindheitsbeziehung mitschleppt. Es ist sehr bedeutsam, sich dies im gemeinsamen Gespräch mitzuteilen und zu reflektieren. Das kann auch zur Klärung verborgener wechselseitiger kindlicher Erwartungen in der Paarbeziehung beitragen. Auf jeden Fall ist die große Chance des heutigen Erwachsenwerdens die, dass man von den Eltern ein realistisches Bild entwickeln kann, während in früheren Zeiten die Eltern selbst sich oft nicht wirklich zu erkennen gaben oder in starren Rollenverständnissen gefangen waren. Heutige Eltern sind in ganz anderer Weise als früher mit einer psychologischen Sichtweise vertraut.

In diesem Sinne ist Elternschaft eine sehr große, wenn nicht sogar *die* große Möglichkeit für innere Entwicklung und ein vollständigeres Leben. Und das gilt eben auch schon und besonders für die Zeit des Lebensanfangs der Kinder und des Anfangs der Elternschaft. Dabei ist wichtig, dass gerade die am Anfang investierte Zeit sehr bedeutsam ist, weil dann vieles später einfacher laufen kann. Während früher die Arbeit und die Existenzsicherung ganz im Vordergrund standen und Elternschaft und Kinder nebenher laufen mussten, besteht heute in unseren relativen Wohlstandsgesellschaften für einen großen Teil der Bevölkerung die Möglichkeit, die Chance, die in der Kraft von Liebesbeziehungen und gelebter Elternschaft liegt, auch wirklich wahrzunehmen und die Früchte zu genießen. Unsere Ausführungen sollen eine Unterstützung dabei sein, diese Chance wahrzunehmen und umzusetzen. Aus diesen Gründen ist es ganz wesentlich, dass Eltern von der Gesellschaft und – je nachdem – auch von der Familie den Freiraum und die Unterstützung einfordern, die sie brauchen, um ihrem Kind einen lebendigen Entwicklungsraum ermöglichen zu können.

Alltag mit Kindern: Übungen und Anregungen

Veronika Lippert

Alltag mit Kindern – Übungen – Anregungen, die den Alltag mit Kindern erleichtern können

1. Kurze Einführung:

Zielgruppe: Eltern, werdende Eltern, Großeltern, PädagogInnen von Kindern zwischen 3 und 10 Jahren

Beschreibung Elternwerkstatt:

Kinder sind unser größter Schatz

Kinder sind das Wertvollste in unserem Leben und die Zukunft unserer Gesellschaft. Als Eltern, PädagogInnen und ElterntrainerInnen wissen wir, dass junge Menschen – völlig unabhängig von ihrer Herkunft – für eine gesunde Entwicklung bestimmte Rahmenbedingungen brauchen: Sie benötigen gleichermaßen Liebe und Fürsorge wie Halt und Orientierung. Kinder brauchen den Raum, um ihre Talente und Fähigkeiten zu entfalten. Gehalten als wertvolles Mitglied einer Gemeinschaft, Wertschätzung und Respekt erfahrend, um das auch wieder an ihr Umfeld zurückgeben zu können. Ernst genommen mit allen Bedürfnissen und Sorgen, um ihre Richtung und Sinn in ihrem Leben zu finden.

Kleine Schritte – große Wirkung: unsere Vision

Solchermaßen gefestigte Kinder werden zu kompetenten Erwachsenen, die selbstsicher, kritikfähig, mitfühlend und entscheidungsfähig sind. Das führt zur Erneuerung der Gesellschaft auf Basis bleibender humanistischer Werte, um die Entfaltung individueller Freiheiten und solidarischen Verantwortungsgefühls in ausgewogener Weise miteinander zu verbinden.

„Geht's uns Eltern gut – geht's unseren Kindern gut!"

In einer Gesellschaft, in der Schnelligkeit und Leistung meist vor Menschlichkeit und individuelle Bedürfnisse gestellt werden, ist es oft herausfordernd Kindern geeignete Rahmenbedingungen zu schaffen. Daher ist es wichtig die eigenen Ressourcen optimal zu nutzen. Deshalb ist es für uns von großer Bedeutung, Eltern die richtigen „Werkzeuge" zu geben und sie in ihrer natürlichen elterlichen Kompetenz zu bestärken. Aus dieser Motivation heraus ist unser Motto: Geht's uns Eltern gut – geht's unseren Kindern gut!

Das Ziel unseres Tuns

Wir wollen dazu beitragen, dass Eltern und ihre Kinder zu einer höheren Lebensqualität finden – in einer Beziehung, die auf gegenseitigem Verständnis, Vertrauen und Respekt beruht. Wir wollen Eltern helfen, Klarheit in ihrer Elternrolle zu gewinnen und die eigenen Stärken zu erkennen. Wir machen Mut zum selbstkritischen Blick – und ebenso Mut, nicht immer perfekt sein zu müssen. „Echt sein" geht vor „perfekt sein", denn Kinder brauchen authentische Eltern. Im Mittelpunkt stehen für uns die nichtwertende Kommunikation und der wertschätzende Umgang.

Alltag in der Familie

Wie so oft ergeben sich im Alltag Situationen mit unseren Kindern, in denen wir einfach nur dastehen und die Szene wie ein Film vor uns abläuft. Wir sind zwar irgendwie beteiligt, jedoch haben wir das Gefühl nicht Herr bzw. Frau des Geschehens zu sein. Es sind oft ganz alltägliche Begebenheiten, die uns vor ein Rätsel stellen. Tausendmal kann man reden und reden und es wird einfach nicht gehört.

Dann greifen wir zu den guten alten Mitteln der Drohungen und spielen unsere Autoritätskarte aus.

Die folgenden Übungen leiten zum Umdenken an. Nehmen wir einer Situation den Wind aus den Segeln und agieren präventiv, dann ersparen wir uns und unseren Kindern unangenehme Auseinandersetzungen. Erwachsene haben leider nur zu oft vergessen, wie es war Kind zu sein. Einzutauchen in die Welt der Kinder, ohne die positive elterliche Autorität aufzugeben, ist ein kleines Kunststück, eines, das sich auszahlt!

2. Übungen/Anregungen:

Aufstehen, so mühsam – jede Früh das Gleiche …

Kinder, besonders kleinere Kinder, haben noch kein ausgeprägtes Zeitgefühl. Sie orientieren sich an Ereignissen im Laufe des Tages.

Wie kann es nun gelingen in der Früh rechtzeitig im Kindergarten oder in der Schule zu sein?

Basteln Sie eine Uhr mit Ihren Kindern.
- Nehmen Sie einen Karton und zeichnen Sie mit Ihren Kindern eine große Uhr darauf.
- Sind die Kinder noch kleiner, malen Sie mit ihnen Symbole/ Bilder für die Ablaufvorgänge in der Früh. Schneiden Sie zwei Zeiger aus und befestigen Sie diese in der Mitte; sie sollten bewegbar sein.

Z. B.: Kuscheln, Aufstehen, Zähneputzen, Frühstücken, Anziehen usw.

Dann beginnen Sie bei dem Zeitpunkt, an dem Sie das Haus verlassen möchten. Setzen Sie das dazugehörige Bild – wir gehen aus dem Haus – neben den Zeitpunkt.

Dies machen Sie bis zu dem Zeitpunkt, an dem Sie aufstehen möchten.

Nun spielen Sie den Ablauf mit Ihren Kindern durch. Beginnen Sie beim Aufstehzeitpunkt. Nach jedem kleinen Ablauf wird der Zeiger weitergedreht. Bis Sie alle zusammen gehen sollten. Nun kann die Familienuhr noch verziert werden und jeder Ablauf seine eigene Farbe bekommen.

In der Früh wird nun daraus ein Spiel – die Kinder dürfen die Wächter der Uhr sein und selbst weiterdrehen.

Kochen – Mama, ich will aber …

Das Kochen mit Kindern ist manchmal eine Herausforderung, jedoch eine gute Gelegenheit mit unserem Nachwuchs Zeit gut zu nützen. Außerdem können wir ihnen so gleich das Bewusstsein für Slowfood und fürs Mithelfen ohne Zwang näherbringen.

Natürlich kommt es auf das Alter des Kindes an.

Schauen Sie sich Bilder und Rezepte mit Ihren Kindern an – ernennen Sie Ihr Kind zum „Kochmeister" oder „Salatmeister" – was am geeignetsten zu Ihrem Kind passt. Sie wissen das am besten.

Sind Ihre Kinder noch sehr klein, geben Sie ihnen Plastikgeschirr am Küchenboden und einen Kochlöffel, vielleicht Backerbsen oder Reis. Dann lassen Sie sie ihre ersten Erfahrungen machen. So können Sie in Ruhe kochen und haben ihre Kinder gut im Blickwinkel. Am Ende wird zusammen aufgeräumt.

Bei etwas älteren Kindern ist Salatwaschen ein guter Anfang. Zerteilen Sie die Salatblätter und geben Sie diese in eine große Schüssel mit etwas Wasser. Dann kann nach Herzenslust gewaschen werden. Entweder am Boden oder gleich im Küchenwaschbecken.

Die Tätigkeiten werden dem jeweiligen Alter angepasst.

Badewanne – Ich will nicht hinaus!

Ach, so eine wohlig warme Badewanne ist schon etwas Herrliches. Da versteht man gut, dass es schwer ist, diese auch wieder zu verlassen. Kinder im Alter zwischen 3 und 7 befinden sich in den magischen

Jahren. Alles ist Magie, alles ist lebendig. Manche von uns Erwachsenen bleiben in diesen magischen Jahren stecken und verzaubern uns durch ihre Phantasiereisen. Wir haben uns davon behalten, dass wir die Tischecke, an der wir uns angeschlagen haben, für blöd erklären und sie dadurch lebendig machen.

In dieser Zeit kann man durch Phantasie viel im Zusammenleben mit Kindern bewirken. Was wir als Kinder geliebt haben, Gerüche, Geschmäcker usw., das lieben wir ein Leben lang.

Sitzen nun Kinder in der Wanne und möchten nicht heraus, hilft es selten „Komm jetzt heraus!" immer wieder zu wiederholen. Tauchen wir in ihre Welt ein, in ihre Phantasie, dann holen wir sie ab und sie hören auf uns (aktives Zuhören). So z. B. die Durchsage mit der Dusche: Duschköpfe bieten sich wunderbar als Mikrophon an. „Achtung, Achtung hier eine Durchsage. Fräulein Lisa soll schnell das Boot verlassen – ihr Teddy braucht dringend eine Umarmung!" Lassen Sie Ihre Phantasie spielen.

In den Supermarkt gehe ich nur ohne Kinder …

Nur zu oft können wir beobachten, wie Eltern bei der Supermarktkassa mit ihren Kindern nahezu kämpfen, um unbescholten und ohne größeren Eklat aus diesem auch wieder herauszukommen. Die Verführungen sind ja auch fast unwiderstehlich.

Um hier präventiv vorzubeugen, ist es eine gute Taktik, die eigenen Kinder ins Boot zu holen. Da gibt es zwei Varianten oder auch eine Mischform – wie es einem besser liegt.

Erstens: Bevor man den Supermarkt betritt, sagt man seinen Kindern, sie dürfen sich eine Sache aussuchen. Natürlich in einem vorgegebenen Rahmen. Dieser könnte heißen: bis zu 3 €, eine Süßigkeit, eine Obstart, wie auch immer.
Sind es Geschwister, so kann man dies auch sogleich nützen, um Verhandlungstechniken zu üben. „Ihr dürft euch zusammen eine Sache aussuchen – sobald gestritten wird, gibt es nichts." Auch hier mit vereinbarten Rahmenbedingungen agieren.

Zweitens: Sie ernennen Ihre Kinder zu „EroberInnen des Supermarktes"! Dem Alter entsprechend, geben Sie Ihren Kindern kleine Aufträge, wie z. B.: „Bitte hol mir das Mehl."
Förderlich ist es auch, wenn sich Kinder ein Gericht aussuchen dürfen und dann dafür die Lebensmittel suchen und ins Einkaufswagerl legen können.

Abendritual – Geh jetzt endlich ins Bett!

Selbst schon erschöpft vom Tag, müde und die Geduld ist auch nicht mehr ausreichend. So ergeht es Eltern oft am Abend. Verständlich!

Da gibt es so einige Anregungen, die es leichter machen könnten:
- Gerade am Abend verarbeiten Kinder noch das Erlebte des Tages. Ein Stofftier kann hier sehr nützlich sein. Schlüpfen Sie in die Rolle des Stofftieres. Dieses kann nun gut über das Erlebte plaudern und so bekommen Kinder die Gelegenheit sich austauschen zu können.
- Schmeißen Sie Gespenster aus dem Fenster! Ja, es gibt sie, die Gespenster hinter dem Vorhang und unterm Bett! Öffnen Sie das Fenster und werfen Sie diese Ungeheuer hinaus.
- Damit Ihre Kinder die nötige Ruhe finden können, richten Sie das Kinderbett gemütlich her. Kuscheln Sie sich dazu. Dann begeben Sie sich mit Ihren Kindern auf eine Phantasiereise. Natürlich sollte diese nicht aufwühlend, sondern beruhigend sein. Z. B.: Die Ruheinsel: Wir legen uns in den warmen Sand. Spüren unseren Atem. Hören den sanften Wellen zu. Alle Sorgen und Ängste sind weit weg und dürfen nicht auf die Insel usw.

3. Debriefing zu den Übungen:

Mit mehr Humor und Leichtigkeit

Wir Erwachsenen neigen dazu, mehr den Kopf als das Herz zu verwenden. Das heißt nicht, dass wir planlos, ohne Grenzen und Regeln leben sollen; das eine schließt das andere nicht aus.

Beobachten wir uns Erwachsene einmal aus der Sicht der Kinder, dann sehen wir die Menschen und Dinge aus einer anderen Perspektive. Ein Perspektivenwechsel kann guttun. Empathie ist ein sinnvolles Werkzeug für Familien, in die Welt des anderen einzutauchen und so ein besseres Verständnis zu erlangen. Man braucht nicht einer Meinung zu sein, jedoch hilft es in die Schuhe des/der anderen zu schlüpfen, um mit ihm/ihr in eine aufrichtige Kommunikation zu treten.

Auch Humor ist ein hier ein guter Begleiter. Wie schon Carl Ludwig Börne so treffend gemeint hat: „Humor ist keine Gabe des Geistes, er ist eine Gabe des Herzens."[18] Mit ein wenig mehr Humor und Leichtigkeit verlieren Situationen an Schwere und Mühseligkeit. Loslassen ist für uns Eltern oft schwer. Hier ist nicht gemeint, dass wir uns um nichts mehr kümmern oder die Verantwortung abgeben, nein! Hier ist vielmehr gemeint, bewusster und positiver die Herausforderungen anzunehmen. Es muss nicht immer alles perfekt sein, es darf auch einmal anders sein, die Hauptsache ist, es ist authentisch. So sind wir Vorbild für unsere Sprösslinge.

Das wohl Wichtigste, das wir unseren Kindern mitgeben können, ist Bildung – Herzensbildung.

Begeben wir uns in die Welt der Kinder, holen wir sie in ihrem Universum ab. So akzeptieren unsere Kinder Regeln und Grenzen, da sie sich verstanden fühlen. Sie gewinnen dadurch Selbsteinschätzung, Selbstsicherheit, Freude am anderen, Empathie, werden kritikfähig und nebenbei tut es auch unseren Seelen gut.

---

18 Carl Ludwig Börne, 1786–1837, deutscher Journalist

Mehr Informationen:
ELTERNWERKSTATT
Verein im Dienst von Kindern, Eltern, PädagogInnen
(ZVR 655249996)
www.elternwerkstatt.at
office@elternwerkstatt.at
Tel.: +43 699 14290831

Pubertät und Adoleszenz: Erwachsen zu werden ist schwierig!

Brigitte Sindelar

„Das Problem der Erziehung, wie es Eltern und Lehrer auf ihrem Wege vorfinden, ist eines der schwierigsten." (Alfred Adler, 1904)

Vorwort

Erziehung ist eine der wichtigsten und zugleich kompliziertesten Aufgaben. Dabei gibt es dafür keine Ausbildung, denn das, was wir aus unserer eigenen Kindheit, aus unserer Zeit des Erzogenwerdens mitnehmen, ist sehr oft die Idee, wie wir es nicht machen wollen. Daraus wissen wir allerdings noch lange nicht, wie wir unsere Kinder erziehen wollen. Und selbst wenn wir uns die Erziehung, die wir genossen haben, zum Vorbild nehmen, so hilft uns dieses Vorbild nicht wirklich viel weiter, da die Zeit, in der die Eltern von heute erzogen wurden, völlig andere Lebensbedingungen und damit auch Bedingungen des Auswachsens bot im Vergleich zu heute.

Erziehung stellt Mütter und Väter jeden Tag, in jedem Moment vor neue Anforderungen, vor neue Fragen. Und zugleich gibt es kein Erziehungsrezept, nach dem man sich als Eltern richten könnte. Haben Eltern mehrere Kinder unterschiedlichen Geschlechts und unterschiedlichen Alters, dann stehen sie noch dazu vor der Aufgabe, gleichzeitig unterschiedliche Erziehungsmaßnahmen treffen zu müssen, um den unterschiedlichen Entwicklungsstufen und Persönlichkeiten ihrer Kinder gerecht werden zu können.

Wenn ich Eltern frage, was denn ihre Erziehungsziele seien, so stimmen alle Eltern überein, dass sie sich wünschen, aus ihrem Kind möge ein eigenverantwortlicher, selbstbewusster, zufriedener Mensch werden, der seine Aufgaben der Arbeit, der Partnerschaft und Familie, der Gemeinschaft befriedigend lösen kann. Auf dem Weg zu diesen Erziehungszielen haben Eltern dafür zu sorgen, dass ihrem Kind die Gelegenheit geboten wird, sich an Aufgaben zu messen, denen es gewachsen ist. Schwierig ist dabei die Gratwanderung, dem Kind einerseits nicht zu viel zuzumuten und es dadurch zu überfordern, was dem Selbstwertgefühl des Kindes schadet, und es andererseits nicht durch ein Übermaß an Schutz zu unterfordern, was für die Entwicklung eines gesunden Selbstwertgefühls genauso hinderlich ist.

Die Individualpsychologie, eine tiefenpsychologische psychotherapeutische Methode, wurde von Alfred Adler (1870–1937) begründet. Sie ist die zweitälteste Psychotherapiemethode nach der Psychoanalyse von Sigmund Freud. Bereits in ihren Anfängen sah sich die Individualpsychologie nicht nur für die Behandlung psychischer Störungen, sondern auch für Fragen der Erziehung zuständig, die prägend auf die Entwicklung der Persönlichkeit wirkt und damit essentiell die seelische Gesundheit des einzelnen Menschen und daher in der Folge der menschlichen Gemeinschaft gestaltet.

Pubertät und Adoleszenz: „Erwachsen zu werden ist schwierig!"

Ein für die Erziehung besonders herausforderndes Lebensalter ist das der Adoleszenz. Umgangssprachlich wird dabei von der Pubertät gesprochen, obwohl diese Wortwahl nicht ganz richtig ist, da Pubertät die körperliche Umwandlung vom Kind zum Erwachsenen meint. Adoleszenz dagegen bedeutet die geistige, seelische und soziale Umwandlung vom Kind zum Erwachsenen.

Betrachten wir nun einmal die einzelnen Ebenen der Umwandlung, ohne dabei zu vergessen, dass diese Ebenen der Entwicklung in einer permanenten Wechselwirkung stehen:

Die geistige Umwandlung in der Adoleszenz

Die Wahrnehmung wird flexibel

In der Adoleszenz gewinnt die Wahrnehmung an Flexibilität. Jugendliche sind im Stande, unterschiedliche Aspekte wahrzunehmen, also zum Beispiel auch Bilder, denen man zwei unterschiedliche Bedeutungen geben kann, als zweideutig zu erkennen: Was sehen Sie hier?

Das Gedächtnis wird strategisch

Auch die Merkfähigkeit des und der Jugendlichen wandelt sich. Die Gedächtnisleistung wird immer mehr von Kodierungsstrategien beim Merken getragen, die sehr individuell sind. Jeder von uns hat seine eigenen Strategien, sich Dinge zu merken. Diese Strategien sind Ordnungssysteme, die es ermöglichen, mehr Inhalte aufzunehmen und diese auch besser zu strukturieren, um sie dann auch besser verwenden zu können.

Im Lebensalter der Adoleszenz verfestigen sich diese individuellen Kodierungsstrategien. Diese zu beachten ist vor allem dann wichtig, wenn Lerntechniken oder Merkstrategien einem oder einer Jugendlichen angeboten werden. Denn die ausgeklügeltsten Merktechniken können vollkommen unwirksam werden, wenn sie nicht mit der jeweils individuellen Kodierung zusammenpassen. Ein Beispiel dafür ist das Merken von Telefonnummern: Die folgende Telefonnummer (sie ist erfunden, ihr ist kein Anschluss zugeordnet) kann nach unterschiedlichen Kodierungsstrategien im Gedächtnis gespeichert werden:

0831849476208

Als Folge von dreistelligen Zahlen:
0831　849　476　208

Als Folge von zweistelligen Zahlen:
0　83　18　49　47　62　08

Als eine Kombination aus drei- und zweistelligen Zahlen:
0831　84　94　76　208

Als Reihe einstelliger Zahlen nach einer Vorwahl:
0831　8　4　9　4　7　6　2　0　8
usw.

Denken und Gedanken werden abstrakt

Das Denken in der Adoleszenz beschäftigt sich nun auch zunehmend mit philosophischen Fragen, da mittlerweile das abstrakte Denken, das Denken in Begriffen möglich geworden ist. Adoleszente suchen nach Antworten auf die Frage nach dem Sinn des Lebens, diskutieren den Gottesbegriff, beschäftigen sich mit Ethik und Moral, wobei sie dies nicht so benennen: Auch die Auseinandersetzung damit, ob zum Beispiel der Cannabiskonsum straffrei gestellt werden sollte, ist eine Auseinandersetzung mit moralischen und ethischen Fragen. Und auch die Diskussion darüber, inwieweit die Ausgehzeiten laut den Jugendschutzgesetzen passend sind, inwieweit die Globalisierung tatsächlich eine Bedrohung für die Welt darstellt, inwieweit öffentliche Verkehrsmittel für die Alltagsroutinen geeignet sind, wird mit derselben Intensität und leidenschaftlichen Beteiligung geführt, Regeln und Gesetze werden kritisiert, in Frage gestellt, abgelehnt, hochgejubelt, verachtet, neu formuliert und verworfen.

Für Jugendliche ist die Realität nur eine von vielen Möglichkeiten des Seins. Ihre Kreativität erlebt eine zweite Hochblüte, die in der Intensität der Fantasietätigkeit durchaus mit dem magisch-animistischen Denken des vier- und fünfjährigen Kindes vergleichbar ist. Daher haben Jugendliche auch einen besonderen Zugang zu Science-Fiction, der Märchenwelt dieses Lebensalters.

Die mittlerweile weiterentwickelte Fähigkeit zur Hypothesenbildung ermöglicht nun auch die Zukunftsplanung, die als ein Probehandeln in Gedanken zu verstehen ist, das keinen Anspruch auf Realisierung stellt, auch nicht an Realisierbarkeit.

Anmerkung:
Das Internet – Risikozone und Chancenfeld für Jugendliche

Jugendliche heute sind „Digital Natives", was bedeutet, dass sie mit der virtuellen Welt, mit Computer, Internet, Social Media aufgewachsen sind. Gerade im Lebensalter der Adoleszenz hat diese Welt für sie eine besondere Bedeutung, erlaubt sie doch so vieles, was in der realen Welt für sie nicht zugänglich oder auch unerreichbar erscheint. Wie in der realen Welt lauern hier Gefahren auf Jugendliche, wie Cybermobbing oder die neue Form der Suchterkrankung, die Computerspielsucht, insbesondere im Feld des Online-Gamings. Hier kann ihnen die Generation ihrer Eltern allerdings keine Erfahrungswerte aus der eigenen Jugendzeit zur Verfügung stellen, weil es diese Gefahren damals noch nicht gab.

Mehr zu Internetsucht bei Jugendlichen:

Sindelar, B. (2014). Kinder und Jugendliche, gefangen im weltweiten Netz. Individualpsychologische Gedanken zur Online-Computerspielsucht von Kindern und Jugendlichen. *Zeitschrift für freie psychoanalytische Forschung und Individualpsycho*logie 1/1, S. 97–116. doi: 10.15136/14.1.1.xx-x5. Frei verfügbar unter: http://journals.sfu.ac.at/index.php/zfpfi/article/view/33

Mehr zur Cybermobbing:

Sindelar, B., & Bendas, C. (2015). Neue Aktionsfelder der destruktiven Aggression: Mobbing und Cybermobbing bei Jugendlichen – Ergebnisse einer empirischen Untersuchung. *Zeitschrift für freie psychoanalytische Forschung und Individualpsychologie* 2/2, S. 70–87. doi: 10.15136/15.2.2.70-87. Frei verfügbar unter: http://journals.sfu.ac.at/index.php/zfpfi/article/view/47

Die Konzentrationsfähigkeit für „Uninteressantes" nimmt ab

Trotz dieser erweiterten Kapazitäten des Denkens im jugendlichen Alter ist die Konzentration, besonders in ihrer Belastbarkeitsdauer, nicht gestiegen, sondern – im Gegenteil – sogar zumeist geringer als in den Jahren davor. Die reiche Fantasietätigkeit, die intensive Auseinandersetzung mit der emotionalen und sozialen Entwicklung erschwert es Jugendlichen, sich mit naturwissenschaftlichen Themen wirklich konzentriert zu beschäftigen. Diese Tatsache, eine Realität des jugendlichen Alters, sollte auch in der Gestaltung des Lehrplanes in diesen Schuljahren Berücksichtigung finden. Genau in diesem Alter liegt gerade aufgrund des verringerten Realitätsbezugs das Talent in kreativen Leistungen, während logisch-formale Aufgaben, die hohe Konzentration erfordern, schwerer fallen.

Die emotionale und soziale Umwandlung

Im Lebensalter der Adoleszenz hat der bzw. die Jugendliche drei große Aufgaben der Persönlichkeitsentwicklung zu erfüllen, die einem Suchprozess gleichkommen. Wonach sucht der Jugendliche?

> **Die Suche nach dem ICH** Max Friedrich
> Die Suche nach Identität: Wer bin ich?
> Die Suche nach Identifikation: Wie will ich werden?
> Die Suche nach Intimität: Nähe und Distanz

Den Jugendlichen beschäftigen drei große Fragen:
- Die Suche nach Identität: Wer bin ich?
- Die Suche nach Identifikation: Wie will ich werden?
- Die Suche nach Intimität: Die Frage von Nähe und Distanz innerhalb und außerhalb der Familie. Um die Aufgabe der Entwicklung einer eigenen Intimität zu schaffen, bemüht sich der Jugendliche zuerst um Distanz zu den Eltern, um Raum für die neue Nähe zu schaffen. Dies ist ein von den Eltern oft als sehr schmerzlich erlebter Prozess, der umso intensiver ausfällt, je enger die Bindung vor der Adoleszenz war. Es braucht viel Kraft, auch Aggression, um aus engen Bindungen herausgehen zu können und damit Platz zu machen für neue Bindungen.

Bis zur Adoleszenz packen Eltern ihren Kindern in ihren Rucksack, den sie ihnen auf ihrem Weg in die Welt der Erwachsenen mitgeben wollen, ihre eigenen Erfahrungen, ihre eigenen Wertvorstellungen, ihre eigenen Weltbilder. Und bis zur Adoleszenz lassen sich die Kinder auch all diese als Ausrüstung fürs Leben gedachten Inhalte in den Rucksack bereitwillig einpacken.

In der Adoleszenz aber packen die Kinder ihren Rucksack aus, entscheiden, was sie behalten – und werfen dabei großzügig weg: Sie „entrümpeln" den Rucksack der Werthaltungen und Wertvorstellungen, den ihre Eltern ihnen eingepackt haben, und sind dabei meist weit konsequenter im Entrümpeln als zum Beispiel im Umgang mit ihrem Zimmer, ihrem Schreibtisch, ihrem Kleiderschrank. Und Eltern laufen hinterher und versuchen, in diesen Rucksack möglichst viel von dem wieder einzupacken, was die Kinder vorher weggeworfen haben.

Bis zur Adoleszenz sind Eltern für ihre Kinder Vorbilder und werden idealisiert: Das kleine Mädchen beschließt, den Vater zu heiraten, wenn sie „groß" sein wird, da er der Gescheiteste und Stärkste ist. Und es möchte so werden wie die Mutter, die in den Augen des kleinen Mädchens die Schönste und Gescheiteste ist. Der kleine Bub plant, seine Mutter zu heiraten, wenn er ein Mann sein wird, da die Mutter die schönste und gescheiteste Frau der Welt ist. Und er möchte so werden wie der Vater, der stärkste und gescheiteste Mann der Welt. Schon an diesen Plänen der Kinder ist zu erkennen, dass für Kinder vor der Adoleszenz die Zukunftsplanung noch nicht möglich ist, weil ein kleiner Bub oder ein kleines Mädchen nie überlegt, wie alt denn Vater und Mutter sein werden, wenn sie selbst im heiratsfähigen Alter sein werden. Wie es ausgeht, wenn diese Idealisierung der Eltern nicht aufgegeben werden kann und die Realität nicht berücksichtigt werden kann, lehrt uns die Sage von König Ödipus.

In der Adoleszenz ändert sich die Einstellung zu den Eltern drastisch: Eltern werden kritisch gesehen und sind nun nicht mehr Vorbilder und nicht mehr Idole oder Ideale, sondern „nur peinlich".

Die körperliche Umwandlung

Das Lebensalter des Erwachsenwerdens ist mit einer Fülle von Verunsicherungen verbunden: Jugendliche sind verunsichert durch die Veränderungen des eigenen Körpers. Sie beobachten im ständigen Vergleich mit den Gleichaltrigen, ob denn auch ihre körperliche Veränderung zum Mann und zur Frau entsprechend voranschreitet, beobachten besorgt die Ausbildung ihrer sekundären Geschlechtsmerkmale. Sie vergleichen sich dabei ständig, nicht nur mit den Gleichaltrigen, sondern auch mit den medialen Vorbildern, und dieser Vergleich fällt aus ihrer Sicht immer zu ihren Ungunsten aus. So finden sich auch das hübscheste Mädchen und der fescheste Bursch in diesem Alter hässlich, zu klein, zu groß, zu dünn, zu dick. Mädchen finden ihren Busen zu klein oder zu groß, sind zutiefst beunruhigt, wenn, wie es oft vorkommt, nicht beide Brüste gleich rasch wachsen. Burschen beobachten besorgt, ob ihr Penis auch groß genug wird, sodass für viele pubertierende Buben das Zitat des erfahrenen Kinder- und Jugendpsychiaters Max Friedrich zutrifft: „Das wichtigste Instrument in diesem Lebensalter ist das Lineal" (persönliche Mitteilung).

Dazu kommt, dass durch die hormonelle Umstellung in diesem Alter nicht nur die Schönheit der Haut leidet, sondern zum Beispiel auch die Knochen schwerer werden, zugleich auch länger, weswegen Jugendliche zu einem gebückten Gang neigen, für den sie dann wiederum von ihrer Umwelt kritisiert werden. Von der körperlichen Veränderung betroffen ist natürlich auch das Gehirn: Der Umbau in der Adoleszenz führt dazu, dass bestimmte Hirnareale in ihrer Funktion nicht mehr so zur Verfügung stehen wie in den Jahren zuvor, vor allem das Frontalhirn, das für die Impulskontrolle und die Selbststeuerung zuständig ist. Daher gelingt es Jugendlichen in diesem Alter weit weniger gut als noch in den Jahren davor, ihre Impulse zu kontrollieren und ihre Bedürfnisse aufzuschieben. Und damit sind auch die Stimmungsschwankungen, die für dieses Lebensalter typisch sind, vom Jugendlichen nicht kontrollierbar und sie ihrem Gefühlsleben in all seinen Schwankungen, dieser „Hochschaubahn" der Gefühle, ausgeliefert.

Selbstwert ist ein zerbrechliches Gut

Zum Maßstab für den Selbstwert wird jetzt die Gruppe der Gleichaltrigen: Von der Peer Group anerkannt zu werden ist entscheidend für die seelische Befindlichkeit. Dabei werden die Freunde und Freundinnen immer genau um die körperlichen Eigenschaften beneidet, die die und der Jugendliche selber nicht haben, seien es die Locken, seien es die glatten Haare, sei es die große Nase, sei es die kleine Nase – die Liste ist nicht enden wollend. Jedenfalls ist immer der Aspekt der wichtigere, der beim anderen anders ausgebildet ist als bei einem selbst. Man hat manchmal den Eindruck, dass Jugendliche sich nicht als „ganze Menschen" sehen, da sie mit einer unglaublichen Akribie und Verbissenheit auf Details ihres körperlichen Aussehens fixiert sein können. In dieser Selbstkritik fühlen sie sich auch immer wieder unverstanden von den Eltern, die sie üblicherweise noch immer hübsch und attraktiv finden, was für den Jugendlichen keine Ermutigung ist, sondern wiederum ein Beweis, dass Eltern keine Ahnung vom Leben haben und vor allem keine Ahnung davon, wie Jugendliche auszusehen haben.

Sich von den Eltern und oft von der ganzen Welt unverstanden zu fühlen ist ein dominierendes Lebensgefühl im Jugendlichenalter. Mit sich selbst unzufrieden und unglücklich zu sein kennzeichnet die Einstellung zu sich selbst: Der Selbstwert Jugendlicher ist in hohem Maße fragil.

Dazu kommt üblicherweise ein Leistungsabfall in der Schule durch die verringerte Konzentrationsfähigkeit, der die Noten zumindest um einen Grad verschlechtert, was weniger ein Problem ist, wenn sich das Schulzeugnis im Mittelbereich des Notendurchschnitts bewegt, aber in den Gegenständen, in denen das Kind schon vorher „am Rande des Abgrunds tanzte", sehr wohl zu einem beängstigenden Versagenserlebnis werden kann. Die häufigsten Klassenwiederholungen sind bei 13-, 14- und 15-Jährigen zu finden.

Erwachsen zu werden braucht Kompetenzen

Und genau in dieser Lebensphase haben sich die und der Jugendliche nun den Aufgaben des Erwachsenenlebens zuzuwenden und sich auf diese vorzubereiten. Die Aufgaben des Erwachsenenlebens können wir drei großen Bereichen zuordnen: der Arbeit, der Partnerschaft und Familie, dem Erreichen einer wertgeschätzten Position in der Gemeinschaft.

Um im Erwachsenenleben diese Lebensaufgaben erfüllen zu können, braucht jeder Mensch bestimmte Persönlichkeitskompetenzen, die Jugendliche im „Übungsfeld" der Familie trainieren:
- Einfühlungsvermögen
- Durchsetzungsvermögen

- Verantwortungsbewusstsein und Eigenverantwortung
- Unabhängigkeit
- Bindungsfähigkeit
- Gemeinschaftsfähigkeit
- Ausdauer und Einsatzbereitschaft

Das alles üben Jugendliche nun in der Familie, was von den Eltern oft wie ein zweites Trotzalter erlebt wird. Erfahrungsgemäß gibt es auf diesem Weg der Übung der Kompetenzen für die Erwachsenenwelt ziemlich ähnliche Problemzonen in sehr vielen Familien:

Die Meisterschaft in der Streitprovokation – oder: das Üben des Einfühlungsvermögens

Jugendliche finden zielsicher, worüber mit Eltern zu streiten ist!

Auch die tolerantesten Eltern finden sich plötzlich in der Situation wieder, dass sie mit ihren provozierenden Kindern im Jugendlichenalter immer wieder in Streit geraten, obwohl sie selbst überhaupt keine Lust auf Streit haben, sie sich Harmonie in der Beziehung zu ihrem Kind wünschen. Allerdings finden Jugendliche zielsicher das Thema, worüber sie mit den Eltern streiten können.

So wird in der einen Familie das Thema der Tischmanieren zum Dauerbrenner des Streits werden, wenn Tischmanieren für die Eltern ein wichtiger Aspekt im Verhalten sind: Das Kind, das noch ein Jahr zuvor problemlos geschickt mit den Werkzeugen des Essens umgehen konnte, ist plötzlich außer Stande, in einer gesellschaftlich zumindest halbwegs akzeptablen Art seine Mahlzeiten einzunehmen. In einer anderen Familie, in der Tischmanieren weniger wichtig sind, aber situationsangepasste Kleidung geschätzt wird, ranken sich die Dauerkonflikte um die Kleidung; in einer anderen Familie um die Wortwahl in der Sprache, um die Frisur, um den Musikgeschmack –

die Themen des Streits sind so vielfältig wie die Wertesysteme der Familien. Aber auch politische, religiöse oder philosophische Themen genauso wie weltanschauliche Haltungen eignen sich hervorragend für oft heftig eskalierende Streitgespräche zwischen Jugendlichen und Eltern, aber nur, wenn diese Inhalte in der Familie wichtig sind.

Sie ärgern sich als Eltern darüber, dass Ihr Kind im jugendlichen Alter immer wieder zielsicher das Thema findet, über das ein heftiger Streit entbrennt, mit dem er oder sie Sie provozieren kann?

Kein Grund, sich zu ärgern! Freuen Sie sich darüber! Denn Ihr Kind beweist damit, dass es Sie wirklich gut kennt, wenn es immer wieder ein Thema findet, mit dem es Sie „auf die Palme" jagen kann: Es beweist und übt damit sein Einfühlungsvermögen.

Grenzen sind da, um überschritten zu werden – oder: das Üben des Durchsetzungsvermögens

Jugendliche streiten um jede Grenze!

Sie ärgern sich darüber, dass Ihr Kind im jugendlichen Alter keine vorgegebene Grenze annimmt, weder die Ausgehzeiten noch das Taschengeld noch Beschränkungen des Konsums von Medien, wie zum Beispiel Fernsehen oder Internet oder Computerspiele oder Smartphone oder was auch immer in Ihrer Familie an Grenzen etabliert ist, akzeptiert? Sie haben den Eindruck, Ihr Kind im jugendlichen Alter braucht nur zu wittern, dass Sie eine Regel im Zusammenleben einfordern wollen, und beginnt bereits, mit Ihnen darüber zu streiten, bevor Sie diese Regel auch nur ausgesprochen haben? Sie ärgern sich, dass Ihr jugendliches Kind unnachgiebig mit Ihnen weiter über diese Grenze diskutiert und jedem Schritt, den Sie nachgegeben haben, sofort eine weitere Forderung nachsetzt?

Ärgern Sie sich nicht, sondern freuen Sie sich darüber, denn Ihr Kind übt und beweist soeben sein Durchsetzungsvermögen!

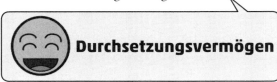

Ich bin kein Baby mehr – oder: das Üben des Verantwortungsbewusstseins und der Eigenverantwortung

Ich bin kein Baby mehr!
Das weiß/kann ich selber!

Sie ärgern sich darüber, dass Sie von Ihrem Kind permanent hören, es sei kein Baby mehr, es könne und wisse jetzt alles selber, Sie müssten und dürften keine Ratschläge mehr erteilen, keine Anweisungen geben, keine Hilfestellung leisten und schon gar nicht vorhersagen, wozu sein Verhalten führen könnte? Sie ärgern sich darüber, dass Sie dem Kind vorher gesagt haben, dass es sich durch sein Zuspätkommen in der Schule Schwierigkeiten einhandeln wird, Ihr Kind sich jedes Mal über diese Anmerkungen echauffiert, diesen Hinweis von Ihnen furchtbar findet und Ihnen wiederum mitteilt, dass es das selbst einschätzen könne, dass Sie es in Ruhe lassen sollten, dass es selber wisse, was es tue, obwohl Ihnen bereits vollkommen klar ist, in welche Schwierigkeiten Ihr Kind im Jugendlichenalter dadurch geraten wird?

Ärgern Sie sich nicht darüber, sondern freuen Sie sich: Ihr Kind übt offensichtlich soeben Verantwortungsbewusstsein und Eigenverantwortung – gut so, denn es hat dabei wohl noch einigen Übungsbedarf.

Ich lass mir keine Vorschriften machen – oder: das Üben der Unabhängigkeit

Ich lass mir nicht dauernd Vorschriften machen! Lass mich in Ruhe!

Sie ärgern sich darüber, dass sich Ihr Kind permanent beschwert, Sie würden ihm dauernd Vorschriften machen? Sie hören oftmals am Tag, dass der oder die Jugendliche endlich in Ruhe gelassen werden möchte? Sie finden sich häufig vor zugeschlagenen Türen wieder? Ihr Kind hat immer mehr Geheimnisse vor Ihnen? Sie fühlen sich aus dem Leben Ihres Kindes ausgeschlossen?

Ärgern Sie sich nicht darüber, freuen Sie sich: Ihr Kind übt soeben die Unabhängigkeit.

Ihr versteht mich nicht – oder: das Üben der Gemeinschaftsfähigkeit

Meine Freunde verstehen mich viel besser als Ihr Eltern!

Sie ärgern sich darüber, dass Ihnen Ihr jugendlicher Sohn oder Ihre jugendliche Tochter permanent vorwirft, Sie verstünden ihn oder sie nicht? Sie hören dauernd, dass die Freunde die Einzigen seien, die ihn oder sie verstehen, jedenfalls viel besser verstehen als die Eltern? Und Sie werden bezichtigt, absolut keine Ahnung zu haben, wie es in der Welt der Jugendlichen läuft?

Ärgern und kränken Sie sich nicht darüber, freuen Sie sich: Ihr Kind übt soeben seine Gemeinschaftsfähigkeit.

Gemeinschaftsfähigkeit

Ohne ihn, ohne sie kann ich nicht leben – oder: das Üben der Bindungsfähigkeit

Nur mit ihr/ihm bin ich glücklich! Ich kann ohne ihn/ ohne sie nicht sein!

Sie ärgern sich darüber, dass Ihr Kind in seiner Verliebtheit völlig auf das „Objekt der Begierde" fixiert ist, Ihnen permanent mitteilt, ohne ihn oder sie nicht leben zu können, das Glück seines oder ihres Lebens in dieser Beziehung liegt? Sie ärgern sich genauso darüber, dass Ihr Sohn ständig mit seinen Freunden in Kontakt sein muss, dass Ihre Tochter, kaum kommt sie vom Treffen mit der Freundin nachhause, sofort nach Schließen der Eingangstür zum Telefon greift, um das soeben kurz unterbrochene, beim vorigen Treffen aber schon stundenlang andauernde Gespräch wieder fortzusetzen, sodass Sie keine Chance haben, auch nur einen vollständigen Satz an Ihr Kind zu richten?

Ärgern Sie sich nicht, freuen Sie sich: Ihr Kind übt und beweist soeben seine Bindungsfähigkeit.

Stunden vor dem Spiegel – oder: das Üben von Ausdauer und Einsatzfreude

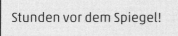

Sie ärgern sich, dass Ihr Kind Stunden vor dem Spiegel verbringt, weil jedes einzelne Härchen in Akribie und Ausdauer gestylt werden muss, weil das Make-up nicht perfekt und daher endlos korrekturbedürftig ist? Sie ärgern sich, dass die Kleidung vor dem Weggehen im Minutentakt gewechselt werden muss und das verschmähte Outfit langsam den Boden bedeckt?

Kein Grund, sich zu ärgern, denn Ihr Kind gibt Ihnen Anlass zur Freude über seine Weiterentwicklung: Es übt und beweist soeben seine Ausdauer und Einsatzfreude.

Übungsfeld Familie

Und so üben Kinder innerhalb der Familie, was sie in ihrem Erwachsenenleben dringend brauchen werden. Sie üben die Diskussion in der Familie, sie vergreifen sich dabei im Ton und lernen durch die Reaktionen und Rückmeldungen der Familienmitglieder, ihren Standpunkt in entsprechender Wortwahl und in entsprechendem Ton zu vertreten, ihre Meinung zu äußern. Im Übungsfeld Familie ist das Risiko gering, wenn sich ein provozierendes Kind im Ton vergreift. Auch wenn Eltern sich ärgern, wütend werden, gekränkt sind, enttäuscht sind, so ist die Chance, dass dieser Konflikt wieder zu lösen ist, dass die Stimmung untereinander wieder gut und liebevoll wird, hoch. Hat das Kind keine Chance, all das in der Familie zu üben, dann wird es ungeübt in diesen wichtigen Kompetenzen die Felder betreten, in denen die Familie nicht mehr zur Seite stehen kann, also zum Beispiel in Berufsausbildung oder Studium oder Arbeitsplatz, in Freundeskreis und Partnerschaft. Dort, außerhalb der Familie, ist dann das Risiko bedeutend höher, dass die Konsequenzen daraus, sich zum Beispiel in der Wortwahl und im Tonfall zu vergreifen, unangenehm sind. Kann ein Jugendlicher oder eine Jugendliche erst mit den Lehrkräften, Ausbildnern, Prüfern, Vorgesetzten üben, welche Diskussionsform angebracht ist, welche Wortwahl zum Erfolg führt, so ist das Risiko, durch inadäquates Verhalten in Schwierigkeiten zu geraten, bedeutend höher, als wenn dies in der Familie geschieht.

Eltern als seelischer Mistkübel

Eltern von Jugendlichen haben immer wieder das Gefühl, dass ihr Kind im Jugendlichenalter ihnen die gute Stimmung verdirbt, dass es dem Kind immer wieder gelingt, Mutter und/oder Vater in Verzweiflung und Ratlosigkeit zu stürzen. Genau dieses Phänomen, dass Menschen, die uns besonders nahestehen, unsere Stimmungslage unglaublich rasch beeinflussen können, ist eines der Kennzeichen einer sicheren Bindung. Eng miteinander verbunden

Menschen verwenden die ihnen am nächsten stehende Bezugsperson, also die Person, in die sie das größte Vertrauen haben, quasi als „Mistkübel" für unangenehme Gefühle: Es gelingt ihnen, sich diesen nahestehenden und geliebten Menschen gegenüber so zu verhalten, dass binnen kürzester Zeit diese in genau derselben verzweifelten, unglücklichen, ärgerlichen, hilflosen Stimmung landen, in der sie selber sind, und das mit dem Effekt, dass sich ihre Stimmung dadurch deutlich verbessert. Besonders intensiv ist dieses Phänomen des Gefühlsaustausches zwischen Eltern und Kindern. Im Lebensalter der Adoleszenz sind Eltern zum letzten Mal im Leben des Kindes der bevorzugte Container für die kindlichen Gefühle.

Und so kommt es, dass sich Eltern von Jugendlichen oft verunsichert und hilflos fühlen, sich von ihrem Kind zu wenig geachtet meinen, den Eindruck haben, sich nicht durchsetzen zu können, das Gefühl haben, alles falsch zu machen, von ihrem Kind für dumm gehalten zu werden. Immer wieder fühlen sich Eltern von ihrem Kind im Jugendlichenalter verlassen. Sie haben immer wieder den Eindruck, keine Kraft mehr zu haben.

Wenn Ihnen als Eltern von jugendlichen Kindern genau das häufig passiert, dann ist das der Beweis einer innigen Bindung zwischen Ihnen und Ihren Kindern, denn das Containing der Gefühle Ihrer Kinder gelingt Ihnen ausgezeichnet: Sie fühlen sich genauso wie Ihre Kinder.

Erfolgreich pubertierende Eltern

Aber wie pubertiert man nun als Elternteil erfolgreich?

Stellen Sie sich den Konfrontationen mit Ihren Kindern, bieten Sie dem Kind den Reibebaum, den es jetzt braucht, um sein Persönlichkeitsprofil entwickeln zu können! Bieten Sie dem Kind Grenzen, lassen Sie sich dabei aber durchaus auf die Diskussion über Grenzen ein, damit das Kind auch die Erfahrung machen kann, dass es sich bei geeigneten Argumentationsstrategien durchsetzen kann, eine

Selbstwirksamkeit entwickeln kann, ohne dass es dadurch riskieren muss, in seinem Ausmaß an Fähigkeit zur Eigenverantwortung überfordert zu werden.

Akzeptieren und prüfen Sie die Meinungen, die Einstellungen und die Handlungen Ihres Kindes! Das heißt aber natürlich nicht, dass Sie alle Meinungen, Einstellungen und Handlungen Ihres Kindes gutheißen müssen. Geben Sie Ihrer jugendlichen Tochter und Ihrem jugendlichen Sohn ein Vorbild und eine Orientierung, indem Sie im Fall der Ablehnung die besseren Argumente finden. Lehnen Sie durchaus Meinungen, Einstellungen und Handlungen ab, wenn diese nicht Ihrem Wertesystem entsprechen. Aber lehnen Sie nie den ganzen Menschen ab! Sie geben damit Ihrem Kind etwas mit, was es in seinem weiteren Leben ganz dringend brauchen wird: Sie lehren es damit **die Fähigkeit zur Achtung vor der Würde des Andersseins, des Andersdenkens, des Andersfühlens.**

So geben Sie Ihrem jugendlichen Kind ein Vorbild in Toleranz. Und vor allem:

Bleiben Sie im Dialog mit Ihrem Kind!

7.

Erwachsenen-
bildung

Interkulturelle Kompetenz
Karin Schreiner

Pädagogisches Material für Erwachsene, die sich mit dem interkulturellen Miteinander befassen (Unternehmen, Organisationen)

Übungen zur Entwicklung von kulturellem Bewusstsein und interkultureller Kompetenz

Entwicklung von kulturellem Bewusstsein

Ein kulturelles Bewusstsein bildet die Grundlage, um kulturelle Unterschiede in Verhalten, Kommunikation und Interaktion wahrzunehmen. Dazu ist es nötig, sich der eigenen Werte bewusst zu werden. Am besten gelingt das in der Zusammenarbeit mit Menschen aus anderen kulturellen Kontexten, die etwas nicht so tun, wie man es gewohnt ist, oder ganz anders kommunizieren. Was für einen selbst bis jetzt als normal galt, wird plötzlich relativiert.

Antworten Sie auf die folgenden Fragen und reflektieren Sie Ihre Antworten. Danach diskutieren Sie in der Gruppe:

1. Rufen Sie sich Situationen in Erinnerung, in denen Sie mit ungewohnten Verhaltensweisen anderer Menschen konfrontiert waren: etwa mit einer Person, die ein ganz anderes Zeitverständnis hat; mit fehlendem Augenkontakt bei einem Gespräch; mit einer Zusage, die gar keine war; mit Mitarbeitenden, die sich nicht trauten, Fragen zu stellen usw. Können Sie beschreiben, wie Sie damals reagiert bzw. sich damals gefühlt haben?

2. Lassen Sie in Ihrem Büro die Tür immer offen, als Einladung für Kolleginnen und Kollegen jederzeit zu Ihnen zu kommen, oder halten Sie sie lieber geschlossen, als Zeichen, dass die Kolleginnen und Kollegen zuvor anklopfen sollen, wenn Sie zu Ihnen kommen möchten?

3. Wenn Sie im Urlaub sind und Ihr Koffer vom Personal auf Ihr Zimmer gebracht wird, bedanken Sie sich dann überschwänglich und geben Sie Trinkgeld oder erfüllt das Personal nur seine Aufgabe, die nicht extra gewürdigt werden muss?

4. Wenn Sie während der Arbeit Kaffee trinken möchten, holen Sie ihn sich selbst oder rufen Sie eine Kollegin oder einen Kollegen, um ihr/ihm zu sagen, sie/er soll ihn für Sie zubereiten und ihnen bringen? Warum machen Sie das so?

5. Wenn Sie zu einem wichtigen Geschäftstermin zwanzig Minuten zu spät kommen, ärgern Sie sich dann? Was ist der tiefere Grund Ihrer Verärgerung?

6. Sind Sie sehr interessiert an der Meinung Ihrer Mitarbeitenden, wenn Sie wichtige Entscheidungen treffen müssen? Fragen Sie sie nach Ihrer Ansicht?

7. Wie geben Sie Anweisungen? Erwarten Sie von Ihren Mitarbeitenden Selbständigkeit oder sagen Sie ihnen detailliert, was sie zu tun haben?

8. Reden Sie gern mit Ihren Mitarbeitenden in der Mittagspause über deren persönliche Probleme? Oder trennen Sie lieber Privates und Berufliches?

9. Gehen Sie gern nach der Arbeit mit Ihren Kolleginnen und Kollegen noch auf einen „After-Work-Drink"? Fordern Sie sie dazu auf? Wenn nein, warum? Wenn ja, warum?

10. Wie halten Sie es mit Kritik? Sagen sie Ihren Mitarbeitenden oder Kolleginnen und Kollegen geradeheraus, wenn Sie etwas stört? Warum? Oder verpacken Sie Ihre Kritik zunächst in positive Worte? Warum?

Ihre Antworten haben mit Ihren eigenen Werthaltungen und Einstellungen zu tun. Zu wissen, was Ihnen persönlich wichtig ist, ist die Basis dafür, kulturell unterschiedliche Werthaltungen anderer Menschen anzuerkennen.

Entwicklung von interkultureller Sensibilität

Interkulturelle Sensibilität bedeutet, dass Sie Ihre eigenen und andere Werthaltungen bewusst wahrnehmen. Sie respektieren die Werte der anderen und bemühen sich, die Hintergründe zu verstehen. Dazu ist auch kulturelles Wissen nötig.

Beantworten Sie diese Fragen für sich:

1. Was wissen Sie über Ihre Kolleginnen und Kollegen oder über Ihre Mitarbeitenden? Kennen Sie deren Herkunftsländer, Familienstand, Wohnort?

2. Wenn Sie wenig über Ihre Kolleginnen und Kollegen oder Mitarbeitenden wissen, was tun Sie, um sie besser kennenzulernen? Oder ist es Ihnen lieber, private Themen nicht anzusprechen? Warum?

3. Wenn Sie mit Ihren Kolleginnen und Kollegen oder Mitarbeitenden sprechen, fallen Ihnen kulturelle Unterschiede auf? Etwa die Art, wie sie kommunizieren, wie sie an Aufgaben herangehen, wie sie ihr Zeitmanagement gestalten, wie sie an Konflikte herangehen usw.? Was können Sie dazu sagen?

4. Gibt es Gepflogenheiten Ihrer Kolleginnen und Kollegen oder Mitarbeitenden, die besonders auffällig sind? Können Sie einige beschreiben?

5. Wie gut sind Ihre geografischen Kenntnisse über die Herkunftsländer Ihrer Kolleginnen und Kollegen oder Mitarbeitenden? Haben Sie ein genaues Bild oder präzise Kenntnisse über diese Länder? Wenn ja, warum? Wenn nein, warum nicht?

6. Können Sie sich in Ihrem Arbeitskontext an ein besonderes Ereignis oder ein Missverständnis erinnern, bei dem kulturelle Unterschiede offen zutage getreten sind? Wie war das? Wie haben Sie reagiert? Konnten Sie die Situation auflösen?

Kulturelle Sensibilität bedeutet auch, aktiv Interesse für die anderen zu zeigen und Fragen zu stellen. Dadurch können Gemeinsamkeiten und Unterschiede besser erkannt werden und Sie können viele Situationen besser einschätzen.

Abbau von Ethnozentrismus

Im interkulturellen Kontext unterscheidet man zwischen Ethnozentrismus und Ethnorelativismus. Ein ethnozentrisches Denken und Verhalten stellt die eigene Kultur in den Vordergrund und nimmt diese als Maßstab für Werthaltungen im Allgemeinen. Ethnorelatives Denken und Verhalten zeichnet sich darin aus, eine Interaktion immer im jeweiligen kulturellen Kontext zu sehen und danach zu fragen, welche Hintergründe für diese bestimmte Interaktionsweise ausschlaggebend sind. Wertungen wie „Richtig" und „Falsch" sind somit aufgehoben. Handlungen werden in einem konkreten Kontext als entsprechend oder angemessen beschrieben.

Beantworten Sie für sich folgende Fragen:

1. Welche Unternehmenskultur herrscht in Ihrem Arbeitsumfeld vor? Welche Werthaltungen bestimmen die Umgangsformen und Kommunikation in Ihrem Unternehmen oder in Ihrer Organisation?
Können Sie 3 Werte benennen?

2. Denken Sie, dass sich alle Ihre internationalen Kolleginnen und Kollegen und Mitarbeitenden mit der gegebenen Unternehmenskultur identifizieren und hinter ihr stehen?
Wenn ja, worin zeigt sich das?
Wenn nein, wie zeigt sich das?

3. Welche Werthaltungen werden Ihrer Meinung nach nicht von allen geteilt? Weshalb? Nennen Sie Gründe dafür.

4. Nach welchen Maßstäben legen Sie das Zeitmanagement in Ihrem Arbeitskontext vor? Welche dahinterliegenden Werte sind dafür maßgeblich? Teilen alle Ihre Kolleginnen und Kollegen diese Werte? Gibt es Ausnahmen?
Wie zeigt sich das?

5. Haben Sie darüber nachgedacht, dass Angehörige anderer Kulturen nach einem ganz anderen Zeitmanagement leben (etwa nicht exakt nach der Uhrzeit, hohe Flexibilität bei Termineinhaltung, Zusagen, die nicht verbindlich sind usw.)? Wie gehen Sie damit um?

6. Kennen Sie die Werthaltungen, die hinter einem ganz anderen (nicht nach der Uhrzeit funktionierendem) Zeitmanagement stehen? Können Sie die zugrunde liegenden Werte nennen?

7. Welche Werte sind für Sie so wichtig, dass Sie keine Kompromisse eingehen können?
Wo ist Ihre eigene und persönliche Toleranzgrenze?
Wie zeigt sich das?

8. Ist es Ihnen schon einmal gelungen, ein Verhalten, das nicht Ihren Werten entspricht, aus dem ursprünglichen kulturellen Kontext heraus zu interpretieren und nachzuvollziehen? Etwa beim Wert der (Familien-)Ehre oder des Gesichtwahrens? Welche Schlüsse haben Sie in jener Situation gezogen?

Interkulturelle Kompetenz besteht darin, das ethnozentrische Weltbild abzubauen und Verhaltensweisen in ihrem jeweiligen kulturellen Kontext zu verorten. Das bewirkt eine Öffnung, durch die mehrere mögliche Handlungsweisen in einer Situation akzeptiert werden können.

Perspektivenwechsel

Im interkulturellen Kontext ist es hilfreich, Situationen aus mehreren Blickwinkeln zu betrachten. Dazu wird Empathie benötigt – kraft Einfühlungsvermögens sehen wir eine Situation aus den Augen der anderen und gewinnen mehr Raum für Interpretation.

Versuchen Sie, sich in die beschriebene Person hineinzuversetzen, und erklären Sie ihr Verhalten aus ihrer Sicht:

1. Erik kommt morgens ins Büro und geht geradewegs in sein Zimmer, ohne seine Kolleginnen und Kollegen zu begrüßen.

2. Wenn die österreichischen Mitarbeitenden morgens bei Erik zur offenen Zimmertür „Guten Morgen!" hereinrufen, hebt Erik verwundert den Kopf.

3. Im Meeting nickt Ram zustimmend mit dem Kopf. Hinterher fragt er seine Kolleginnen und Kollegen, was er zu tun habe.

4. Paolo ersucht den Abteilungsleiter wiederholt um Verschiebung des Abgabetermins für den Bericht.

5. Drei neue Mitarbeiter aus New Delhi nehmen selbstgekochtes Essen ins Büro mit und wärmen es zu Mittag in der Kaffeeküche auf. Sie essen dann gemeinsam.

6. Linda fragt jedes Mal, bevor sie in die Kaffeeküche geht, ob ihre Kolleginnen und Kollegen auch Kaffee oder Tee möchten.

7. Die neue Chefin lädt die gesamte Abteilung für Freitagabend zu sich nach Hause ein.

8. Ein Mitglied im Team verhält sich sehr ruhig und beteiligt sich kaum an den Diskussionen, beantwortet aber alle Fragen professionell.

Die Perspektive der anderen einzunehmen eröffnet neue Blickwinkel und neue Interpretationen. Die Beweggründe für ein Verhalten stehen dann im Mittelpunkt des Interesses, wodurch die Akzeptanz für unterschiedlichste Verhaltensweisen erhöht wird.

Style Switchen

In Kommunikationssituationen passen wir uns gewöhnlich unbewusst an die Sprechweise der anderen an, je nach Situation. „Style Switchen" ist eine Kommunikationskompetenz, bei der man ganz bewusst einen Kommunikationsstil aufgreift, um in einer interkulturellen Situation angemessen zu reagieren. Das setzt auch die Kenntnis unterschiedlicher Kommunikationsstile – wie direkte oder indirekte Kommunikation – voraus.

Welcher Kommunikationstyp sind Sie? Sind Sie eher sachlich, knapp, informationsbezogen? Oder eher ausschweifend, erzählerisch, beziehungsorientiert? Versuchen Sie, die folgenden Sätze zu vervollständigen:

1. Ich brauche dringend mehr Unterlagen zum Projekt X. Bis wann ...

2. Ich wende mich an Sie, da ich von mehreren Seiten gehört habe, dass Ihre Expertise auf dem Gebiet YY besonders hoch ist. Wir bereiten gerade eine Konferenz zu diesem Thema für nächstes Jahr vor. Ihre Ansichten sind sehr aufschlussreich. Wir möchten gern Experten einladen und ...

3. Sie sind Experte auf dem Gebiet XX. Können Sie sich vorstellen, dass ...

4. Guten Tag, ich begrüße alle Anwesenden. Unsere Agenda für heute ...

Ausprobieren von unterschiedlichen Kommunikationsstilen erweitert Ihr Spektrum und Ihr Verständnis für andere Stile. Sie lernen die Grundintention unterschiedlicher Kommunikationsstile kennen und können sie gezielt einsetzen.

Kultureller Dialog

Sprechen über kulturelle Unterschiede will geübt sein. Oft ist der kulturelle Dialog ein geeignetes Mittel, um kulturelle Unterschiede anzusprechen und Missverständnisse aufzulösen. Beobachtung und Beschreibung, Interpretation und schließlich die eigene Einschätzung und die Beschreibung, wie man selbst die Situation empfunden hat, sind die einzelnen Schritte bei dieser interkulturellen Interventionstechnik. Im Dialog werden die unterschiedlichen kulturellen Positionen erklärt.

Hier ein Beispiel:
„Ich habe den Eindruck, dass es Ihnen unangenehm war, als ich Sie vor allen anderen lobte. Aber Sie haben großartige Arbeit geleistet!"

„Danke. Ich hätte das ohne mein Team nicht geschafft. Daher gebührt meinem Team das Lob und nicht mir."

„Ja, aber Sie sind die Teamleiterin. Wissen Sie, bei uns ist es so, dass wir die Vorgesetzten loben. Wir sehen es individualistisch – die Person, die Verantwortung trägt, wird ausgezeichnet oder auch nicht. Ihr Lob überträgt sich dann ja auch auf das Team."

„Ja, aber mein Team hätte sich das Lob von Ihnen persönlich gewünscht. Bei uns, wissen Sie, denken wir als Wir, als Team, das untrennbar ist und bei dem alle voneinander abhängig sind. Wir sind eins. Nur so sind wir stark. Daher brauchen alle im Team Ihre Anerkennung."

„Ja, aber wie kann ich das tun? Zu jedem Einzelnen hingehen?"

„Ja. Wir könnten auch ein gemeinsames After-Work-Essen veranstalten. Bei uns machen wir das immer, wenn etwas gut gelaufen ist. Bei einer solchen Gelegenheit können Sie mit jedem Einzelnen vom Team reden."

„Darauf wäre ich nie gekommen. Das ist bei uns gar nicht üblich. Jeder ist froh, wenn er oder sie nach Hause kommt. Jeder möchte abends bei der Familie sein."

„Das ist bei uns anders. Die Arbeit ist sehr wichtig. Und die Familie versteht, dass man manchmal wegen der Arbeit später nach Hause kommt. Gute Kontakte zu Kollegen und Vorgesetzten sind sehr wichtig."

„Gut, dann machen wir das so, wie Sie vorgeschlagen haben. Können Sie das für kommenden Freitag organisieren? Ich danke Ihnen für Ihre Erklärungen. Jetzt ist mir vieles klar geworden!"

Im interkulturellen Dialog wird auf einer Metaebene über die kulturellen Unterschiede wertschätzend gesprochen. Beide Seiten sind offen und bereit, die Hintergründe für Verhaltensweisen zu erfahren. Ziel ist es, sich auf eine neue Vorgehensweise zu einigen.

7.2.
Wissen schaffen – Bewusstsein erweitern: das generative Potenzial der sozial-medialen Praxis

Thomas A. Bauer

Der logische Sinn der Praxis

„Nichts wäre so praktisch wie eine gute Theorie" ist ein oft gebrauchter, Albert Einstein zugeordneter Aphorismus, an den zu Beginn der folgenden Überlegungen zur bewussten Praxis des Wissens wie zur wissensgeleiteten Praxis des gesellschaftlichen Bewusstseins erinnert werden soll. Selbst wenn eine solche Verkürzung problematisch ist, weil sie wie ein Patentrezept daherkommt, gibt sie doch zu bedenken, dass praktisch nur gut werden kann, was auch theoretisch vernünftig ist. Oder anders: Jede Praxis muss, wenn sie nachhaltig gut sein oder werden will, theoretisch einleuchten, also Sinn machen. Sinn ist die entscheidende Größe, das entscheidende Kriterium, in dem folgende Werte eingebettet sind: Praktikabilität, Nutzen, Ästhetik und Ethik (Edmair 1968, Bauer 2014: 76). Es gibt dabei einen inneren Zusammenhang wahrzunehmen: Eine Praxis wäre nicht in sinngebendem Maße gut, wenn einer der Werte ausfiele oder negativ ausfiele. Wenn etwas nur praktikabel, aber nicht für ethisch, ästhetisch oder nützlich gehalten wäre, hätte es keine Chance auf eine umfassende Sinn-Wertung.

Die Praxis der Menschlichkeit in Europa, um deren Machbarkeit, Bildung und Sinnhaftigkeit sich dieses Buch bemüht, bezieht sich auf theoretisch-logisch implizierte Wertemodelle von Gesellschaftlichkeit und Gemeinschaft (vgl. Bauer/Ortner 2006): Menschlichkeit, im Sinne ihrer Begrifflichkeit anthropologisch betrachtet, nützt der sozial ausbalancierten Wohlbefindlichkeit von Individuen, Gemeinschaften und Gesellschaften, sie lebt von der Ästhetik sozial-empathischer Wahrnehmung, sie rechtfertigt sich – vor allem auch ihre mitunter ausgemachte Umständlichkeit – aus ethischen Programmen der Solidarität, der sozialen Aufmerksamkeit für Schwäche, der Unfertigkeit oder Nachlässigkeit, der Konversation. Sie ist praktikabel, ob als Zumutung, als Chance, als Herausforderung, als Verzicht oder als Kompromiss, in jedem Falle aber als Verantwortung für das, was man kann, was man tut, was man denkt und was man weiß. Der unter allen möglichen Sinnbezügen der Menschlichkeit menschlich ursprünglichste ist der der Kommunikation (vgl. Flusser 1998). Sie ist die Umschreibung der Summe der Erwartungen des Menschen von sich selbst und für sich selbst, weiß, wie er sich wahrnimmt und wie er sich fühlt. Kommunikation ist, hier ebenso verkürzt beschrieben, das sozial-kulturelle Sinnmuster gesellschaftlicher Menschlichkeit in allen Sphären und Arenen des Lebens: Alltag, Politik, Religion, Arbeitswelt, Wirtschaft, transkulturelle Beziehungen etc. Alle diese Lebens- und Handlungszusammenhänge sind sinnfähig unter den Bedingungen der wechselseitig empathischen Wahrnehmung. Mit ihr beginnen Verhältnisse – und seien sie gesellschaftlich, politisch, wirtschaftlich alltäglich noch so schwierig – zu wachsen, ohne sie ufern sie aus oder brechen aus.

Menschlichkeit ist kein ethisches Zufalls- oder Abfallprodukt, sondern der kulturelle Fokus wissenden, gewussten und bewussten Handelns, also ein Kompetenzwert des individuellen, sozialen und gesellschaftlichen Lebens. Es kann also – sinn-logisch – nur im Interesse des Menschen liegen sich ein kulturelles Ambiente der Menschlichkeit zu schaffen, in dem er sich individuell wahrnimmt und findet, weil er den anderen (das Andere) wahrzunehmen und zu finden weiß. Das deutet auf einen zu leistenden Lernprozess. Zu wissen, dass man ist und wer man ist, was man tut, wie man es tut und warum man es tut, stellt einen vor die Zumutung und zugleich die Chance die Umwelt in ihrer Natürlichkeit, Sozialität, Kultürlichkeit und Symbolik bewusst (jenseits von nativem Reflex und naiver Intuition) zu beobachten und wahrzunehmen. Das ist – und das wäre eben die Eigentümlichkeit des Menschlichen – ein Habitus der Intelligenz (vgl. Piaget 1966, Bauer 2014: 172), verstanden als die für den Menschen typische, ihm unterstellbare Fähigkeit, sich seiner Umwelt gegenüber zu verantworten, was im Sinne des Begriffes heißt: sich im Wort (der Aussage) über sich selbst seiner (natürlichen, sozialen, kulturellen, symbolischen) Umwelt kenntlich zu machen und erkenntlich zu zeigen. Das Momentum der Kommunikation ist in dieser Konzeption von Menschlichkeit nicht zu übersehen.

Gesellschaftlichkeit im Modus der Medialität

In den gegebenen Gesellschaften allerdings – und quer durch ihre kulturell möglichen Konfigurationen – vollziehen sich die kulturellen Muster von Interaktion und Kommunikation, der sozial-wechselseitigen Wahrnehmung, die soziale Praxis generell zunehmend im Modus medialer Gesellschaftlichkeit. Eine Gesellschaft, die ihre soziale Praxis vornehmlich und zunehmend über Medien und medientypische Netzwerke organisiert und deutet, nennt man kurz und pointiert Mediengesellschaft. Für sie ist typisch, dass sie einen Gutteil der für ihre Selbstrealisierung unverzichtbaren Interaktions- und Kommunikationsbeziehungen zunehmend im (technischen und ästhetischen) Modus der Medien (des Medienhandelns, der Medienbeobachtung, der medialen Aufbereitung) organisiert. „Medien" allerdings sind hier nicht nur und nicht zuerst als technisch organisierte Einheiten der Vermittlung, Verteilung oder Vernetzung zu denken, sondern als Handlungszusammenhänge (soziale Praxis), durch die Botschaften zueinander vermittelt, verteilt und vernetzt werden. Das bedeutet die Ausweitung des Medienbegriffs auf das soziale Geschehen: Das Mediengeschehen ereignet sich in der Verwendung und Verwertung der technisch-organisatorischen Infrastruktur. Damit rücken Gebrauchskulturen, Verwendungs- und Verwertungsinteressen und die inneren, die individuell und sozial gemeinten Faktoren der Verwendungsmuster in den Fokus der Mediendefinition: Zeitrelationen, Interessen, Erwartungen, Deutungen, Gebrauchsmuster, eingespielte soziale und thematische Beziehungen etc. (vgl. Bauer 2014: 776). Diese, die kulturellen Implikationen des Mediengebrauchs, die Wissens- und Bewusstseinsmuster, ob sie nun kollektiv oder individuell, kritisch oder unbedacht, elaboriert, emanzipiert oder abhängig ausfallen, entscheiden über das kommunikative Niveau der Mediengesellschaft. Es geht um die Bewusstheit dessen, was man von der Welt weiß oder meint wissen zu müssen (Weltwissen, Weltverstehen), um die Haltungen der Menschlichkeit im Wissen um die (zunehmende) wechselseitige Angewiesenheit (Interdependenz) und um die wechselseitige Zusicherung der Bedingungen sozialen Vertrauens. In ebendiesem Sinne stellt sich die Frage nach Medienkompetenz sowohl für das Individuum wie für das Kollektiv.

In diesem Deutungsrahmen sind auch schon die Möglichkeiten und Grenzen der Erweiterung (competence-enlargement) und der Bereicherung (competence-enrichment) der Wahrnehmung von Welt und Wissen gekennzeichnet: Organisationslogik, Technologie, Techno-Ästhetik und ökonomische Logik bestimmen das Geschehen, in dem die quantitative Zunahme (vielleicht: Flut) der Optionen des Wissens (Was-Komponente: Inhalt) im Modus qualitativer Standardisierung von Wahrnehmung und Erfahrung (Wie-Komponente: Deutung) gestreamt wird: Die medialen Kennzeichnungen der Generierung von Wissen (Medienmodus, Standardisierung, Automatisierung) bewirken, dass man immer weniger weiß (Souverän dessen ist), wie man zu wissen bekommt, was man zu wissen oder wissen zu müssen meint, und wie man verantwortet, was man weiß: Dr. Google als Referenz ist das globalisierte Muster von Entwertung und Entmenschlichung von Wissen. Die praktische Lösung kann aber nicht heißen, Dr. Google oder „die Medien" zu beschuldigen. Denn „die Medien" geschehen und verstehen sich als solche im Wege ihrer Nutzung. Es sind also menschliche Größen – die soziale Praxis der Menschen, der Charakter ihrer Kommunikation und die Habitate ihrer Beziehung –, die in diesem Zusammenhang einer kritischen Betrachtung bedürfen.

Nun aber ist es so: Diese Welt versteht, wer die Medien versteht (vgl. Luhmann 2004). Wie man aber Medien versteht, hängt zu einem guten Teil davon ab, in welchen Lebenszusammenhängen man im Interesse welcher Werte und Themen welche medienpraktischen Muster der Weltwahrnehmung entwickelt und/oder ritualisiert. Es gibt in diesem Geschehen einen Faktor, an dem sich die Geistesrichtungen scheiden – in ein Modell individueller, menschlich bewusster Souveränität von Wissen (emanzipatorischer Mediengebrauch) und eines medialer (symbiotisch wechselseitiger) Abhängigkeit (repressiver Mediengebrauch) (vgl. Enzensberger 1977). Der Faktor heißt: Kommunikation. Eine anthropologisch orientierte Kommunikations- und Medienwissenschaft, das wird niemanden überraschen, sieht im Moment der Kommunikation diesen alles, das Leben und dessen Gestaltung, bestimmenden Faktor. Wie man aber diesen Faktor selbst wieder bestimmt und deutet, ist nicht nur eine Frage der plausiblen Darlegung von Alltagserfahrung, sondern ist eine Frage der Methode der theoretischen, das heißt hier: der sozial- und gesellschaftslogischen, Beobachtung.

Eine solche kann nicht geschehen ohne ein Modell von Menschlichkeit im Kopf. Über solche möglichen Modelle soll im Folgenden einführend nachgedacht werden, und zwar im Sinne der kritischen Beobachtung jener Modelle, die wir implizit gebrauchen, wenn wir von Kommunikation reden: Gesellschaft, Wandel, Transition, Öffentlichkeit, Vertrauen, Verantwortung, Verständigung, Identität, Kompetenz. In und aus dieser Reihenfolge soll ein Argumentationsbogen entstehen, der deutlich macht: Wenn wir eine offene, freie und selbstbestimmte Gesellschaft wollen, dann sind wir für ihre Realisierung verantwortlich durch die Kultur der Kommunikation, die wir in und mit Medien entwickeln. Dann ist dies nur möglich, wenn wir theoretisch und praktisch bemüht sind um die Entwicklung von Fähigkeit, Bereitschaft, Zuständigkeit und Ethik, einander jene Aufmerksamkeit zu schenken, die nicht in Quantität gemessen, sondern in Qualität gewertet wird. In diesem Sinne verfolgt der nachfolgende Text eine didaktische Ambition, die man gut und gerne auch als ein Denkprogramm einer kritischen „Medienkompetenzpädagogik" ausweisen könnte (vgl. dazu: Blaschitz /Seibt 2008).

Der mediale Charakter von Weltwissen, von (sachlichem, fachlichem, thematischem) Wissen generell ist ein herausragendes Merkmal der Mediengesellschaft. Wissen in diesem Zusammenhang wird aber nicht statisch (als umrissene und akkumulierte Quantität) verstanden, sondern als dynamisches Geschehen wechselseitiger Verwiesenheit von Wahrnehmung, Beobachtung, Erklärung, Bezugsetzung,

Zuordnung, Deutung, Klassifikation und Verwertung. Das Wissen, von dem hier im Kontext der Deutung der Rolle der Medien im sozialen Wissensgeschehen die Rede ist, hat sozio-physischen Charakter, weil es im Wege des sozialen Handelns, organisiert oder frei floatend, entsteht, sich medial-vernetzt interaktiv und zugleich im Wege wechselseitiger Beobachtung verkörpert, entwickelt und so gesellschaftliche Relevanz gewinnt (vgl. Adolf/Stehr 1240). In dieser medial-sozio-physischen Metapher kennzeichnet sich Wissen per se als ein interrelational-dynamisches Geschehen, dessen generatives Potenzial im Wissen um die Notwendigkeit des Bewusstseins (Kultur kritischer Wissensbeobachtung) und im Bewusstsein um die Notwendigkeit des Wissens (Kultur kritischer Bewusstseinsbildung) zur Entfaltung kommt.

Wissensgesellschaft und Mediengesellschaft

Wissen ist in einer Mediengesellschaft eine Mediengröße, hat medialen Charakter: Entwicklung, Verbreitung, Verwertung, Gebrauch und Missbrauch sind medienlogisch und medienästhetisch charakterisiert. Medienkultur, das ästhetisch-ethische Postulat eines sozial verantworteten Mediengebrauchs, ist im Kontext dieser Wissensbeschreibung immer auch Wissenskultur, das ästhetisch-ethische Postulat eines sozial verantworteten Gebrauchs von Wissen. Um es pointierter zu sagen: Wissen ist nicht Macht, sondern sozial verteilte Verantwortung. Man ist verantwortlich für das, was man weiß, wie man dafür verantwortlich ist, dass man weiß. In medialer bzw. multimedialer Welt-Umgebung ist dies als eine gesonderte Herausforderung von Bildung zu verstehen (vgl. Mikuszeit/Szudra 2009).

Selten zuvor haben die Vokabel Wissenschaft, Bildung, Forschung einen so prominenten wie populären Platz in öffentlichen Debatten und in den Medien eingenommen wie in den letzten fünf, sechs Jahren. Wissenschaft, Forschung und Bildung werden zunehmend als das Mittel der Wahl für Politik und Wirtschaft im globalen Fieber international vergleichender Besserstellungsneurose gepriesen. Ein Trend wird dies alles vermutlich erst durch die wechselseitige

Infektion von Wirtschaft und Politik und durch die kommunikative und mediale Vernetzung der Interessenslagen der beiden Sektoren, was heißt: Im Kontext der Medien stilisiert sich der Diskurs selbst zum Trend, während der Trend sich als (logischer) Diskurs referiert. So viel öffentliche Wertschätzung wie Wissenschaft in den letzten Jahren von Seiten der Politik erfährt, ist schon eine paar skeptisch-kritische Gedanken wert. Woher kommt die Motivation der Politik, wenn nicht von der Wirtschaft? Woher kommt die Motivation der Wirtschaft, wenn nicht von der Politik? Und was ist dabei die Zumutung an die Wissenschaft?

Seit man aber nicht mehr in Techniken, sondern in Technologien um die Wette läuft, geht es nicht mehr um Werkzeuge, sondern um Werkzeugwissen, nicht mehr um Methoden, sondern um Methodologien, also um kriterienfähige Positionen und um die Frage, aus welcher Position der Betrachtung Erkenntnisse Wissen schaffen. In diesem Zusammenhang muss man das (pädagogische) Konzept der Medienkompetenz aufgreifen, aus dessen Perspektive vermutlich erst deutlich wird, dass es in einer medial durchorganisierten Welt keine medienfreie Position mehr gibt und dass der, der die Medien nicht versteht, die Welt nicht mehr versteht. Wissen, Erfahrungen, Themen, Ereignisse und Menschen, eben diese Welt der (kultürlich geschaffenen Realität) versteht sich nur (mehr) aus ihrer Referenz zu Medien und Mediendiskursen. Wissen, Erfahrung und Medien ergeben aufgrund ihrer Interferenz einen logistischen Komplex, dessentwegen man ohne Medienerfahrung nicht(s) mehr weiß, ohne Medienwissen nicht(s) mehr erfährt und ohne kritisch aufgearbeitete Erfahrung (Erfahrungswissen) mit Medien nicht vernünftig oder hinreichend kritisch umgehen kann.

Wissen und die Konstruktion des Realen

Man muss kein in der Wolle gefärbter Konstruktivist sein, um anzuerkennen, dass alles Wissen, aus dem wir und mit dem wir Innovation schöpfen, ein aus Kommunikation konstruiertes Universum von Erfahrungen zu Gedanken und von Gedanken zu Erfahrungen ist.

In diesem Spiel ist Wissen immer ein Ergebnis bewusster Unterscheidung und der Entscheidung für Sinn; für „den" Sinn (in und aus) der Erfahrung und für die Erfahrbarkeit von Sinn (Realisierung und Umsetzung in Techniken der Erinnerbarkeit und der Wiederholung). In diesem Sinne ist Wissen ein Kulturmodell des Verhältnisses des Menschen zu sich selbst, zu seiner Innenwelt und zu seiner (äußeren) objektiven und symbolischen Umwelt. Was wohl etwas ganz anderes ist als das Besitzmodell von Wissen, mit dem wir alltäglich operieren.

Innovation des Wissens ist – in diesem Erkenntnismodell gesehen – nicht Aneignung oder Bereicherung durch Erfindung oder Entdeckung von etwas, von dessen Existenz wir vorher nichts gewusst hätten. Vielmehr ist sie eine Unterbrechung der Routinen der Wahrnehmung und ein Wechselsprung im Rahmen der möglichen Perspektiven, um die Provokation der Kontingenz erträglich zu machen. Dies als Sieg zu bewerten, wie das in Technik und Medizin häufig geschieht, mag zwar für eine Weile die Ohnmachtsängste beruhigen, ist aber eine kurzsichtige und fahrlässig eitle Attitüde, die erstens die möglichen noch nicht gewussten Zusammenhänge missachtet und die zweitens darüber hinwegsieht, dass alles, was man mit der Absicht Wissen zu schaffen betrachtet, immer die Kon- oder Detextualisierung von Beobachtungen ist. Das schließt mit ein, dass die Beobachtung eines Gegenstandes zum Gegenstand der Beobachtung wird (S. J. Schmidt). So gesehen entdeckt der Mensch nicht die Welt, sondern er entdeckt, wie er die Welt entdeckt. Was er „dann" weiß und was er dann „hat", ist nicht ein besitzbares Objekt, sondern (lediglich) die Objektivation seiner Besitzgier und seiner Habsucht, also die Reflexion von Attitüden, mit denen der Mensch seine Umwelt wahrnimmt, die aber aus dem biblischen Imperativ „Mach dir die Erde untertan" eine kultürliche (moralische) Legitimation der Besitzhaltung und (der für die Sesshaftwerdung typische) Vorratshaltung ableitet. Wissen auf Vorrat zu schaffen ist für eine sich organisierende wie für eine organisierte Gesellschaft eine Überlebensfrage, bindet aber auch Ressourcen für die Pflege und Haushaltung solchen Vorrats – vermutlich in erster Linie auf Kosten der freien Energie, also jener Kräfte (Gedanken), die nicht gebunden sind, die jenseits von Ordnung und Vorschrift häretische

Wege des Denkens und Beobachtens gehen, um auf diese Weise (also in anderer Methode) (Ge-)Wissen zum Wissen zu schaffen. Das macht (dann) wissen, dass Wissen ein kommunikatives Kulturgut ist, also eines, das sich erst durch Kommunikation (Austausch und Veränderung) als solches konstituiert. Die kommunikative Qualität des Wissens ist die Garantie dafür, dass Wissen ein nie zu Ende gebrachtes Projekt der Gesellschaft bleibt, mit dem sie die Unterschiede der Weltbetrachtung dadurch vergemeinschaftet, dass sie sie gesellschaftlich verteilt.

Nach und neben den Generalisten, nach und neben den Spezialisten braucht es im Kontext einer Medien- bzw. Wissensgesellschaft einen dritten Typus von Wissenschaftern, den Kontextualisten, also jene Experten, die Wissen schaffen, weil und indem sie die vertikalen, horizontalen und diagonalen Verbindungen zwischen den Sektoren von Technik, Wirtschaft, Politik und Kultur auszumachen in der Lage sind. Deren Kompetenz ist es nicht in linearer oder zyklischer Erweiterung bestehender Erkenntnisse (z. B. durch spezifische Forschung) neue Ergebnisse zu produzieren, sondern durch transdisziplinäre Perspektiven neue Gebrauchswelten des Wissens zu eröffnen. Das aber macht einen Perspektivenwechsel in der Bestimmung der Gesellschaftlichkeit von Wissenschaft notwendig: von der Produktion zur Kommunikation. Einer solchen Umstellung der Perspektive folgt, dass nicht die Produktion (von Wissen) der Faktor der (Wissens-)Kommunikation ist (zu reden ist über das, was man weiß) sondern dass die (Wissens-)Kommunikation der Faktor der Produktion ist (man hat zu wissen, worüber geredet wird). Nicht die Autorität des Wissenden ist es, das die Kommunikation (Austausch) bestimmt, sondern die Autorität der Kommunikation ist es, die sagt, was Wissen (= Sache) ist. Das heißt, dass nicht die Produktion von Wissen Kommunikation konstituiert, sondern dass Kommunikation Wissen konstituiert. So trivial und selbstverständlich das auch klingt — es müsste den Bildungs-, Wissens- und Medieneinrichtungen doch noch klarer gesagt werden. Wissen ist die in und als Kommunikation geteilte Beobachtung jener Beobachtung, die zwar spezifisch gewonnen wird, aber nur ihrer Verweise und Verwiesenheit wegen Wissen schaffenden Sinn macht (vgl. Schmidt 2003: 48f.).

Medien für die Wissensgesellschaft

Indem Wissen, immer ein Kulturgut, zunehmend ein Mediengut wird, wird es, weil Medien (auch) ein Wirtschaftsgut sind, eben auch ein Wirtschaftsgut. Was dabei ins Gewicht fällt, ist die Tatsache, dass Medien nicht Wissen produzieren, sondern Wissen konstruieren. Im Hinblick auf den Vertrauensgrundsatz verlangt diese Konstellation die Umstellung der Einstellung von hierarchischen (mitunter ritualisierten rhetorischen) zu heterarchischen (kommunikativen, unter Bedingungen auszuhandelnden) Kriterien von Geltung, Glaubwürdigkeit und Autorität. Im Zuge des sozialen Wandels ändert sich auch der Vertrauensmechanismus. Zunehmend werden Medien sowohl von den Wissensproduzenten (Aufmerksamkeitsmarkt) wie auch von den Wissensverbrauchern (Wettbewerbsmarkt) als jene Referenzgröße genutzt, an der man misst, was man meint wissen zu müssen, weil andere es (auch) wissen (könnten). In ebendieser Logik popularisieren und verbreiten sie alles, was sich als Wissen darzustellen in der Lage ist, wobei die Kriterien der Wissensbestimmung nicht nur aufgeweicht, sondern auch verändert und verschoben werden. Zumindest so weit als die Medien sich ja nicht auf die (leider meist so argumentierte) Rolle als Überbringer von (Wissens-)Botschaften beschränken (lassen). Der Inhalt der Medien – sind die Medien, weiß man seit McLuhan. Sie sind das Setting, durch das fachliche oder sachliche Inhalte erst jene Bedeutung, Wertung und Richtung erlangen, auf Grund dessen sie als Inhalte (des Wissens) decodiert werden. Was (wieder einmal) deutlich macht: Es entscheidet die Kommunikation und es entscheiden die Medien, was Wissen ist oder als solches zu achten ist.

Massenmedien modernen Typs operieren in ebendiesem Sinne als Dispositive dieser Unterstellung. Die Medien sind dem Vergleich ausgesetzt. Sie sind ja nicht simple Förderbänder, über die Informationen über den Rahmen von Baustellen hinaus geliefert werden, sie sind vielmehr generalisierte und generalisierende Referenzgrößen, denen gegenüber Einzelne, Individuen oder Organisationen, den Bestand ihres eigenen Wissens messen und testen. Die Unterstellung, dass durch Medien jeder (andere) potentiell dasselbe in Erfahrung bringen kann, verleitet dazu sie als Referenzgrößen für das zu werten, was meint wissen zu müssen, sie als jene Bezugsquelle zu nutzen, die über Wichtigkeit dessen, was man weiß, und sie als Schiedsstelle anzurufen über die Richtigkeit dessen, was man schlussendlich weiß. Unterstellt wird dabei auch die Moral der Medien: Aufgrund der durch Öffentlichkeit jederzeit möglichen Prüfung der Stimmigkeit der Aussage nimmt man diese auch zur Voraussetzung.

Wissen für die Mediengesellschaft

Eine Gesellschaft, die sich mit einer Referenz zu Wissen, Kommunikation und Medien, wiewohl sektoral unterschiedlich entwickelt, selbst beschreibt und dieser Selbstbeschreibung zufolge Aktionen setzt und Entscheidungen trifft, die strukturell etablieren, was man kulturell denkt, kann sich gar nicht anders verstehen denn als Gesellschaft im Wandel und als Projekt mit offenem Ausgang. Selbstverständlich trifft diese Charakteristik auch auf jene Projekte zu, die aus Wissen generiert werden oder die Wissen generieren (schaffen). Kommunikation ist in diesem Vorgang des sozialen bzw. kulturellen Wandels nicht nur Trägerkonstrukt, sondern selbst Inhalt („Gegenstand") des sozialen Wandels (vgl. Bauer 2011). Die Änderungen, die im Kontext des sozialen Gebrauchs von Medien in den Formen der gesellschaftlichen Kommunikation erkennbar werden, ergeben sich aus sich ändernden Wertperspektiven, ändern aber auch die Wertmerkmale der gesellschaftlichen Kommunikation. Die Klagen darüber, dass Wissen durch diverse Medienformate zum Unterhaltungsgegenstand wird und Wissenskommunikation generell, um sie zu entstauben, mit Lusteffekten aufgeladen wird, hört man landauf, landab vor allem von den Bildungspropheten. In die strengen Formen mischen sich Farben der Lust- und Erlebnisgesellschaft. Das Phänomen hat einen Begriff, der in der jüngsten, kulturtheoretisch ausgerichteten Kommunikationswissenschaft zunehmend in Gebrauch kommt: Konversation. Wenn alles sagbar ist und jeder dazu Zugang hat, wenn es keine Kompetenzgrenzen mehr gibt, sich jeder einbringen und ausklinken kann, wann immer, womit immer und wie immer es beliebt, dann ist das Ganze streng gemessen nach Inhalt und nach Form eine kulturelle Version von Kommunikation, die man von ihrer (vermuteten) Grundform aber unterscheiden muss.

Was die Wissenskommunikation in und über Medien entscheidend verändert, ist die für Massenmedien offenbar typische Charakteristik der Verflachung. Diese wird, wie man da und dort auch befürchtet, weil über den Gebrauch von Medien gelernt, dann auch zunehmend in anderen Vermittlungseinrichtungen gefordert. Von den Instruktionsformen des Lehrens wechselt man zu den Präsentationsformen der didaktischen Dramaturgie und setzt Marken der Aufmerksamkeit. Die Medien tun dies eben ihrer Massenabhängigkeit wegen. Sie machen die Quote zum Programm und setzen, um dies mit jedem Programm erreichen zu können, Trends der Inszenierung und Stilisierung, die die geläufige Trennung von Inhalt und Form (Stil) aufheben und vor allem die Form und den Auftritt zum Inhalt machen. Da gibt es eine Reihe von Kriterien, die man im Einzelnen genauer analysieren müsste. In jedem Falle aber finden sich in einem derartigen Katalog Kriterien wie: Vorsprung, Event, Vergänglichkeit, Auswechselbarkeit, Entlastung, um nur einige zu nennen.

Im Spiel ist eine Kategorie, die so wirtschaftlich wie politisch und so politisch wie wirtschaftlich ist: Aufmerksamkeit. Wer im Wettbewerb um Aufmerksamkeit bestehen will, setzt auf Unterscheidung. In einer Mediengesellschaft kann es im Hinblick auf das Kriterium der Unterscheidung gar keinen anderen Faktor geben als den des Wissens – oder noch weiter gefasst: Kompetenz. Damit soll klar gesagt sein: Aufmerksamkeit ist keine Zufallshaltung, sondern ein pro-aktiver Habitus des Wettbewerbs in eigenem Interesse. Der Wettbewerb entwickelt sich dort, wo Positionen (Produkte), obwohl aus unterschiedlicher Herkunft, als zueinander zu ähnlich empfunden werden. Der Wunsch nach Identität und Identifizierbarkeit (der Positionen, Produkte) verlangt aber Unterscheidung. Eine solche wird nur durch (dialogische) Kommunikation hergestellt. In diesem Sinne ist besonders in der Wissenschaft Differenz nicht ein Störmoment der Kommunikation, sondern geradezu umgekehrt: Differenz ist die Ressource von Wissen und das methodische Moment Wissen schaffender Kommunikation.

Der mediale Kontext, in den sich nun Wissen als kulturelles Gut viel stärker eingebunden erfährt als je zuvor, macht deutlich: Wissen ist (auch) ein wirtschaftliches Gut. Diese Erkenntnis führt dazu, Wissen um dessen Verfügbarkeit wegen (als verfügbares und verbrauchbares Gut) strategisch zu produzieren, womit die Wissenschaft auf der einen Seite ihre intrinsische Legitimation zugunsten extrinsischer Perspektiven und Wertungen (z. B. „Brauchbarkeit") gefährdet, auf der anderen Seite aber auch die Position ihrer Autorität wechselt: von einer hierarchisch begründeten (Wissenschaftsgläubigkeit, Wissenschaftsangst) zu einer der Heterarchie fähigen, weil nun als Projekt gesellschaftlicher Kommunikation und nicht als Ritual privilegierter Zirkel. Das symmetrisiert (demokratisiert?) zwar den Vorgang der gesellschaftlichen Produktion von Erkenntnis, verleitet die Wissen schaffenden Institutionen (dazu zählen auch die Medien) aber auch sich zunehmend im Gestus der Konversation zu gefallen (Popularisierung): Wissen verliert an Autorität, gewinnt aber an sozialer Funktion(alität). In dieser Wendung – übrigens aus der Not des sozialen Wandels – spiegeln sich Aufstieg und Fall, Anfang und Ende, Chancen und Grenzen der Aufklärung.

Die Zone, in der die wirtschaftliche Funktionalisierung und die kommunikative Heterarchisierung von Wissenschaft das, was man (dann) Wissen nennt, ins triviale Fach abdriften lässt, liegt vermutlich zwischen Pragmatismus und Praktikabilität. Pragmatismus mag man noch als Orientierungshaltung in der Definition von Erkenntnis- und Verwertungsinteresse akzeptieren, während mit der Forderung nach Praktikabilität (allzu oft) die Neigung verbunden ist, Wissenschaft dürfe keine Probleme (in der Umsetzung von Ideen und Vorstellungen) machen. Was dann meist sehr patzig endet: Eine Wissenschaft, die die eingeübte Plausibilität der Praxis nicht affirmiert, ist (dann) praktisch keine oder keine praktische Wissenschaft. Wissen aber ist ein kritisches Gut, das seine Erkenntnis stiftende Qualität besonders (oder erst) dort entwickelt, wo es eingesetzt wird, um die Routinen des Alltags zu unterbrechen.

Das ist ja im Grunde nicht so neu. Man weiß, dass jede Erfahrung Kommunikation braucht und jede Kommunikation Erfahrung produziert. Man weiß, dass in dieser Welt, die wir nur aus unserer

Betrachtung kennen, genau deswegen (weil wir sie nur aus unserer Betrachtung kennen) nichts, was wir wissen, eine kommunikationsfreie Existenz hat. Jenseits von Kommunikation hat nichts eine Bedeutung. Es sind aber die in langen Kulturprogrammen evolutionär entwickelten und durch diese auch kontrollierten Bedeutungen, die dem Wissen, den Erfahrungen, den Themen und den Ereignissen die Bedeutung von Wissen, Erfahrung, Thema und Ereignis geben. Unsere (sozial relevante) Realität ist die Realität der Betrachtung, die wir, damit wir einander mitteilungsfähig bleiben, in Sprache und Zeichen (Medien) formen und als (solche) Formate vergegenständlichen. So können wir den Austausch unserer Erfahrungen, Meinungen und Deutungen auf Objekte (bezeichnete Wirklichkeiten) beziehen und uns (sogar!) in dieser Vergegenständlichung verbindlich verständigen. Das nennt die Kommunikationswissenschaft „Konstruktion von Realität" (Berger/Luckmann 1972). Sie ist, wie man weiß, eine in Zeichen organisierte Beobachtung, eine in Zeichen figurierte Realität, was immer auch mit einschließt: eine auf (diese und solche) Zeichen konfigurierte und selektiv formatierte Reduktion möglicher, zugleich (in Zeichen eben) nie ganz fassbarer Komplexität.

Wissen schaffen in der Mediengesellschaft

Wissen zu schaffen ist der Vorgang der gedanklichen Verbindung von erinnerter Beobachtung und beobachteter Erinnerung im Interesse und in der Absicht einer sinnstiftenden Intervention. Eine solche der adressierten potentiellen Realität beigestellte und symbolisch verbindlich formulierte Konstruktion (für den symbolischen Austausch medialisiert in Begriffen, Definitionen, Hypothesen, Theorien) ist nur möglich im Wege von und als Kommunikation. Wenn nun aber Wissen als ein kommunikatives Konstrukt beschrieben wird, dann muss man auch hinnehmen, dass jede Kommunikation beanspruchen könnte Wissen zu sein oder zumindest der Rahmen für solches. Dieses Theorem muss man – ebenso wie das der Besitzwidrigkeit und das der Medialität von Wissen – weiter denken, als hier Platz hat. Es hat nämlich erhebliche Konsequenzen für die Analyse und

Bewertung der mit dem Internet entstehenden neuen Gebrauchskulturen, die im Bereich der Wissens- und Wissenschaftskommunikation zu erheblichen Irritationen (z. B. Plagiarismus) führen. Vermutlich wird man dem Phänomen nicht gerecht, wenn man es als medienengemacht betrachtet. Man muss das Phänomen kontextualisieren mit dem generellen kulturellen Wandel, in dem sich nicht nur neue soziale Formate (auch der Beschaffung und Verteilung von Wissen) etablieren, sondern hinter diesen eben auch neue Wertemuster.

Betrachtet man Wissenschaft kommunikationstheoretisch, dann mischt man also das Kriterium der Kommunikation – und was man sich kulturtheoretisch definiert darunter vorstellen darf – in die Analyse der gesellschaftlichen Organisation von Wissen, dann ist Wissen (bzw. dem folgend Wissenschaft) nicht eine (industrielle: Produktion – Konsumtion) Organisation, sondern ein Zeichensystem und eine Bezeichnungswelt, die für die Benennung der Welt Zeichen (Theorien, Hypothesen, Methoden) zur Verfügung stellt, die selbst nicht sind, was sie beschreiben (beobachten), die aber bewirken, was sie bezeichnen. Die Architektur des realen Wissens ist also nicht mehr (aber auch nicht weniger) als die Welt der Symbole, in denen und durch die Menschen zueinander in ein Verhältnis wechselseitiger Beobachtung (Benennung) kommen – ohne dieses sie allerdings auch nichts und auch nicht zu sich selbst fänden. In einem so umschriebenen Betrieb von Wissenschaft – also als Zeichensystem der gesellschaftlichen Praxis und als gesellschaftliche Praxis des Zeichentausches (symbolische Interaktion), als Kulturprogramm statt als Organisationstechnik – wird man solchen Komplexen wie Beliebigkeit & Formalisierung, Kompetenz & Hierarchisierung, Authentizität & Entfremdung, Eigentum & Gemeinschaftsgut, Kooperation & Arbeitsteilung etc. wohl anders begegnen müssen.

Medien kann man auch betrachten als Agenturen des kulturellen Gedächtnisses. Weil sie aber auch solche des Funktionsgedächtnisses einer Gesellschaft sind, werden in ihnen und durch sie Kultur und Funktionalität einer Gesellschaft immer im Widerstreit liegen. Durch die Medien als die Agenturen der sozialen Praxis bekommt die Kultur die Chance den Funktionsverläufen einer Gesellschaft immer wieder Wertschöpfungen abzuverlangen und durch sie bekommen die Funktionssysteme der Gesellschaft die Chance bzw. die Herausforderung Kultur als den alltäglichen Gebrauch von Werten sicherzustellen. Dass ein solcher Gebrauch die Kultur (Lebensstile) verändert, lässt sich mit freiem Auge erkennen. Diese Veränderung ist das Fluidum, in dem Kulturen, auch Wissenskulturen, leben.

Praxis der Medienbildung

Es war die Absicht, dieser kurzen und gebündelten Abhandlung den kulturellen Sinn der Praxis der Menschlichkeit im Blick auf eine sich zunehmend in der Logik des sozialen Mediengebrauchs auszuloten, um dabei zu erkennen, dass die Praxis von Menschlichkeit sich zunächst im Wissen und im Bewusstsein, eigentlich im Habitus von Kommunikation, also in Haltung und Umgang mit dem Nächsten kenntlich macht (vgl. Bourdieu 2005). In einer durch Medien vernetzten Gesellschaft ist der Nächste aber nicht nur der physisch Nächste, sondern jeweils der, dem man – durch Information, Berichterstattung und diverse Formate der Präsentation – begegnet, meist als einem Repräsentanten vieler weiterer Menschen, deren spezifische Merkmale, deren Geschichten und Diskurse einem durch mediale Ästhetik, Klischierung oder Stereotypisierung zuzuordnen nahegelegt wird. Dieser mediale Zugriff verflacht oder „veroberflächigt" einerseits das Profil von Menschlichkeit, das eingefordert wird, andererseits weitet er es aus zu einer Haltung, die generell, grundsätzlich und grundrechtlich eingefordert werden darf.

Die mediale Zeichnung der Gesellschaftlichkeit fordert das Motiv der Menschlichkeit über die situativen Grenzziehungen der persönlichen und interindividuellen Begegnung hinaus zu einer grundsätzlichen Bereitschaftshaltung der gewogenen Aufmerksamkeit für Andersheit (das andere Selbst), die natürlich schon beginnt bei einer Haltung der Achtsamkeit seiner Eigen- und Eigentlichkeit (dem eigenen Selbst) gegenüber. Gerade aber, weil in der medial verflachten Begegnung des Einen mit dem Anderen Vergröberungen passieren (z. B. Zeitversetzung, Grenzversetzungen im Verhältnis von Distanz und Nähe oder Bindung und Verpflichtung, Beliebigkeit der

Wiederholung und Vervielfältigung, Entgrenzung gewohnter Deutungen von sozialen Verhältnissen), müssen Haltungen des sozialvernünftigen Umgangs mit sich selbst und mit anderen im medialen Ambiente bewusst gelernt werden. Solche Haltungen entstehen und bilden sich immer im Zuge des bewussten und selbstmotivierten Lernens (Persönlichkeitsbildung), nicht als verhaltenstechnische oder verhaltenssteuernde Fertigung (Perfektion), sondern als bewusst geübte Figuren des situativen Denkens. Achtsamkeit und Aufmerksamkeit sind Haltungen, die in der Balance des Verhältnisses zu sich selbst und dem zum anderen einander stützen.

Die konkrete Medienbildungspraxis konzentriert sich dabei, soweit dies die Sphäre von Menschlichkeit betrifft, auf folgende meist als Problemphänomen beschriebene Themen: Gewalt, Cyber-Bullying, Sexting, Netzverlorenheit, Parallelwelten. Dazu gibt es mittlerweile unzählige Lehr- und Lernbehelfe, zahlreiche Modelle und Programme der Medienbildung. Daher ein paar Hinweise, die die unterschiedlichen Zugänge (Medienwissenschaft, Medienpsychologie, Medienpädagogik, Mediendidaktik, Medienkompetenzbildung) abbilden. Die im Folgenden genannten Institutionen verstehen sich als Zentralstellen, die ihrerseits mit vielen weiteren Bildungsagenturen zusammenarbeiten und daher als erste Auskunftsstelle gute Dienste erweisen:

Die **Medienservicestelle des Bundesministeriums für Bildung/** Abteilung Bildungsmedien, Österreich, stellt in allen möglichen technischen Ausfertigungen (CD, CD-ROM, USB, online) didaktisch gebaute Bildungsmedien samt Lehr- und Lernvorschlägen, Werk- und Arbeitsblättern, produziert in Kooperation mit der Universität Wien/Arbeitsgruppe Audiovisuelle Medien zur Verfügung, die jederzeit abgerufen bzw. angefordert werden können: medienservice@bmb.gv.at bzw. ag_av-medien.ub@univie.ac.at

Das **European communication certificate (Eco-C)** bietet ein gestuftes Programm in Form von Basis-, Erweiterungs- und Aufbauprogrammen für medienkompetente Persönlichkeitsbildung im Trainingsmodell (Schule, Betriebe, Institutionen, Lerngruppen)

samt Lernunterlagen und zertifiziertem Abschluss: Kommunikation, Selbstmanagement, Konfliktmanagement, Teamverhalten, Social Media Driving Licence: www.eco-c.eu

Die **Gesellschaft für Pädagogik und Information (GPI)** bietet eine umfangreiche Datenbank für von Experten getestete und im Rahmen von internationaler Jurybegutachtung ausgezeichnete Bildungsmedien aus dem gesamten europäischen Raum (Einzelmedien, Filme, multimediale Lernprogramme, Medienmanagementsysteme, Computerspiele etc.), aus denen Arbeits-, Unterrichts- und Selbstlernmodelle entnommen werden können: www.comenius-award.de bzw. www.euromediaawards.eu

Saferinternet.at unterstützt Kinder, Jugendliche, Eltern und Lehrende beim sicheren und kompetenten Umgang mit digitalen Medien durch Beratung und Veranstaltungen: www.saferinternet.at

Zivilcourage und Anti-Rassismus-Arbeit (ZARA) bietet Beratung und Training (Prävention) und Netzwerkeverbindungen zur Bildung im Thema Menschenrechte: www.zara.or.at

Gesellschaft für Medienpädagogik und Kommunikationskultur (GMK) ist eine in allen deutschsprachigen Ländern etablierte Gesellschaft, die in Form von Ausbildungsprogrammen, Beratung und Veranstaltung Unterstützung zur Bildung von Medienkompetenz in allen Altersstufen anbietet: www.gmk-net.de

EduMedia/EuroMedia/Euro-Kulturelle Medienbildung: Analyse- und Arbeitsvorschläge in: Bauer, Thomas A./Ortner, Gerhard E. (Hg.): Werte für Europa. Medienkultur und ethische Bildung in und für Europa. Düsseldorf: B+B Medien

7.3

Emotionale Kommunikation – zur Praxis des verantwortlichen Handelns im Medienkontext

Nana Walzer

Dieser Artikel befasst sich primär nicht mit *Entertainment*, sondern mit den Kernkompetenzen v. a. öffentlich-rechtlicher Medien, nämlich der *Wissens- und Informationsvermittlung*. Entertainment bedient sich jedoch seit jeher der Mittel emotionaler Stimulanz: Theater, Gesang und Performances aller Art leben seit Jahrtausenden davon, Gefühle zu erzeugen, mit ihnen zu spielen und sie (überraschend oder vorhersehbar, jedoch im Erfolgsfall effektiv) in den Zusehenden zu transformieren, ihren Gefühlszustand also zu verändern.

Der Ansatz, *Wissen und Information* – also sachlich nachprüfbare und nachvollziehbar begründete *Orientierung* – effektiver zu vermitteln, indem sie in einen *emotionalen Kontext* gebracht werden, kann auf den ersten Blick Vorurteile auslösen. Vorurteile, wie sie berechtigterweise etwa dem Boulevard oder Populisten durch ihre gezielt eingesetzte emotionale Manipulation entgegengebracht werden (Stichworte: Angstmache, NLP, Aufhetzerei etc.). Mit Emotionen verantwortlich umzugehen bedarf offenbar eines legitimen ethischen Rahmens (etwa der Grund- und Menschenrechte) sowie der Transparenz von Mitteln und Zielen (also der Metakommunikation). Zugleich ist der Rückzug auf die Position der reinen, neutralen und „objektiven" Wissens- und Informationsvermittlung heute auch den seriösesten Medien nicht mehr möglich. Alleine der Akt einer Darstellung (durch die Auswahl von Themen, Bildern und Worten) verzerrt die „neutrale" Welt, also die Welt, wie sie ist, zu einem von vielen möglichen – wenn auch vielleicht begründbaren – Ausschnitten. Es gilt heute anzuerkennen, dass wir in einer emotionsbetonenden Welt leben (Gründe dafür siehe weiter unten) und damit in einer Medienwelt, die den professionellen Umgang mit Emotionen nicht außer Acht lassen kann, auch nicht im Bildungs- oder Nachrichtensektor.

Die Ausgangssituation

Die Welt, in der wir leben, wird oft als VUKA-Welt bezeichnet (= volatil, unsicher, komplex und ambig/mehrdeutig). Sie wird von Phänomenen wie der Digitalisierung, Globalisierung, systemischen Verflechtungen und immer schneller werdenden Veränderungen geprägt. Die VUKA-Welt hat natürlich auch Einfluss auf die (öffentlich-rechtliche) Medienwelt:

> **Zusammenhänge sind vielfach zu komplex**, um sie zu erklären, mitunter selbst, um sie (als Nichtexperte) zu verstehen. Nachrichten fokussieren klassischerweise auf die größten Negativmeldungen des Tages. Werden kritische Entwicklungen, menschliche Tragödien und Katastrophen aber Tag für Tag als Realität präsentiert, ohne sie ausreichend in Zusammenhänge zu setzen, so entsteht der Eindruck, mit der Welt wäre etwas nicht in Ordnung und Entwicklungen wären zunehmend negativ. Das Rezipieren von Nachrichten hinterlässt dadurch einen negativen Gefühlszustand oder führt zur Abstumpfung bei ZuseherInnen (Stichworte: selektives Wahrnehmen, unempathische Rezeption, Anästhetik, Dissoziation). An dieses unangenehme Gefühl bzw. eben Nichtfühlen haben sich viele Menschen bereits gewöhnt, viele andere jedoch schalten schlicht nicht mehr ein, um ebensolche Gefühle zu vermeiden. Sie holen sich ihr Weltbild eher im Netz – selbstbestimmt, in einer für sie verträglichen Dosis, wann immer sie aufnahmebereit sind, und ihrer „Filterbubble" entsprechend.

> **Entscheidungsschwierigkeiten entstehen** durch Komplexität und Unübersichtlichkeit heute für den Einzelnen relativ schnell. Aufgrund der Gleichwertigkeit von unterschiedlichen Perspektiven auf ein Problem, wegen anhaltender Identitätskrisen (wie

beispielsweise im sehr unterschiedlich erfahrenen Europäisierungsprozess), im Zuge der allgegenwärtigen Globalisierung sowie durch die Veränderung der Arbeitswelt (etwa aufgrund der Digitalisierung) werden bis vor Kurzem noch funktionelle Denk-, Fühl- und Verhaltensweisen obsolet. Das Gefühl, das eigene Leben erfolgreich beeinflussen zu können, und der Eindruck, in einer sicheren Umgebung zu leben, sinken. Zugleich vermitteln die Phänomene der Empörungsresonanz und der Echokammern den Eindruck, dass alle Menschen dieselben Erfahrungen und Empfindungen machen. Negative Sichtweisen und unangenehme emotionale Zuschreibungen werden auf diese Art massiv verstärkt und als real empfunden.

Geschwindigkeit, Unübersichtlichkeit und Entscheidungslosigkeit erzeugen Stress. „Alternative Sichtweisen" auf die Realität, auf ihre Bedrohungen bzw. Problemszenarien gewinnen an Verführungskraft, weil sie die Kontrolle des Unabsehbaren und einfache Lösungen versprechen, den Menschen also (emotional, nicht sachlich begründete) Hoffnung geben (Stichworte: „Die Mär vom Klimawandel", „Routen dicht machen", „die Eliten", Verschwörungstheorien etc.). Die Folgen sind demokratiepolitisch höchst bedenklich. Wo Menschen das Gefühl haben, ohnmächtig den Umständen ausgeliefert zu sein und so und so keinen Einfluss nehmen zu können, ist die Partizipation im gesellschaftlichen Gestaltungsprozess, ja selbst das Interesse an diesem, marginal. Ein aktuelles Beispiel liefern die EP-Wahlen. Die Wahlbeteiligung bei den Wahlen des Europäischen Parlaments geht seit den ersten Wahlen 1979 europaweit zurück und lag 2014 bei 42,61 %, in Österreich bei 45,39 %. Das mangelnde Interesse zeugt nicht nur von einem Manko an Vertrauen in Institutionen und handelnde Personen, sondern auch vom Fehlen des Gefühls der effizienten Mitbestimmung, also der Selbstwirksamkeit. Der öffentlich-rechtliche Rundfunk muss sich dieser Situation stellen, will er das Feld der politischen Bildung nicht den autoritären und populistischen Strömungen überlassen.

Bedürfnisse der ZuseherInnen

All die oben genannten Umstände sorgen für anhaltende Verunsicherung und Orientierungslosigkeit im Einzelnen und für eine generelle Umbruchsstimmung – allerdings ohne Zielvorstellung, wohin dieser Umbruch führen soll – in der Gesellschaft. Es fehlt zugleich an Menschen und Medien, die den erfolgreichen Umgang mit diesen heutigen Umständen nachvollziehbar vermitteln (Erfolgskriterien wären etwa: Überblick und Klarheit über die Vorgänge in der Gegenwart, Zuversicht in die Zukunft, visionäre Kraft, praktische Lösungen, Handlungswille). Dieses Vakuum verstärkt das Bedürfnis nach Stabilität, nach Sicherheit und Kontrolle. Einfache Lösungen (Feindbilder wie Migranten und Handlungsaufforderungen wie „Build that wall!") finden rasch breite Zustimmung (Stichworte: Populismus, *Fake News*, *Alternative Realities*). Das liegt jedoch nicht an der sachlich begründeten Argumentation dieser Angebote, sondern vielmehr an der emotionalen Dramaturgie, die von vielen als authentisch empfundenen (!) „starken Männern" (wesentlich seltener von Frauen, etwa Marine Le Pen) eingesetzt wird. Die Bestätigung von eigenen Vorurteilen und verheißungsvolle Heilsversprechen stehen dabei auf dem einen, inhaltlichen Blatt, das gerne durch kommunikative Manipulationstechniken bedient wird (Stichworte: bewusstes Unterbrechen von dialogischen Prinzipien, diverse rhetorische Manipulationstechniken, Sprache der Gewalt und der Dominanz etwa in Form von Sexismus, Rassismus, Wortwahl unter der Gürtellinie etc.). Auf dem anderen Blatt aber steht zugleich und auf den Inhalt abgestimmt der Ausdruck von starken negativen (1) wie positiv konnotierten (2) Gefühlen:

1. Der authentische Ausdruck von Wut, Frustration, Aggression, Trauer und Ekel und

2. der glaubwürdig vermittelte Ausdruck von Stolz auf die eigene Gruppe (Zugehörigkeitsgefühl, Identität), von deutlich ausgedrückter Hoffnung auf Änderung bzw. Erhalt des Status quo (je nach Thema), von Klarheit durch Einfachheit, Stärke sowie Zuversicht.

Genau dieses zweite Blatt, nämlich das emotionale (positiv wie negativ), ist für die Akzeptanz von – sachlich betrachtet – bestenfalls fadenscheinigen Inhaltsangeboten ausschlaggebend.

Der psychische Hintergrund für die Bereitwilligkeit (!), mit der sich Menschen durch Emotionen täuschen lassen, liegt darin, dass jeder Mensch sich prinzipiell gut fühlen will, also: stark, sicher, selbstwirksam, wertgeschätzt. Das gelingende Leben bzw. die Aussicht auf ein solches (Stichworte: beruflicher und beziehungstechnischer Erfolg, Gesundheit, Wohlstand, gesellschaftliche Akzeptanz) ist dabei der entscheidende Gradmesser für ein positives oder eben negatives Lebensempfinden. Wo Zuversicht, Steuerungsmöglichkeiten und Hoffnung in ein gelingendes Leben bedroht werden, entsteht Stress. Dieser wiederum zwingt zur Entscheidung zwischen Kampf (Feindbilder, Gewaltbereitschaft) und Flucht (Ignoranz, Abschottung). Hält der Stress an, so intensivieren sich diese Tendenzen.

In kritischen Situationen oder als bedrohlich empfundenen Zeiten vor die Wahl zwischen *Regress* oder *Progress* gestellt gewinnt auf Dauer, sofern eine Auseinandersetzung mit Problemhintergründen und Lösungsmöglichkeiten ausbleibt, der Regress im Sinne des Rückschritts auf archaische Verhaltensmuster. Echter Progress verlangt hingegen nach analytischer Auseinandersetzung und innovativer Problemlösung. Die beiden lösungsorientierten Verfahrensweisen, also die Analyse und die Innovation, hängen eng mit dem Willen zur intensiven Auseinandersetzung und mit der Fähigkeit, Zusammenhänge aus verschiedensten Perspektiven zu betrachten, ohne sofortige Schlussfolgerungen zu ziehen (= Ambiguitätstoleranz), zusammen. *Eine solche Haltung wiederum ist an Zuversicht und (Selbst-)Vertrauen gebunden, umso mehr, je größer die Probleme bzw. der Stress sind.* Nicht ohne Grund gewinnen psychopathisch, narzisstisch und machiavellistisch veranlagte Menschen (Stichwort: „Die dunkle Triade") in Krisenzeiten Wahlen und bleiben selbst dann noch unangefochten, wenn sie Grundwerte der westlichen Gesellschaft wie die Freiheit, Sicherheit und Gleichheit mit Füßen treten.

Viele Menschen empfinden die Welt derzeit als andauernd krisengebeutelt (Stichworte: Griechenland, Finanzkrise, Wirtschaftskrise, Flüchtlingskrise, Eurokrise etc.) oder als beständig krisengefährdet.

In der Krisenkommunikation herrscht ein Grundsatz: Führende – so auch führende Medien –, die Verantwortung zeigen, indem sie für negative Ereignisse und ebensolche Emotionen, für ihre Ursachen und Auswirkungen Sorge tragen, also mit eingehender Zuwendung und mit Sorgfaltspflicht agieren, werden als souverän und vertrauenswürdig wahrgenommen. Diese Gefühle von Vertrauen und Zuversicht zu vermitteln kann das Image eines Leitmediums nur stützen und fördern. Sie senken zugleich den Stresslevel der ZuseherInnen, und das ist ganz wesentlich für deren Aufnahmebereitschaft, was sachliche Information und Perspektivenwechsel betrifft.

Emotionen als Kompass

Wenn die Orientierung in der Welt über kognitive Prozesse (also entweder durch selbstständiges Denken oder durch den Nachvollzug logischer Argumente anderer) oder über Leitfiguren/Leitmedien nicht mehr als gelingend empfunden wird, übernehmen Befindlichkeiten (Stichwort: „Bauchgefühl", „Intuition", Vorurteile, Gewohnheiten) die Entscheidungshoheit darüber, wie auf Stressauslöser reagiert wird. Unreflektierten Menschen steht nur die Wahl zwischen Kampf und Flucht zur Verfügung.

Unter dem massiven und anhaltenden Einfluss von Stresshormonen gelingt nämlich eine sachliche Auseinandersetzung mit Problemhintergründen und Lösungsmöglichkeiten nur bei Menschen, die selbstbestimmt ihre Befindlichkeit verändern können. Sie verfügen über die Fähigkeit der Selbstwahrnehmung, etwa das Erkennen von ersten Stressanzeichen, noch bevor sie automatisch darauf reagieren. Dadurch erhalten sie eine Wahl, die über „Kampf/Flucht" hinausgeht. Eine dritte Möglichkeit quasi. Solche Menschen, in Selbstwahrnehmung und Selbstreflexion geübt, beherrschen etwa Mentaltechniken (z. B. mental trainierte SportlerInnen oder Meditierende), andere verfügen über langjährige Erfahrungen im Umgang mit herausfordernden Situationen, sind „abgebrüht", wieder andere sind ausgebildet (etwa Mediatoren, Konfliktmanager) und es gibt jene mit einer hohen emotionalen Intelligenz sowie ausgeprägten sozialen Kompetenzen (erworben durch familiäre Prägung, soziales Umfeld oder spätere Bildung). Natürlich können all diese für das Überleben in unsicheren Zeiten so wesentlichen Komponenten der Persönlichkeitsentwicklung erlernt, gefestigt bzw. immer weiter vertieft werden. Auch das könnte eine wesentliche gesellschaftspolitisch relevante Aufgabe von öffentlich-rechtlichen Medieninhalten sein. Im Sinne des Bildungsauftrages und seiner Spezifikation auf Kompetenzvermittlung liegt hier eine Riesenchance, etwa für den ORF, über die reine Wissensvermittlung hinaus effektiv seinen öffentlich-rechtlichen Auftrag zu erfüllen.

Betrachtet man das ORF-Gesetz und die darin festgelegten Aufträge genauer, etwa jenen der Förderung des Verständnisses für alle Fragen des demokratischen Zusammenlebens oder jenen der Förderung des Verständnisses für die europäische Integration, wird deutlich, dass dem ORF große gesellschaftspolitische Verantwortung zugeschrieben wird. Im Angesicht der sich derzeit spaltenden Gesellschaft (kurz gesagt: Regress und Abschottung versus Progress und offene Gesellschaft) liegt auf der Hand, dass Persönlichkeitsentwicklung, etwa durch die Steigerung von Resilienz und Lösungsfindungskompetenzen, wertvolle Teile des Bildungsauftrages sein können und sollten. Denn dort, wo nicht selbstbestimmt mit Stressoren umgegangen werden kann – und das betrifft derzeit leider die Mehrheit der Bevölkerung –, gewinnen jene, die das Spiel der emotionalen Manipulation beherrschen, an Aufmerksamkeit und Zuspruch. Eine Alternative dazu schlägt der vorliegende Artikel vor: ein Einsatz von gezielter emotionaler Dramaturgie, der ethisch solide fundiert ist (etwa durch die europäischen Grundwerte oder Grund- und Menschenrechte) und der kommunikationstechnisch transparent (durch Metakommunikation für Rezipienten verständlich und anwendbar) gemacht wird.

Die Aufgabe der (öffentlich-rechtlichen) Medien in einer VUKA-Welt

„Wo Autorität schwindet, tritt Macht an ihre Stelle", so Psychoanalytiker *Paul Verhaeghe*. Um etwa den „gesellschaftlichen Leuchtturm ORF" durch Zeiten strahlen zu lassen, in denen das einst als Monopol

angelegte, autoritär handelnde, öffentlich-rechtliche Mediensystem de facto schon lange nicht mehr existiert, gilt es, Machtübernahmetendenzen und Ohnmacht gleichermaßen zu entkommen bzw. ihnen aktiv durch neue Konzepte zu begegnen. Um sich kraftvoll (neu) zu positionieren und zu legitimieren, wird die breit aufgestellte Zusammenarbeit von Medium, Fachpersonal, ExpertInnen und RezipientInnen, die auf unterschiedlichsten Kanälen in Austausch treten, bereits eingehend diskutiert (Stichworte: „Public Open Space", „Netzwerkidentität", „öffentliche Dialoge" etc.). Die folgenden Ausführungen beziehen sich nun aber weniger auf mögliche zukunftsfähige Strukturen öffentlich-rechtlicher Medien oder auf effektive Finanzierungsformen als vielmehr auf die emotionale Dramaturgie von einzelnen Sendungsangeboten als Schlüssel zum Erfolg. Für die effektive ZuseherInnenbindung ist das Zusammendenken der verschiedenen oben genannten Stakeholder von essenzieller Bedeutung, so auch in der Sendungsgestaltung. Die Nähe am Menschen, die direkte Verbindung zu ihnen, wird durch Emotionen gewährleistet. Am besten nicht „von oben herab", sondern immer wieder durch dialogischen Austausch, um die Befindlichkeiten und Bedürfnisse auch zielgenau adressieren zu können. Das Anbieten fundierter *und* attraktiver Wissens- und Informationsvermittlung sowie das Ermöglichen einer für das alltägliche (Über-)Leben relevanten Orientierung hängen den obigen Ausführungen entsprechend also mit mehreren Aspekten zusammen, die über die Inhaltsebene hinausgehen bzw. tiefer in den Rezeptionsmechanismen der ZuseherInnen angesiedelt sind (Stichwort: „Emotio vor Ratio"). Folgende Faktoren entscheiden über das Generieren von Aufmerksamkeit, Akzeptanz und Relevanzempfinden von Sendungsangeboten:

Beziehungsebene: Glaub- und Vertrauenswürdigkeit von Medium und den sicht-/hörbaren **Medienvertretern**. Für die Akzeptanz von Medium und Medienvertretern sind fachliche und persönliche Kompetenzen, Sympathie (= Nähe zum und Attraktivität für den/die ZuseherIn) sowie Authentizität (= die Zuschreibung von Echtheit, erkennbar an inhaltlich, optisch und akustisch konsonanter Kommunikation) ausschlaggebend.

Sachebene: Klarheit der kommunizierten Inhalte. Kommunikation in nachvollziehbaren Bildern und mittels eingängiger Vergleiche, Metaphern und praktischen Beispielen, die Klarheit der Sprache sowie logisch stringente Argumentationsketten. Eindeutige „Wenn-dann"- und „Sowohl-als-auch"-Darstellungen, lokalisierbar in deutlich zugeordneten Kontexten. Emotionale Zuordnungen, die auf einem gesellschaftlich anerkannten, moralisch-ethischen Fundament beruhen, welches im Zweifelsfall mitkommuniziert wird (Stichworte: Migration, Mittelmeer und Menschen- bzw. Grundrechte). Den gesellschaftlichen Grundwerten (etwa in der Verfassung verankerte Basisausrichtung des Zusammenlebens sowie Grund- und Menschenrechte) entsprechende konsequente Positionierung des Kommunikators.

Gefühlsebene: emotionale Relevanz. Fühlt sich der kommunikativ vermittelte Inhalt wie eine starke Bedrohung oder wie eine große Bereicherung an? Werden intensive Gefühle aller Art hervorgerufen (siehe Gefühlspalette weiter unten)? Werden die hervorgerufenen Gefühle zu einem befriedigenden Gesamterlebnis zusammengeführt? Wird Vertrauen in die Zukunft glaubhaft transportiert?

Handlungsebene: persönliche Relevanz. Ist der vermittelte Inhalt dazu geeignet, die Selbstwirksamkeit und den Selbstwert zu steigern? Liefert er anwendbare Problemlösungen, erhöht er die eigenen Lösungsfindungskompetenzen, hebt er den eigenen Selbstwert an, ermöglicht er spürbares „Empowerment"?

Methoden der Emotionalisierung

Auf allen eben geschilderten Ebenen kann emotionale Dramaturgie stattfinden, am besten zugleich und in orchestrierter Form. Im Herzen der emotionalen Dramaturgie steckt jedenfalls die oben als Dritte genannte *Gefühlsebene*. Hier geht es im Wesentlichen darum, Menschen entweder *aufzuregen* oder *anzuregen* (= negativ oder positiv zu stimulieren) und sie nach dem berührenden Erstkontakt auf eine emotionale Reise mitzunehmen. Emotionale Wirkung kann besonders über Akustik (Stimme, Musik) und Optik (Körpersprache und Mimik, Dynamik, Haltung, Bildauswahl, Farben, Geschwindigkeit, Schnittformen etc.) erzeugt werden. Der sachliche Inhalt ist, zumindest was die Generierung von Aufmerksamkeit betrifft, Untersuchungen zufolge hinter Optik und Akustik drittrangig. Um Aufmerksamkeit zu generieren, ohne in Boulevard-Methodik zu verfallen, gilt es, zunächst gezielt (vorhandene) Irritationen emotional wirksam anzusprechen (ohne dabei zu übertreiben) und – völlig im Gegensatz zum Boulevard – diese Irritation in weiterer Folge in Orientierung (Sachebene) und positive Emotion (Gefühlsebene) zu transformieren. Die Sensationspresse generiert Aufregung, negative Emotion. Hochqualitative Medien können aus einer berechtigten Betroffenheit in eine berechtigte Hoffnung oder Lösungsperspektive überführen. Dieser Ansatz unterscheidet sich vom „konstruktiven Journalismus" dahingehend, dass jener zwar Probleme um Lösungsaspekte und Konflikte um die multiperspektivische Darstellung als Dilemmata erweitert, jedoch neben der prinzipiell „positiven" Ausrichtung (Stichwort: „positive Psychologie") die im vorliegenden Artikel anvisierte schrittweise emotionale Transformation nicht explizit behandelt. Die sachlich begründete emotionale Transformationsleistung wäre daher eine neuartige Chance für (öffentlich-rechtliche) Medien, gesellschaftliche und individuelle Relevanz zu konstituieren.

Die gebotene Beitragslänge dieses Artikels ermöglicht an dieser Stelle nur einen Überblick über die Stationen und Zugänge zu emotionaler Dramaturgie. Die angegebenen Punkte verstehen sich als Transformationszyklen, die jeweils von einer Irritation hin zu Information bzw. Innovation (Erkenntnisgewinn bzw. Kompetenzzuwachs für ZuseherInnen) führen. Sie können in Nachrichtenmeldungen oder in längeren Beiträgen bis hin zu Dokumentationen Anwendung finden. Der Weg sieht das Nutzen von Irritationen zur Transformation auf der Ebene von *Sinn* in Erkenntnisgewinn (über sich selbst, die Gesellschaft und/oder die Weltvorgänge) sowie auf der Ebene von *Sinnlichkeit* in (ein) Wohl(eres)gefühl vor.

Ausgangssituation:

- *Vom Stress* (Problemfokus mit Bedrohungsaspekt) → zunächst *in Entspannung* (= Beenden von Kampf/Flucht-Modus, damit Eröffnen der Bereitschaft zu vertiefenden, ungewohnten Sicht- und Verhaltensweisen) überführen

Sachebene:

- *Aus der Orientierungslosigkeit* → *in die Klarheit* über Zusammenhänge und Hintergründe sowie mögliche Schlussfolgerungen und Zukunftsszenarien führen

- *Von der* undurchschaubaren oder auf Einseitigkeit reduzierten *Oberfläche* → durch klare Kommunikation nachvollziehbar in die Komplexität und *in die Tiefe* führen

Emotionsebene (allgemein):

- *Diffuse Angst* (vor den Entwicklungen in Gegenwart und vor der Zukunft) → *in begründete Hoffnung* verwandeln (nach dem Prinzip der Verantwortlichkeit: „Wir können Gegenwart und Zukunft gestalten.")

- *Vom Gefühl der Schwere* (Aussichtslosigkeit, Hoffnungslosigkeit, Verzweiflung) → *in ein Gefühl der Leichtigkeit* („Bewältigbarkeit des Lebens") finden helfen

- *Negative Grundhaltungen* (etwa Ablehnung: „Das geht nicht." oder Widerwille: „Das will ich nicht.") → schrittweise *in positive Haltungen* (etwa Zuversicht: „Das ist machbar." oder Interesse: „Das ist spannend.") verwandeln

Emotionsebene (spezifisch):

Die Intensität negativer Emotionen schrittweise spürbar und nachvollziehbar *reduzieren*. Ein Beispiel: Auf der Skala des Grundgefühls „Ärger" ist das Gefühl der „Raserei" am intensivsten und das Gefühl, „belästigt zu werden", am wenigsten intensiv. Dazwischen liegen die folgenden Gefühlswelten: Frustration, Empörung, Streitlust, Verbitterung und Rachsucht. Behandelt ein Beitrag nun etwa einen Terrorakt, so kann er von mehreren Seiten beleuchtet werden: von der Trauer um die Opfer (die ebensolche Abstufungen kennt wie die Wut) und von der Aggression auf Täterseite und gegen diese. Mit jedem Satz, jedem Bild und mithilfe von Tonfall und Körpersprache können die Emotionsstufen unterschiedlich intensiv (und zwar von der intensivsten zur am wenigsten intensiven Stimmung) dargestellt und zugleich die Hintergründe der jeweiligen Emotionsschattierungen erklärt werden. Den Abschluss können dann etwa positiv konnotierte Hilfsangebote für Betroffene oder Informationen über Initiativen zur Terrorprävention machen.

Negative Emotionen → in positive Emotionen verwandeln. Negative Empfindungen abzubauen bzw. in positive Emotionen zu überführen heißt, beispielsweise die folgenden Emotionen schrittweise sinnhaft logisch und sinnlich spürbar evozieren zu können: Hoffnung, Überraschung, Freude, Stolz (nicht exklusiver, also ausschließender Stolz, sondern inklusiver, einschließender Stolz), Kraft (dazu zählt Macht etwa in Form von Selbstermächtigung, Selbstwirksamkeit, sowie Abenteuer und anregende Aufregung), Interesse und Neugier, Intensität und Entspannung. Ein Beispiel: Die Kommunikation neuer oder geänderter Verordnungen (wie die DSGVO oder Registrierkassenpflicht) löst oft Gefühle der Frustration, Fremdbestimmung und Ohnmacht aus bzw. bestätigt Vorurteile („die da in Brüssel"), welche allesamt in Widerwillen und Abwehr münden können. „Abneigung" ist die erste Stufe (jene mit der geringsten Intensität) auf der „Ekel-Skala". Die Vorurteile anzusprechen (wie viele und welche Staaten haben warum eine Entscheidung getroffen, welchen Anteil hat Österreichs Regierung bei der Form der Umsetzung etc.) ist ein sachlicher Zugang. Die Abneigung selbst zu adressieren ist darüber hinaus aber notwendig, um einen transformativen Schritt zu machen. Dazu kann einerseits dargestellt werden, warum ungeplante Veränderungen Menschen stressen und zu Widerwillen/Abwehr führen. Andererseits können Tonalität und Bildsprache die Darstellung der negativen Gefühlswelt glaubhaft unterstützen. Danach können die Bedingungen angesprochen werden, unter denen Veränderungen schneller angenommen werden, z. B. der Nutzen für den Einzelnen und praktische Tipps zur Aufwandsverringerung. Den Abschluss sollte ein positives Gefühl machen, etwa „Erleichterung" (übrigens auf der mittleren Stufe der Grundemotion „Freude" zu finden).

Ziele auf der emotionalen, inhaltlichen und persönlichen Ebene:

- *Von der Emotionsebene kommend*, indem negative Haltungen und Emotionen reduziert und in positive(re) Haltungen und Emotionen transformiert werden → *Interesse und Akzeptanz für Argumente auf der Sachebene erhöhen*

- *Vom (Gefühl der) Selbstunwirksamkeit* (Ohnmacht, Entscheidungslosigkeit, fehlende Wahl- und Handlungsmöglichkeiten) *kommend* → *Lösungsfindungskompetenzen entwickeln*

- *Vom Gefühl, dass es mit der Welt insgesamt bergab* geht → neue *Zuversicht in und Kraft für Lösungen generieren*

Die emotionalen Transformationen gelingen, wenn Hoffnung und Zuversicht auf der Inhalts-/Sachebene qualitativ hochwertig begründet werden und zugleich der Weg von Negativität zu Positivität auf optischer und akustischer Ebene spürbar vermittelt wird. Ratio und Emotio gehören also gemeinsam in der inhaltlichen, optischen und akustischen Gestaltung bedacht – und beim Transformationsziel gemäß sinnvoll eingesetzt. Die Sachebene wird bei einem öffentlich-rechtlichen Medium naturgemäß möglichst hochqualitativ abgedeckt. Es ist jedoch die emotionale Ebene, die über die wahrgenommene Relevanz des Angebots bei der breiten Masse und letztendlich über die langfristige ZuseherInnenbindung derselben entscheidet. Im Sinne der ZuseherInnenbindung ist dann auch der Abschluss eines jeden Beitrages sinnvollerweise emotional befriedigend gestaltet. Befriedigung erzeugt, was, wie weiter oben erwähnt, den Selbstwert, das Gefühl der Selbstwirksamkeit und das Selbstbewusstsein im Sinne der eigenen Selbstreflexion und Selbsterkenntnis erhöht.

Zusammenfassung und Conclusio

„Public Value" und „Publikumsnutzen" werden üblicherweise nicht deckungsgleich verstanden. Bis jetzt. Wenn (öffentlich-rechtliche) Medien anerkennen, dass ihre Aufgabe auch sein könnte, RezipientInnen dahingehend zu begleiten, dass letztendlich eine Wandlung vollzogen wird – aus einer sich spaltenden Gesellschaft des Gegeneinanders zu einer des Diskurses und der emotionalen Auseinandersetzung fähigen Gesellschaft –, dann können sich „Public Value" und „Publikumsnutzen" auch für die breite Masse sinnvoll treffen. Dazu braucht es Vertrauen und Zuversicht auf beiden Seiten des Mediums, in den Redaktionen und beim Publikum. Zudem braucht es andere Strategien des Kommunizierens. Kommunikation, die betrifft, berührt – und verändert. Zur Selbsterkenntnis verhilft, Selbstwirksamkeit fördert, Selbstwert steigert, Lösungsfindungskompetenzen vermittelt.

Sex, Geld und Macht" gelten als klassische Themen, um breite Aufmerksamkeit zu erregen und bedürfnisorientierten Kundennutzen zu generieren. Menschen möchten erfolgreich und zufrieden sein, also ein erfüllendes Beziehungsleben haben, eine strahlende Karriere erleben – oder zumindest das Überleben meistern – und das Gefühl haben, selbstbestimmt leben zu können. Aber der Weg dorthin, also zu einem gelingenden Leben, führt heute zeitbedingt durch Neuland. Früher hieß es „Information ist Macht". „Information" gibt es aber mittlerweile überall im Netz. „Wissen" und „Wahrheit" werden zunehmend individuell oder gruppenspezifisch, jedenfalls perspektivisch wahrgenommen, auf die entsprechenden Bezugsrahmen zu achten wird dabei oft auf der Userseite wie auf der Medienseite vergessen. Emotionen bestimmen letztendlich, was als individuell relevant empfunden wird und Aufmerksamkeit bekommt. Emotionen, die mit einer gewissen Gratifikation einhergehen (dabei ist zu verstehen, dass etwa die Sensationslust oder das Fremdschämen dem Selbstwertaufbau dienen), erhalten dabei den Vorzug. Es ist schlichtweg sinnvoll, die Befindlichkeit von ZuseherInnen mit zu bedenken und gezielt zu bedienen, auch um der Gesellschaft letztendlich bestmöglich nützlich sein zu können. Denn wer mit Zuversicht in die Zukunft, auf sich und die Welt blickt, wird eher Verantwortung übernehmen, in Dialog treten und Lösungen finden oder umsetzen wollen, statt Probleme zu intensivieren. Psychohistorisch gesehen leben wir heute in einer Welt, in der Menschen in der Lage sind, diverse Krisen *innerpsychisch* verarbeiten zu können, anstatt sie gewaltsam nach außen projizieren zu müssen, um sie zu bearbeiten. Sobald die Gesellschaft mehrheitlich aus sich als selbstwirksam empfindenden Individuen besteht, stehen die Chancen höher, konstruktiv mit den unwägbaren Herausforderungen der Gegenwart und Zukunft umzugehen.

Eine gezielte emotionale Kommunikation hat natürlich nicht nur einen gesellschaftlichen, sondern zunächst einmal zutiefst individuellen Nutzen. Um auf die oben angeführten Themen „Sex, Geld und Macht" einzugehen: Wer Selbstwert hat, bekommt eher Sex. Wer selbstwirksam ist, bekommt mehr Macht, zumindest einmal über sich selbst. Und Geld hat, wer versteht, wie er selbst und die Welt funktionieren. Wer entsprechende Emotionen erzeugen kann, bekommt Aufmerksamkeit. Der Versuch emotionaler Neutralität in der Wissens- und Informationsvermittlung verstärkt andererseits mitunter die Orientierungslosigkeit und das Desinteresse auf ZuseherInnenseite. Der individuell spürbare und gesellschaftliche

Nutzen der Informationsvermittlung alleine reicht heute nicht mehr, um als relevantes Medium wahrgenommen zu werden. Der Zugang von „Objektivität" zu sachorientierten und wissensvermittelnden Berichterstattungen könnte daher gezielt um die emotionale Dimension vertieft werden. Sie ermöglicht Identifikation und eine spürbare Auseinandersetzung mit den Themen unserer Zeit. „Emotionale Dramaturgie" befasst sich mit dem sinnhaft nachvollziehbaren *und* sinnlich spürbaren Transformationsprozess, der mediale Angebote am besten gezielt, ethisch fundiert und transparent erweitert und vertieft.

7.4
Achtsam in der Arbeitswelt: ein Schlüssel zum Glück

Susanne Strobach

Dieser Artikel handelt von Achtsamkeit oder – „businessmäßiger" formuliert – von *Mindfulness*. Im Jahr 2007 gab es weltweit ungefähr 100 Publikationen zum Thema Achtsamkeit in wissenschaftlichen Journalen, bis 2015 stieg die Zahl auf mehr als 600 Beiträge pro Jahr an, Tendenz steigend. Der Trendforscher Matthias Horx spricht sogar von einem Meta-Mega-Trend Achtsamkeit, da 9 von 14 Megatrends in Verbindung zu Achtsamkeit stehen.

Dank wissenschaftlicher Untersuchungen und Forschungen in Neurowissenschaften, Medizin und Psychologie ist das Thema längst aus der „Esoterikecke" draußen und Achtsamkeitstrainings mit unterschiedlichen Schwerpunkten halten Einzug in Kindergärten, Schulen, im Gesundheitswesen, im Handel, im Dienstleistungssektor, in Vereinen, in der Politik, in Teams, in Büros ...

Was genau steckt hinter diesem magischen Wort? Und was hat es mit unser aller Leben zu tun?

Jon Kabat-Zinn, der wesentlichen Anteil daran hat, dass Achtsamkeit den Weg aus dem spirituellen Rahmen ins Säkulare gefunden hat, definiert sie so: „Achtsamkeit bezeichnet die Fähigkeit, seine Aufmerksamkeit bewusst auf den Augenblick zu lenken und halten zu können, ohne dabei die eigenen Wahrnehmungen zu bewerten."

Beobachten, ohne zu bewerten. Wohl eine der größten Herausforderungen im Alltag, wo unser Gehirn doch ständig vergleicht und bewertet.

Wir leben in einer Zeit, die den Eindruck vermittelt, tagtäglich schneller zu werden. Nicht im Sinne von dynamisch kraftvoll, sondern mehr von Ich-schaffe-das-alles-nicht-mehr.

Multitasking wird immer noch erwartet, obwohl längst bekannt ist, dass unser Gehirn das gar nicht kann. Es „switcht" nur sehr schnell zwischen einzelnen Aufgaben ... und das erschöpft uns letztlich. Unsere Kommunikation wird durch SMS, WhatsApp und E-Mail immer schneller, die sprachliche Ausdrucksfähigkeit schrumpft im Gegenzug dazu immer mehr zusammen, selbst für höfliche Anreden und Grußfloskeln bleibt sogar im Business-Kontext immer weniger Zeit.

Jeder will etwas und das sofort – die Kunden, der Chef, die Kollegin, die Partnerin, die Kinder, die Eltern, die Freunde, die Schule ... immer mehr Menschen schlittern ins Burnout, erkranken ernsthaft oder leiden stressbedingt unter psychischen Problemen.

Lassen Sie mich an dieser Stelle einen kleinen Ausflug in die Neurowissenschaften machen:

Wir haben in unserem Gehirn einen kleinen, mandelförmigen Teil, die Amygdala. Sie scannt ständig (auch nachts), ob irgendwoher Gefahr droht. Wenn sie nun etwas wahrnimmt, das ihr bedrohlich erscheint, also uns (emotionalen) Stress macht, meldet sie dem Hypothalamus: „Gefahr!". Der Adrenalinspiegel steigt. Der Hypothalamus schickt ein Signal an die Nebenniere: „Wir brauchen Cortisol!" Die Nebenniere fährt sofort das Immunsystem und das Verdauungssystem runter, weil sie die Energie nun braucht, um das Anti-Stress-Hormon Cortisol zu produzieren.

Sobald sich geklärt hat, dass es nur „blinder Alarm" war (weil das nächtliche Geräusch von der Katze und nicht vom Einbrecher kam oder Sie nur zum Chef zitiert wurden, weil Sie ein neues Projekt leiten sollen und nicht die Fristlose ins Haus steht), geht die Aufregung zurück, Cortisol und Adrenalin sinken wieder.

Wenn jedoch der nächste Anlass für Ärger oder Stress auftaucht, kaum dass Zeit war, nach dem ersten Anlass alle Systeme

„runterzukühlen", bleiben alle Stresshormone auf hohem Level und wir befinden uns in einer Art Daueranspannung, die langfristig dem Körper massiv schadet (Verdauungsprobleme, Schlafstörungen, ständig wiederkehrende Entzündungen wie Fieberblasen, Erkältungen, Hautprobleme sind erste mögliche Anzeichen).

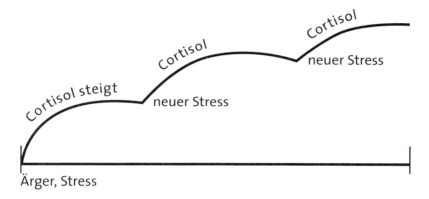

Cortisolkurve geht nie ganz nach unten, weil ständig neue Stressauslöser auftauchen.

Ein anderes Beispiel aus den Neurowissenschaften, diesmal aus dem weiten Feld unserer Emotionen: Unser Gehirn bekommt einen Reiz; das kann ein Geräusch sein, ein Lichtimpuls, das Hochziehen einer Augenbraue unseres Partners, ein Geruch, ein unbedacht geäußertes Wort unseres Gegenübers, eine WhatsApp-Nachricht mit Herzen und Smileys ... All das löst eine Emotion aus. Diese Emotion selbst dauert nur wenige Sekunden. Was das Drama in Gang setzt, ist der auf diese erste Emotion folgende *GEDANKE*. Dieser und alle daraus folgenden Gedanken sorgen für unser Gefühl, also dafür, ob wir uns gut oder schlecht fühlen, ob wir uns einsam und ausgegrenzt oder als Teil eines großen Ganzen fühlen, ob wir vor Freude Luftsprünge machen wollen oder uns unter der Bettdecke verkriechen und nie mehr hervorkommen wollen.

1. Reiz, Impuls ➡ 2. Emotion (max. 90 Sekunden!) ➡ ➡ 3. Gedanke ➡ 4. Gefühl

Hiermit ist die Ursache entlarvt: Unsere Gedanken sind verantwortlich dafür, wie wir uns fühlen! Tja, und wer ist verantwortlich für unsere Gedanken? Genau, nur wir selbst!

Stellen Sie sich vor, Sie kommen von einem anstrengenden Arbeitstag nach Hause, sind müde und hungrig und freuen sich auf einen ruhigen Abend im Kreise Ihrer Liebsten. Schon beim Aufsperren der Wohnungstüre dröhnt Ihnen aus dem Zimmer Ihres Teenagersohnes ohrenbetäubende Musik (oder was er so empfindet) entgegen, im Vorzimmer stolpern Sie über achtlos hingeworfene Schuhe und Rucksäcke, in der Küche das blanke Chaos aus schmutzigem Geschirr, Milch, die anstatt im Kühlschrank auf der Anrichte steht, und Brot, das außerhalb der Brotdose vor sich hintrocknet. Der Geschirrspüler ist nicht ausgeräumt, der Müllkübel quillt über und der Biokübel ist aufgrund der hohen Außentemperaturen schon Futter- und Brutstelle diverser Mücken geworden. Viele Reize, die Sie da im wahrsten Sinn des Wortes „reizen". Ich nehme an, Ihre erste Emotion ist Ärger. Und jetzt passiert im Gehirn Folgendes: Es reagiert auf diesen Ärger in Bezug auf Ihren Sohn und liefert weitere Erinnerungen an Situationen, in denen Sie sich auch über Ihren Sohn geärgert haben. Mark Williams spricht hier so treffend davon, im „emotionalen Treibsand" zu versinken. Und wenn Sie sich ein ähnliches Szenario im Paarbeziehungsalltag vorstellen, folgt der Moment, wo Sie Ihrem Partner „alte Geschichten" an den Kopf werfen und er sich wiederum ärgert und meint: „Ich dachte, das Thema hätten wir längst abgeschlossen!?"

Und hier die gute Nachricht: Unser Gehirn ist lernfähig! Es entwickelt sich dorthin, wohin wir unsere Aufmerksamkeit richten. Die Qualität und die Bewertung MEINER GEDANKEN verändert MEIN GEHIRN. Sie finden hier zwei wichtige Begriffe: „Bewertung" und „Qualität" meiner Gedanken. Auch wenn wir glauben, das Gehirn ist der schlaue Teil unseres Körpers, ganz so ist es nicht!

Es glaubt nämlich, was WIR ihm sagen! Unser Gehirn kann nicht unterscheiden, ob etwas real ist oder nicht. Wenn ich mich vor den Spiegel stelle, mich anstrahle und sage „Ich werde mit jedem Tag hübscher", dann glaubt das mein Gehirn und setzt alle damit verbundenen Hormone im Körper in Gang (womit ich dann auch wirklich immer hübscher werde ☺).

Wenn mich nachts ein Geräusch erzittern lässt und ich mir im Kopf ausmale, dass der Einbrecher durch das Haus schleicht – mein Gehirn glaubt es. Wenn ich mich vor dem nächsten Arbeitstag fürchte – mein Gehirn glaubt es. Wenn ich mich auf den nächsten Arbeitstag freue – mein Gehirn glaubt es.

Der erste Schritt ist daher, innezuhalten und mir meiner Gedanken bewusst zu werden. Jetzt, in diesem Moment, was geht mir durch den Kopf? Fühlt sich der Gedanke gut an? Mache ich mir Sorgen? (Bei Sorgen haben Sie schon die oben beschriebenen Stressaktivitäten im Körper in Gang gesetzt.)

Meditieren bedeutet nicht, dass Sie keine Gedanken mehr haben. Im Gegenteil: Gedanken tauchen immer wieder auf und wer mit Meditation beginnt, bemerkt zuerst einmal, wie viele Gedanken den ganzen Tag über auftauchen! Sie nehmen sie jedoch mit der Zeit auch nur mehr als Gedanken wahr. Als Gedanken und nicht länger als Realität. Denn Gedanken sind nicht mehr als Konstrukte, die sich ständig verändern. Denken Sie nur an Ihre erste Verliebtheit, alles war rosarot. Als Scheidungsmediatorin kann ich Ihnen sagen, dieselben Dinge, die Sie so liebenswert und „süß" am anderen finden, bringen Sie Jahre später auf die Palme. Der andere ist nicht anders, sein Verhalten ist nicht anders. Ich bewerte nur alles anders. Und aufgrund meiner Bewertung folgen meine Handlungen.

Ich nehme meine Gedanken wahr. Ich erkenne, das macht mir Stress, Angst, Sorgen. Ich atme bewusst aus und ein. Mit jedem Atemzug distanziere ich mich von meinem Gedankenkarussell.

Ich erkenne auch, wie viele Gedanken von außen auf mich einströmen – die Ängste meiner Kolleginnen und Kollegen, der Druck, den die Vorgesetzten weitergeben, die Erwartungen in der Partnerschaft, die Wünsche der Kinder, die Hoffnungen der Eltern. Ich sehe rund um mich Menschen mit denselben oder ähnlichen Sorgen, Ängsten und auch Hoffnungen und Freuden, wie ich sie habe. Die unterschiedlichen Strategien bringen uns manchmal in Konflikt. Auch das darf sein.

Achtsamkeit hat einen starken Fokus darauf, sich zuerst bewusst zu machen, welche Gedanken „automatisch" bei mir auftauchen. Welches „Gedankenkarussell", welcher „Autopilot" setzt bei mir in welchen Situationen ein? Wir beobachten das, ohne es zu bewerten. Die Absicht dahinter ist, sich selbst besser kennenzulernen. Wie „ticke" ich? Welche Gedanken tauchen bei mir – vielleicht immer wieder – auf? Welche Gedanken führen zu welchen Gefühlen und damit zu welchen Handlungen?

Und im nächsten Schritt trainieren wir, diesen „Autopiloten" zu unterbrechen, bewusst einen anderen Gedanken zu wählen, um so anders handeln zu können und andere Ergebnisse zu erzielen. Indem ich mir bewusst mache, dass es ausschließlich um das „Hier und Jetzt" geht, um das aktuelle Ereignis, kann ich auch aus meiner „Opferrolle" aussteigen und selbstwirksam werden, neue Handlungsspielräume entdecken, andere, für mich und andere „heilsamere" Muster entwickeln.

Ein weiterer Aspekt eines achtsamen Lebens ist der des Mitgefühls. Untersuchungen haben ergeben, dass es zwei Grundbedürfnisse gibt, die allen Menschen, gleich welcher Kultur, welchen Alters, welchen Geschlechts, welcher Hautfarbe sie angehören, gemeinsam sind: das Bedürfnis nach Entwicklung/Wachstum und das Bedürfnis nach Zugehörigkeit.

Wenn wir mit anderen Menschen Mitgefühl haben, fühlen wir uns gut, weil wir damit gleichzeitig unser Bedürfnis nach Verbundenheit, nach Zugehörigkeit nähren. Mitgefühl gibt uns das Gefühl, Teil von etwas Größerem zu sein. Es bringt uns weg vom Grübeln, von den Sorgen und Gedanken, die nur um uns selbst kreisen. Mitgefühl bringt uns in Kontakt mit der Welt.

Aus wissenschaftlicher Sicht ist erwiesen, dass echte Anteilnahme am Wohlergehen anderer und das Unterstützen anderer im Gehirn das Belohnungszentrum aktivieren und große Mengen Endorphine ausschütten, in der Fachsprache auch „helper's high" bezeichnet, das „Hochgefühl des Helfenden".

Mitgefühl hat nichts zu tun mit Mitleid. Wenn ich mit dir mitleide, geht es uns beiden schlecht. Mitgefühl (Compassion) bedeutet, achtsam wahrzunehmen, dass der andere gerade Kummer oder Sorgen hat, leidet. Es bedeutet, sich hineinversetzen zu können, dass diese Situation für den Betroffenen wirklich schlimm ist, vielleicht sogar als lebens- oder existenzbedrohend wahrgenommen wird. Dabei gebe ich keine guten Ratschläge („Du solltest …"), schwäche nichts ab („Das wird schon wieder!") und verstärke nichts („Na den Kerl würde ich auch umbringen wollen!"). Ich bin ganz beim anderen. Nehme nur wahr, wie es dem anderen gerade geht. Bin präsent. Gleichzeitig bin ich mir meiner Betroffenheit, meiner Gedanken und meiner Gefühle bewusst. Ich kann sie wahrnehmen, ohne sie zu bewerten, ohne selbst in einen Strudel der Emotionen zu geraten.

In unseren westlichen Kulturen hat Mitgefühl noch einen zweiten Aspekt, und zwar den des Selbstmitgefühls (Mindful Self Compassion). Wir alle führen von Zeit zu Zeit innere Dialoge der Selbstkritik und des Selbstzweifels. Das Einzige, was uns diese Selbstkritik bringt, ist das Gefühl der Angst, das Gefühl, wertlos zu sein, und die Illusion, Dinge unter Kontrolle zu haben. Beides trifft nicht zu.

Das Einzige, das uns wirklich hilft, in Situationen, wo sich alles gegen uns verschworen hat, wo uns alle auf die Nerven gehen, wo nichts so gelingt, wie wir es haben möchten, ist: **Selbstmitgefühl**.

- ZUERST achte ich auf mich. Und ich stelle vielleicht fest, heute ging einiges schief. Ich stelle fest, das lässt mich an mir und meiner Kompetenz zweifeln. Ich stelle fest, es macht mich traurig und unsicher.
- Ich stelle fest, ich habe gerade mehr zu bewältigen, als ich glaube schaffen zu können.
- Ich beobachte nur, welche Gefühle gerade da sind: Trauer, Ekel, Scham, Angst, Verzweiflung, Hoffnungslosigkeit, Resignation …
- Ich beobachte, wo im Körper diese Gefühle Resonanz erzeugen.
- Ich beobachte, ohne zu bewerten.
- Ich umsorge mich liebevoll selbst.

„Selbstmitgefühl bedeutet, in den Momenten, in denen wir leiden, für uns selbst so zu sorgen, wie wir es für einen geliebten Menschen tun würden."
Kristin Neff

Selbstmitgefühl **verstärkt unser Erleben von positiven Gefühlen.** Je mehr Mitgefühl Menschen für sich empfinden, desto zufriedener sind sie mit ihrem Leben, desto verbundener fühlen sie sich mit anderen Menschen, desto höher ist ihre emotionale Intelligenz, ihr Glücksempfinden, ihr Optimismus, ihre Weisheit und ihre Neugierde.

Studienergebnisse zeigen eindeutig, dass Selbstmitgefühl mit deutlich gesteigertem **emotionalen Wohlbefinden** und erhöhter Widerstandsfähigkeit einhergeht.

Im Gegensatz zum Selbstwert, der stark auf Anerkennung von anderen beruht, **motiviert und ermutigt** uns Selbstmitgefühl von innen heraus auch nach einem Misserfolg, unser Ziel zu verfolgen und uns zu verbessern. Es erlaubt uns unsere Probleme klar zu sehen, uns unsere Schwächen einzugestehen und im Einklang mit unseren Werten **unser Potenzial zu entfalten – ohne Angst zu versagen.** Es fällt selbstmitfühlenden Menschen leichter, eine **Diät einzuhalten** (und einzelne Ausrutscher zu genießen ☺) und **mit dem Rauchen aufzuhören.** In der Partnerschaft zeigen selbstmitfühlende Menschen mehr emotionale Verbundenheit und Akzeptanz, fördern den Partner in dessen Selbständigkeit, gehen besser mit Konflikten um und sind **zufriedener mit ihren Beziehungen.** Selbstmitgefühl scheint auch **gegen Burnout in helfenden Berufen** zu schützen.

Für ein achtsames Leben gilt es, bestimmte Qualitäten intensiv zu schulen:
- Nichtwerten
- Geduld
- Nichts erzwingen wollen
- Den Anfängergeist bewahren, d. h. sich auf jede Begegnung, jede Situation einzulassen, als würden wir sie zum ersten Mal erleben, einem Menschen zum allerersten Mal begegnen.
- Vertrauen
- Akzeptanz
- Loslassen

Mittlerweile finden sich in dieser Liste von zu intensivierenden Haltungen auch:

- Mitgefühl
- Sanftmut
- Großzügigkeit
- Liebende Güte
- Dankbarkeit

Im Folgenden möchte ich ein paar Achtsamkeitsübungen vorstellen, mit denen wir und unsere Teilnehmerinnen und Teilnehmer immer wieder gute Erfahrungen machen und die einen Einblick in das weite Feld der unbegrenzten Anwendungsmöglichkeiten von Achtsamkeit im Alltag geben sollen. Achtsamkeit ist nichts, was Sie zusätzlich Zeit kostet! Achtsamkeit verhilft Ihnen zu mehr Genuss, mehr Lebensfreude, mehr Tiefe in Ihren Beziehungen, sie hilft Ihnen mit Stress besser umzugehen und gesund zu bleiben. Viele Gründe also, um sie in alle Handlungen unseres Tages zu integrieren.

Um sich die Wichtigkeit des Themas zu verdeutlichen, machen Sie folgende kleine Übung „Aktivitätenliste":

AKTIVITÄTENLISTE

Erstellen Sie eine Liste all Ihrer Aktivitäten vom Zeitpunkt Ihres Aufwachens an bis jetzt. Für wie viele davon können Sie wirklich sagen, dass sie sie ganz bewusst und geistig präsent (= ohne an etwas anderes zu denken) ausgeübt haben? Können Sie einschätzen, wie weit Sie wirklich aufmerksam waren und was Sie gleichzeitig gemacht (oder gedacht) haben?

ACHTSAM
KEITS
AKADEMIE
WE WORK THE MINDFUL WAY

Dauer: ca 5 Min.

Aktivität	Grad Ihrer bewussten Aufmerksamkeit dabei in %	Was haben Sie gleichzeitig getan/gedacht?

Sie benötigen dafür nur ein Blatt Papier und einen Stift.

Machen Sie auf dem Papier drei Spalten (siehe Grafik) und tragen Sie in die linke Spalte ein, was Sie heute vom Aufstehen in der Früh bis JETZT alles schon gemacht haben. In die mittlere Spalte schreiben Sie, mit wie viel Prozent Ihrer Aufmerksamkeit Sie bei der Sache waren, und in die rechte Spalte, was Sie gleichzeitig gemacht oder gedacht haben. Listen Sie wirklich ALLE Tätigkeiten auf.

- Haben Sie während des Duschens oder Zähneputzens schon an die Termine des bevorstehenden Tages gedacht?
- Haben Sie während des Frühstücks Zeitung gelesen oder lief das Radio *nebenbei*?
- Haben Sie beim Kaffeekochen mit Ihrer Partnerin diskutiert oder am Handy Ihre Mails gecheckt? Haben Sie beim Morgenspaziergang mit Ihrem Hund schon mit dem Büro telefoniert?
- Haben Sie zu Ihrem Kind gesprochen, gleichzeitig Frühstück zubereitet und waren in Gedanken schon am Arbeitsplatz?
- Mit wie viel Prozent Ihrer Aufmerksamkeit sind Sie Auto gefahren?
- Wo waren Sie wirklich ganz PRÄSENT? Mit all Ihren Sinnen im HIER und JETZT?

Die morgendliche Dusche ist erfrischender und erholsamer, wenn Sie den Wasserstrahl bewusst auf Ihrem Körper spüren, den Geruch Ihres Duschbades wahrnehmen, spüren und sehen, wie das Volumen des Duschschaums durch die Bewegung Ihrer Hand zunimmt und Sie Ihre Haut und die Rundungen Ihres Körpers mit den Händen spüren.

Ihr Kaffee schmeckt und wirkt intensiver, genussvoller, sinnlicher, wenn Sie ihn mit ganzer Aufmerksamkeit machen, den Geruch der Bohnen oder des Pulvers wahrnehmen und aus der sonst vielleicht achtlos nebenbei getrunkenen Flüssigkeit Ihr ganz persönliches „Ristretto-Retreat" machen (siehe nächste Übung).

Ristretto-Retreat

- Wie häufig trinken Sie Kaffee? Einmal, zweimal, fünfmal am Tag?
- Wie häufig trinken Sie Ihren Kaffee wirklich achtsam?
- Drei Minuten, in denen Sie Ihre Aufmerksamkeit ganz auf Ihre Sinne konzentrieren.
- Drei Minuten wohlfühlen, entspannen, sich spüren.

Über die Vorfreude auf den kommenden Genuss produziert unser Gehirn Dopamin, das wiederum Glücksgefühle auslöst und Ihre Merkfähigkeit verstärkt. Also durchaus keine Zeitverschwendung!

Wenn Sie Ihren Kaffee selbst zubereiten, vielleicht in einer Siebträgermaschine oder einer italienischen Espressomaschine, machen Sie daraus ein kleines Ritual. Öffnen Sie die Kaffeedose, schließen Sie die Augen und nehmen Sie den Geruch des Kaffees ganz bewusst wahr. Spüren Sie, wie im Mund der Speichelfluss beginnt und Ihr ganzer Körper sich entspannt. Machen Sie ein, zwei Atemzüge mit geschlossenen Augen. Dann geben Sie sorgsam das Pulver in die Maschine und sehen Sie zu, wie die braune Flüssigkeit in Ihre Tasse rinnt, eine helle Crema bildet. Schenken Sie dieser einen Tasse Ihre ganze Aufmerksamkeit.

Hat sich der Geruch verändert im Vergleich zum ungebrühten Kaffee? Je nach Vorliebe, geben Sie Zucker oder Milch(-schaum) dazu und …

… erfreuen Sie sich ein paar Sekunden nur am Aussehen Ihrer vollen Kaffeetasse, seien Sie dankbar, dass Sie die Möglichkeit haben, JETZT diese Tasse herrlicher Flüssigkeit zu trinken. Dass Sie sich JETZT diesen Moment schenken. Er gehört nur Ihnen. JETZT in diesem Moment ist alles gut.

Egal, wo Sie gerade stehen, schließen Sie die Augen und nehmen Sie den ersten Schluck. Schmecken Sie die Intensität der Kaffeebohnen, die in der Natur gewachsen, in der Sonne gereift, bei der richtigen Temperatur geröstet, gemahlen und zu Ihnen gebracht wurden.

Spüren Sie vielleicht das Zerplatzen der Bläschen des Milchschaums auf Ihrer Oberlippe, bevor die Flüssigkeit Ihren Mund erreicht. Spüren Sie die Temperatur, vielleicht die Süße Ihres Kaffees.

Der Geschmack von Kaffee setzt sich aus 800 (!) Aromen zusammen, manche nehmen wir nur über den Geruch wahr, andere kommen erst zum Vorschein, wenn der Kaffee abgekühlt ist.

Genießen Sie. Hier und jetzt.

Machen Sie aus Ihrer Kaffeepause ein „Ristretto-Retreat", wie es einer unserer Seminarteilnehmer in der Mittagspause unter dem großen Sonnenschirm eines italienischen Lokals am Wiener Karmelitermarkt so treffend nannte … „und für einen Augenblick standen wir alle in Italien, umweht von einer Brise salziger Meerluft …"

Muschelmeditation

Die Meeresbrise trägt uns weiter zu einer anderen Übung, die sich sowohl für Kinder als auch für Erwachsene sehr gut eignet. Sie benötigen dafür pro TeilnehmerIn eine kleine Muschel in einem Stoffbeutel oder einer schönen Box, am besten im Sommerurlaub selbst am Strand gesammelt. Ziel ist es, die Wahrnehmung zu schärfen und durch den Fokus auf das Objekt der Muschel die Aufmerksamkeit im Hier und Jetzt zu halten.

Die TeilnehmerInnen ziehen – mit geschlossenen Augen – eine Muschel aus dem Säckchen.

Mit folgenden Fragen werden sie langsam begleitet:

- Lege die Muschel auf deine Handfläche.
- Kannst du ihr Gewicht wahrnehmen?
- Wie schwer wiegt sie in deiner Hand?
- Ertaste die Muschel mit geschlossenen Augen, nur mit deinen Fingern.

- Wie fühlt sie sich an?
- Welche Form hat sie?
- Kannst du Regelmäßigkeiten entdecken?
- Ist sie warm oder kalt?
- Hat sie spitze Kanten oder Rundungen?
- Ist die Oberfläche glatt oder rau?
- Öffne jetzt deine Augen und schau dir die Muschel genau an.
- Wie fühlt sie sich jetzt an, wenn du sie dabei anschauen kannst? Anders? Gleich?
- Welche Farben kannst du wahrnehmen?
- Wie könnte sie im Wasser aussehen?
- Welche Besonderheiten hat deine Muschel?
- Was macht sie einzigartig?
- Präge sie dir so gut ein, dass du sie am Strand unter 100 anderen Muscheln wiedererkennen kannst.
- Wenn du dich ganz auf deine Muschel konzentrierst, treten weder Sorgen noch Ängste auf.
- Behalte deine Muschel in deiner Jackentasche und immer, wenn dich etwas aus dem Gleichgewicht bringt, berühre sie, komme durch das achtsame Spüren ins Hier und Jetzt und erinnere dich daran, alles was dich stört, einfach durch dich durchströmen zu lassen, ohne Widerstand, wie deinen Atem, ein und aus.

Um tagsüber am Arbeitsplatz die Aufmerksamkeit immer wieder kurz zu trainieren, können Sie diese Übung auch als **Kugelschreibermeditation** machen.

Schließen Sie die Augen und legen Sie dafür irgendeinen Kugelschreiber, den Sie vielleicht schon 100 Mal in der Hand hatten, auf ihre ausgestreckte Handfläche.

- Können Sie sein Gewicht wahrnehmen?
- Wie schwer wiegt er in Ihrer Hand?
- Ertasten Sie den Kugelschreiber mit geschlossenen Augen, nur mit Ihren Fingern.
- Wie fühlt er sich an?
- Welche Form hat er?

- Können Sie Regelmäßigkeiten entdecken?
- Ist er warm oder kalt?
- Hat er spitze Kanten oder Rundungen?
- Ist seine Oberfläche glatt oder rau?
- Wissen Sie noch, ob ein Aufdruck darauf ist und wenn ja, welcher?
- Öffnen Sie jetzt Ihre Augen und schauen Sie sich den Kugelschreiber genau an.
- Wie fühlt er sich jetzt an, wenn Sie ihn dabei anschauen können? Anders? Gleich?
- Welche Farben können Sie wahrnehmen?
- Welche Besonderheiten hat dieser Kugelschreiber?
- Was macht ihn einzigartig? Allgemein und für Sie persönlich?

Konzentriert auf den Kugelschreiber haben weder Sorgen noch Ängste Platz in Ihrem Gehirn. Alles ist gut. Nehmen Sie Ihren Atem bewusst wahr und wechseln Sie mit Ihrer Aufmerksamkeit wieder zurück zur Tätigkeit, die Sie davor unterbrochen haben oder die Sie als Nächstes beginnen wollen.

Achtsam spüren

Wir sind den ganzen Tag über „am Spüren", doch wie bewusst machen wir das? Und wie gut spüren wir uns selbst wirklich? Bevor Sie weiterlesen, zählen Sie im Geiste auf, was Sie alles gerade spüren.

Wir spüren die Tastatur des Smartphones oder die Computermaus unter unseren Fingern, das Taschentuch, mit dem wir uns die Nase putzen, das Lenkrad unseres Autos, die Pedale unter unseren Füßen, die Kleidung auf unserer Haut, den Stuhl, auf dem wir sitzen, die Uhr, das Armband am Handgelenk, Haare, die uns ins Gesicht fallen, die Tee- oder Kaffeetasse an den Lippen, einen Weihnachtskeks oder ein Stück Obst, das wir in die Hand nehmen, die Zahnbürste und Pasta in unserem Mund, den Schuh auf unserem Fuß, die Brille auf unserer Nase und hinter den Ohren …

Unbewusst streichen wir uns den ganzen Tag über durchs Haar, greifen uns ans Kinn, die Nase oder die Lippen und Wangen, zupfen an unseren Lippen, falten unsere Hände … Und dann die bewussten Berührungen: ein Händedruck, eine Umarmung, das Kind, das sich an uns kuschelt, die prüfende Berührung der Wange nach der Rasur, Sexualität …

Wir spüren Druck, Berührungen, Vibrationen, auch Temperatur oder Schmerz und vieles andere über unsere Haut. Menschen können ohne Seh- oder Hörsinn auf die Welt kommen, ohne Tastsinn wurde noch nie jemand geboren. Selbst Einzeller verfügen über einen Tastsinn und versuchen zu entkommen, wenn man sie sticht.

„Der Mensch fühlt, lange bevor er hört oder gar sieht. Bereits in der achten Schwangerschaftswoche reagiert ein 2,5 Zentimeter großer Fötus auf Reize im Lippenbereich mit heftigen Bewegungen. Nur wenige Wochen später kann das Ungeborene Greifbewegungen ausführen, die Nabelschnur umfassen oder beginnt, am eigenen Daumen zu lutschen. Schon im Mutterleib entdeckt der Fötus sich selbst. Er bewegt sich dort immer wieder an äußeren räumlichen Begrenzungen und weiß sehr sicher: Das bin ich, und da fängt die Außenwelt an", weiß Martin Grunwald, Leiter des Haptik-Forschungslabors an der Universität Leipzig (nachzulesen auf spektrum.de).

Über unseren Tastsinn wissen wir auch ohne ständige visuelle Kontrolle viel über unseren Körper, auch bei geschlossenen Augen können wir unsere Position im Raum wahrnehmen und wir spüren das Vibrieren des Handys genauso wie ein Erdbeben.

Unsere ganze Entwicklung hindurch sind Berührungen wichtig. Unsere Fingerkuppen verfügen über besonders viele Rezeptoren und Kleinkinder erkunden ihre Umwelt nicht umsonst durch be-greifen, um sie zu begreifen.

Auch das unbewusste Sich-im-Gesicht-Berühren während wir nachdenken hat seine Funktion, nach der Selbstberührung steigen unsere Frequenzen und Denkleistungen wieder an. Achten Sie einmal darauf!

Wie oft pro Tag berühren Sie andere Menschen? Und wenn, wie bewusst nehmen Sie es wahr?

Verbinden wir Berühren, Spüren und Achtsamkeit, entsteht diese zärtliche Übung:

Meine Hände achtsam spüren

Schließen Sie die Augen und streichen Sie nun mit Ihrer rechten Hand über Ihre linke Hand. Wie fühlt sich Ihre Haut an? Warm, kalt, rau, trocken, weich? Können Sie einzelne Adern spüren? Streichen Sie so zart wie möglich, am besten nur mit den Fingerkuppen, über Ihre Hand. Streichen Sie entlang der einzelnen Finger, Finger für Finger, nehmen Sie das Nagelbett wahr, Ihre Fingernägel, vielleicht spüren Sie einen Ring. Wie fühlt er sich an? Wofür steht er in Ihrem Leben? Finger für Finger. Und dann über die Innenfläche Ihrer Hand. Ganz behutsam, zart. An manchen Stellen vielleicht nur mit einem Finger. Und wenn Sie Ihre Hand ganz genau ertastet haben, wechseln Sie und streichen nun mit den Fingern der linken Hand über die rechte. Beenden Sie die Übung, indem Sie die Hände ineinander verschränken und die Handflächen aneinander reiben. Vielleicht möchten Sie sich am Ende bei Ihren Händen bedanken, dass Sie Ihnen schon so lange gute Dienste erweisen und mit jeder Berührung ein gutes Gefühl zurückbringen.

Dyade

Sehr berührende und effiziente Ergebnisse erzielen wir mit der bisher noch wenig bekannten Kommunikationsform der Dyade. Die meisten unserer Gespräche, sei es im beruflichen Kontext oder auch mit unserer Partnerin, unserem Partner, mit unseren Kindern oder mit unseren Eltern, verlaufen so, dass wir, während eine andere Person spricht, schon in Gedanken Gegenargumente, Rechtfertigungen, Entschuldigungen oder Beschuldigungen formulieren.

Auch in harmlosen Situationen wie dem „Kaffeeklatsch" in der Betriebsküche ähneln Gespräche eher Ping-Pong-Spielen. Ich erzähle von meinem Wochenende, beim ersten Atemholen setzt Kollegin B ein und erzählt von ihrem Wochenende und Kollege C macht weiter. Oft bleibt derjenige, der begonnen hat, mit dem, was er/sie erzählen wollte, auf der Strecke.

Eine Dyade gibt demjenigen, der spricht, die Möglichkeit seine Gedanken in Ruhe zu Ende zu denken und zu formulieren, vielleicht noch nachzuschärfen, ohne Zeitdruck oder Gefahr, unterbrochen zu werden.

Sie funktioniert so:

- A und B sitzen einander gegenüber.
- A hat (je nach Thema) 3 oder 5 Minuten Zeit alle seine/ihre Gedanken zu diesem Thema zu äußern.
- B hört achtsam zu. Das bedeutet, B spricht in dieser Zeit kein Wort. B hört genau hin. Er/Sie muss nichts in Frage stellen, nichts kritisieren, nicht dagegen argumentieren. Er/Sie ist ganz präsent und hört sich As Sicht der Dinge an.
- Dann folgt eine Minute, wo beide nur nachspüren: Wie geht es mir jetzt? Was spüre ich in meinem Körper?
- Jetzt hat B dieselbe Zeit, um *seine/ihre* Gedanken zum Thema zu äußern. Völlig unabhängig von dem, was A gesagt hat. Es geht um Bs Sicht der Dinge.
- A hört jetzt achtsam zu. A ist präsent und nimmt Bs Gedanken als Geschenk an.
- Danach folgt wieder eine Minute, wo beide nachspüren: Wie geht es mir jetzt? Was spüre ich in meinem Körper?

Je nach Setting, Anliegen und Thema gibt es jetzt folgende Möglichkeiten:

Eine zweite und dritte Runde, in der wieder A und B jeweils nur die eigene Sicht der Dinge äußern, ohne auf den anderen Bezug zu nehmen.

Oder – sehr bewährt im Teambuilding oder wenn es darum geht, viele Aspekte zu einem Thema kennenzulernen – es gibt mehrere Zweierpaare und jeweils eine/r davon wechselt im Uhrzeigersinn zu einem/einer weiteren Gesprächspartner/in. Das Thema wird immer beibehalten.

Was wir mit Dyaden beobachten konnten, ist, dass eine große Tiefe und Verbundenheit zwischen den Gesprächspartnern entsteht und dass bei mehreren „Durchgängen" – ohne dass einer versucht, den anderen zu überzeugen oder mit Argumenten zu „erschlagen", und ohne Druck (!) – beide Gesprächspartner ihre Sicht der Dinge nochmals überdenken, auch die Sichtweise des anderen akzeptieren können und neue – vorher undenkbar gewesene – Ansätze oder ein Perspektivenwechsel entstehen.

Wenn man bedenkt, wie viel Zeit wir in stundenlange Meetings mit endlosen Diskussionen und häufig wenig Output investieren, sind diese 3-bis-5-Minuten-Sequenzen enorm effizient und verbessern nachhaltig das Gesprächs- und Betriebsklima.

In der umfangreichsten und längsten nichtreligiösen Studie zu Meditation (Re-Source-Projekt), die Prof. Dr. Tania Singer von der Abteilung für soziale Neurowissenschaften des Max-Planck-Instituts für Kognitions- und Neurowissenschaften geleitet hat, wurde nachgewiesen, dass Dyaden die Fähigkeit stärken, sich in andere hineinzuversetzen, mit anderen mitzufühlen und damit die soziale Verbundenheit auch im beruflichen Kontext fördern.

Das reife Selbst: Persönlichkeitsbildung durch Selbstcoaching

Babak Kaweh

„Reifer werden heißt, schärfer trennen und inniger verbinden."
Hugo von Hofmannsthal

Wer von uns kennt bei sich oder anderen nicht auch Situationen, in denen man unbedacht, übertrieben stark, alterspubertierend oder trotzig reagiert und sich im Anschluss überlegt hat, ob dies der Situation angemessen oder ein dem aktuellen Alter entsprechendes Verhalten war?

Wann ist der Mensch überhaupt „reif" und kann als „erwachsen" bezeichnet werden?

Diese Frage kann je nach Standpunkt unterschiedlich beantwortet werden.

Leichter ist es, sich zu fragen, wie ein reifes bzw. erwachsenes Handeln und die dazu notwendigen Kompetenzen aussehen.

Bevor Sie weiterlesen, schreiben Sie auf ein Blatt Papier alles auf, was für Sie zu einem reifen bzw. erwachsenen Handeln gehört und welche Fähigkeiten Ihnen dazu einfallen.

Wie Sie richtig bemerkt haben, beginnt dieses Kapitel mit der Unterscheidung zwischen der *Person an sich* und dem *Verhalten* bzw. der *Fähigkeit* einer Person.

Durch dieses Differenzieren zwischen Person und Handeln zeigt sich schon der erste Aspekt des reifen Handelns; und zwar die **Fähigkeit zu unterscheiden.**

Vereinheitlichen und Verwechseln sind die Wurzeln vieler Konflikte und Probleme.

Wenn ich nun lerne, zwischen meiner Persönlichkeit, also meiner Identität, und meinem Verhalten zu unterscheiden, eröffnet sich ein ganz anderer Blickwinkel und ich kann in weiterer Folge wesentlich „neutraler" an eine Situation herangehen.

An dieser Stelle ist es hilfreich, sich ein paar Momente zu gönnen: *Listen Sie nun einige Unterscheidungen auf, die bisher zu Ihrer Reifung beigetragen haben oder die für den weiteren Prozess Ihrer Reifung ab jetzt hilfreich sein könnten.*

Hierzu gleich einige Beispiele – manche davon werden Sie bereits kennen, andere wiederum werden in Ihnen Fragen hinterlassen, was sie für Sie bedeuten könnten. Gehen Sie Ihnen am besten in einer Zeit der Muße nach:

Unterscheidung zwischen
- Ego und Selbst
- Persönlichkeit und Verhalten
- Charakter und Rolle
- Vermutung und Fakt
- Meinung und Beobachtung
- Einfluss und Machtbedürfnis
- Spüren und Emotionen
- Zufall und Absicht
- Wahrheit und Wirklichkeit
- Realität und Interpretation

Einen „Unterschied, der den Unterschied macht" nannte *Gregory Bateson* auch die Information oder die Steuerungsenergie. Er weist uns darauf hin, dass es nicht nur Entweder-oder-Beurteilungen gibt, nicht nur Schwarz und Weiß, sondern zumindest ebenso die Erkenntnis, dass es *beide* gibt und damit die Position des Beobachters. Eine solche „Vogelperspektivenkompetenz" beinhaltet auch die Fähigkeit, bescheiden über den Dingen zu stehen und Weitblick für das große Ganze zu haben. Das Vermeiden eines energieraubenden Kampfes mit beziehungskillenden Kleinigkeiten sowie das Erweitern des Blickes auf das größere und „bruchlose Ganze" ermöglichen mir ein bescheidenes „Über-der-Sache-Stehen". Mit der Bescheidenheit kommt auch eine prinzipielle, generelle wertschätzende Dankbarkeit und mit dieser gehen wiederum Zufriedenheit und Güte einher.

Diese Neutralität eines Beobachters, eben die berühmte Vogelperspektive (auch als Metaposition bekannt), die sich durch das absichtslose Unterscheiden einstellt, stellt auch einen Teilaspekt eines weiteren wesentlichen Punktes menschlicher Reife dar, nämlich des **Empathievermögens**.

In **Resonanz** zu gehen, sich also in verschiedenen Situationen oder in Positionen eines anderen hineinzuversetzen, ist ein zentrales Unterscheidungsmerkmal zwischen uns Menschen und Tieren. Jeder Mensch entwickelt aus seinen individuell gemachten Erfahrungen und aus seiner Persönlichkeitsstruktur einen ganz individuellen Standpunkt.

Wenn ich also meinen mir selbst bekannten Standpunkt durch empathisches Hineinfühlen in den Standpunkt eines anderen und sogar in eine dritte Position, etwa die eines quasi neutralen Beobachters, erweitere, eröffne ich mir völlig neue Sichtweisen und dadurch mehr Handlungsoptionen.

Diese Fähigkeit des empathischen Hineinversetzens und im Zuge dessen nicht nur sachlich-inhaltlichen Nachvollzugs, sondern auch des emotionalen Mitfühlens, kurz: des Mitgefühls, wird durch unsere **Beziehungsfähigkeit** noch weiter bereichert. Für welche Art von Beziehung sind wir reif? Bevor wir uns nun diesen Punkt anschauen, müssen zuerst weitere Aspekte, wie zum Beispiel die **Absicht**, unter die Lupe genommen werden. Denn die Klarheit und Bewusstheit über die Intention und Motive des eigenen Handelns helfen das oft unnötige „Fehlverhalten" oder anschließende Bereuen zu vermeiden.

Wie komme ich nun zu diesem oft unbewussten Aspekt meines Seins, an den „Urgrund" hinter meinem Handeln (nicht nur Beziehungen betreffend), heran? Ganz einfach über Bewusstwerdung: Indem ich mir über das, was ich erreichen will, also über das Ziel, im Klaren bin; mir es also quasi schon im Vorfeld vorstellen kann.

Fragen Sie sich zum Thema „Absicht und Ziele" selbst:

- Was motiviert mich etwas Bestimmtes zu tun oder nicht zu tun?
- Was sind die Hintergründe meines Handelns?
- Welche Gewohnheiten, Erfahrungen und Erwartungen, Ängste und Hoffnungen stecken dahinter?

Um mir bewusst zu sein, warum und/oder für wen oder was ich das tue, was ich tue, muss ich fähig sein, **Entscheidungen** zu treffen. Klare Entscheidungen treffen zu können und bereit dafür zu sein, die **Verantwortung** für daraus folgende Konsequenzen zu übernehmen, sind somit weitere Zauberwörter in der Welt des erwachsenen Handelns und der reifen Beziehung. Diese Klarheit und Bereitschaft, die Konsequenzen zu übernehmen, macht unabhängig und eine Person weniger anfällig für „Süchte" (Beziehungs-/Genussmittel-/Drogensucht oder die Sucht nach positiven, aber auch negativen Emotionen). Ich nenne dies eine **„integrierte" Autonomie,** die mich frei von Meinung und Anerkennung anderer macht und mir auch ein liberales und flexibles Denken und Handeln (frei von jeglichem Fanatismus) ermöglicht. Ich kann dann dadurch viel leichter mit Unsicherheit umgehen und (dadurch) selbstbestimmt und nachhaltig handeln, tolerant sein und Größe zeigen.

Die **Integrationskompetenz** zeigt sich auch in der Fähigkeit sich Situationen kongruent, also stimmig mit dem eigenen Innenleben, und kontextadäquat, also stimmig mit dem Umfeld, anpassen zu können. Um diese nicht selbstverleugnende, sondern um – ganz im Gegenteil – eine dem eigenen Selbst entsprechende Anpassungsfähigkeit zu fördern, sollte eine Person zunächst ihren **Frieden mit der Vergangenheit** geschlossen haben. Ist dies (noch) nicht der Fall, so werden Menschen weiterhin innere, (noch) vorbewusste, ungelöste Problemstellungen und Konflikte veräußern, also nach außen projizieren. Im Konflikt mit der Außenwelt können dann innenliegende Themen erkannt und verarbeitet werden. Ist ein Mensch mit sich und seiner Vergangenheit hingegen im Frieden, so wird er dadurch erst offen dafür, die Welt so zu sehen, wie sie tatsächlich(er) ist.

Es erfordert **Wahrnehmungsgenauigkeit**, Klarheit, Wachheit und Bewusstheit, um überhaupt mit sich selbst und mit anderen in gutem Kontakt sein und auch in schwierigen Situationen bzw. im Umgang mit herausfordernden Personen Sinn erfahren zu können. Zur Beziehungsfähigkeit, verstanden als die Fähigkeit eine stabile Beziehung zu uns selbst und zu anderen auch in wechselnden Umgebungen und unter widrigen Umständen herzustellen und aufrechterhalten zu können, gehören zusätzlich auch noch:

- eine klare Wahrnehmung und gesunde Einschätzung des Moments,
- die Realität von der selbst zurechtgebastelten Wirklichkeit unterscheiden zu können und dadurch eine gesunde Beziehung zur Realität zu praktizieren,
- (innere) Zustände wahrzunehmen und, falls erforderlich, sie zu ändern,
- Wahlmöglichkeiten wahrzunehmen und immer wieder neue zu schaffen,
- Zeitbewusstheit, um damit auf die Qualität der Zeitgestaltung achten zu können,
- die Schönheit und das Potenzial des
  - Nichtperfekten
  - Unvollkommenen
  - Unbeständigen
  - Unvollendeten
  - Unvollständigen zu sehen und zu erkennen,
- das Nichtdauerhafte der Existenz zu erkennen und zu würdigen,
- Sinnorientierung, in dem Sinne, dass ich mich in den belastetsten Situationen frage: „Wofür ist das (was ich im Moment erlebe) eine Gelegenheit? Welche Chancen eröffnen sich dadurch für mich? Was lerne ich aus der Situation?",
- Klarheit über die Rollen, die wir im Leben einnehmen, uns wünschen oder die uns aufgetragen worden sind. Prinzipiell haben wir die Fähigkeit uns je nach Intensität maximal 7 Rollen gleichzeitig zu widmen.

All das bisher Aufgelistete sind Voraussetzungen für unsere Beziehungsfähigkeit. Mit Beziehungen sind nicht nur zwischenmenschliche Beziehungen gemeint, sondern eben auch die Kontaktfähigkeit zu Dingen, Aufgaben und Abstraktem, wie z. B. zur Schönheit oder der eigenen Gefühlswelt. Äußerst relevant sind hier die beiden Themen Partnerschaft und Elternsein. Stellen Sie sich bitte die folgenden Fragen:

- Was sind für Sie gesunde, erwachsene und nachhaltige Beziehungen und was macht für Sie die Qualität einer solchen Beziehung aus?
- Wie und wann ist eine Person fähig, aufrichtig eine Beziehung einzugehen oder (falls erforderlich) wieder neu aufzubauen/herzustellen?

Bevor eine Person in Beziehung geht, sollte sie dafür offen und bereit sein. Generell ist eine Beziehung selbst die beste Schule fürs Erwachsenwerden (im Sinne der Entwicklung einer reifen Persönlichkeit). Vieles wird jedoch erleichtert, wenn schon das eigene Selbst erforscht und folgende Aspekte geklärt sind:

- Selbstreflexion praktizieren und die daraus gewonnen Erkenntnisse nachhaltig integrieren
- Eigene Motive, Bedürfnisse, Antreiber, Motivationen, Macken, Grenzen ausloten/kennen
- Gute Verbindung zu sich selbst und Rückverbindung zum Urvertrauen
- Gesunde/s und stabile/s
  - Selbstvertrauen
  - Selbstwertgefühl
  - Selbstbewusstsein
  - Selbstakzeptanz
  - Selbstkontrolle
  - Selbstverantwortlichkeit

Fragen Sie sich: *Wie viel investieren Sie in den Aufbau und in die Pflege dieser unterschiedlichen Facetten Ihres Selbst?*

Schauen wir uns nun weitere beziehungsfördernde Kompetenzen an. Sie alle fördern die gute Verbindung zu sich selbst und zu anderen ebenso wie das Gefühl der guten Verbundenheit, welches wiederum ein Tragpfeiler für den Umgang mit der existenziellen Einsamkeit ist:

- Einen Blick für die Mitte/Balance/Gleichgewicht zu haben und dieses herzustellen zu vermögen
- Eine Wachheit und die entsprechende Haltung für das Herstellen von Ausgleich zu haben
- Verwurzelt und geerdet im Hier und Jetzt „präsent" zu sein
- Wertschätzend und dankbar zu sein
- Urteilsfrei zuhören zu können und eine forschend-lernende (statt einer wissenden und recht-haben-wollenden) Haltung einzunehmen
- Potenziale bei sich und bei anderen zu sehen
- Auch das Gemeinwohl im Fokus des Handelns zu haben
- Spuren zu hinterlassen bzw. dafür zu sorgen, dass das Leben weitergeht bzw. weitergegeben wird
- In Win-win-win-Kategorien zu denken und diese anzustreben und, falls diese nicht zustande kommen, bereit zu sein, flexibel Kompromisse einzugehen. Mit dem dritten „win" ist neben der „ich" und der „du"-Komponente der „wir"-Aspekt gemeint: Das erste „win" steht für meinen Nutzen, das Zweite für den Vorteil meines Gegenübers und das dritte steht für den Gewinn des größeren Ganzen (dies kann je nach Kontext das Projekt, die Familie, die Firma, das System, das Universum, die Umwelt ... sein).

Nun ist der Punkt erreicht, wo Sie all das Aufgelistete mit Ihrer ganz zu Beginn gemachten Liste abgleichen und feststellen können, welche der Handlungen und Fähigkeiten Sie im Text wiedergefunden haben und welche noch zusätzlich von Ihnen als wichtig betrachtet worden sind.

Zum Abschluss möchten wir Ihnen noch zwei Botschaften mit auf den Weg geben:

Dieser Beitrag sollte nicht als „Checkliste des Erwachsenseins" oder als „Rezept zum reifen Handeln" dienen, sondern das Bewusstsein bezüglich dieser Thematik schärfen, zumindest aber zum Nachdenken anregen. Zum Zweiten sind erwachsenes Handeln oder das reife Selbst natürlich keine statischen Zustände. Reifung kennt kein Ende, sie ist vielmehr ein fortwährender Wandlungs-, Entfaltungs- und Werdensprozess.

In diesem Sinne finden Sie nun zu guter Letzt noch folgende Leitfragen zur Selbstreflexion (oder nach Umformulierung auch zur Anwendung im Beratungskontext):

- Würde ich meine eigenen Verhaltensmuster bei jemand anderem als „reif"/„erwachsen" bezeichnen?
- Welche meiner Verhaltensweisen bräuchten eventuell noch eine „Reifung"?
- Wie zufrieden bin ich mit mir und meinem Leben?
- Muss ich, um zufrieden(er) sein zu können, noch mit prägenden Erfahrungen oder Beziehungen aus der Vergangenheit Frieden schließen?
- Bin ich mit mir selber in Frieden?
- Sind meine Handlungen oder Kommunikation „hier-und-jetzt-orientiert" oder schweife ich immer wieder in die Vergangenheit oder Zukunft ab?
- Wie und wie oft achte ich auf die Qualität meiner Zeitgestaltung und wie konsequent bin ich dabei?
- Wie leicht oder schwer fällt es mir, mich in die Position eines anderen zu versetzen und/oder mich komplett aus Situationen rauszuhalten und die Position eines „neutralen Beobachters" einzunehmen?
- Ist mir bei jeder Handlung im Vorfeld die Absicht klar? Wann und wo nicht?
- Gibt es Entscheidungen in meinem Leben, die ich nie bereut habe?
- Welches Grundprinzip bzw. welcher meiner Werte stand hinter diesen Entscheidungen?

- War oder ist die Tragweite meiner Verantwortung bei meinen Entscheidungen immer klar?
- Was bedeutet überhaupt „Verantwortung" für mich?
- Wie weiß ich, ob
  - ich eine Verantwortung habe oder nicht?
  - es sich um meine Verantwortung oder um die des anderen handelt?
- Wie weiß ich in unterschiedlichen Situationen, wann meine Verantwortung beginnt und wann sie endet?
- Lasse ich mich bei meinen Handlungen von meinen persönlichen Werten leiten?
- Was gibt mir außer meinen Werten und erfüllten Beziehungen sonst noch „Sinn" im Leben?
- Wann habe ich mir das letzte Mal gegönnt „nicht-perfekt" zu sein bzw. zu handeln? Und was habe ich daraus gelernt?
- Wie viele und welche Rollen übernehme ich im Alltag und welche davon sind mir wichtig?
- Welche dieser Rollen müssen „upgedatet" werden?
- Wie viel Zeit widme ich der Selbstreflexion?
- Bin ich immer bei meinen Selbstreflexionen ehrlich (mit mir selber) oder brauche ich hin und wieder die Unterstützung eines Mentors oder einer Fachperson?
- Widme ich meinen Taten im Alltag oder meinen Beziehungen immer die volle Aufmerksamkeit oder lasse ich mich hin und wieder ablenken?
- Was alles investiere ich für ein gesundes und stabiles
  - Selbstvertrauen?
  - Selbstwertgefühl?
  - Selbstbewusstsein?
- Gibt es Handlungen in meinem Leben, die mich „abhängig" machen bzw. auf eine Abhängigkeit hinweisen?
- Von wem oder was bin ich da abhängig?
- Gibt es jemanden, der von mir abhängig ist, und wie fühle ich mich dabei?
- Inwiefern sind Elemente einer Co-Abhängigkeit in dieser Beziehung zu finden?

- Welche Qualität haben meine Beziehungen?
- Ist der Ausgleich (das Geben und Nehmen) in meinen Beziehungen ausgewogen?
- Welche Anpassungen sind in welcher meiner Beziehungen erforderlich, damit das Win-win-win-Prinzip gültig wird?
- Achte ich bei meinen Beziehungen auf wechselseitige Anerkennung?

Und: *Wie verinnerliche ich die gewonnenen Erkenntnisse aus diesem Buch?*

8.

Das Alter(n) meistern

8.1

Am Wendepunkt: Einsichten und Aussichten

Nana Walzer

„Age is an issue of mind over matter.
If you don't mind, it doesn't matter."   Mark Twain

Wenn Sie sich der Meinung dieses Zitates anschließen, sollten Sie den folgenden Text besser nicht lesen. Dafür gibt es zwei gute Gründe: Zum einen könnten Sie den Standpunkt vertreten, dass das Alter(n) für Sie kein Problem ist. Dass zu viel Nachdenken darüber nur schadet. Dass das Leben in jeder Lebensphase so genommen und genossen werden sollte, wie es eben möglich ist. Wunderbar. Wenn Sie durch und durch dieser Ansicht sind, so hat Ihnen dieser Beitrag kaum etwas zu bieten. Er richtet sich nämlich an Menschen mit einem gewissen Leidensdruck zum Thema Alter(n). Und das bringt mich zu Nummer zwei der Gründe, warum man den Artikel eventuell nicht lesen sollte: Wenn es Ihnen gerade gut geht, Ihnen Ihr Körper, Ihre Gefühle und Ihr Geist keine Anlässe zum Nachdenken geben – wenn Sie etwa keine Schmerzen oder Schwächen, keine unangenehmen Gefühlslagen oder Gedächtnisprobleme haben, dann wollen oder brauchen Sie sich vielleicht mit den Themen in diesem Beitrag (momentan zumindest) gar nicht auseinanderzusetzen. Wer seine Zufriedenheit aufrechterhalten möchte, ist hier schlichtweg nicht gut aufgehoben.

„Am Wendepunkt" ist für Menschen ab ca. 40 Jahren geschrieben, die sich mit den unangenehmen und teils erschreckenden Realitäten des Alter(n)s auseinandersetzen wollen. Nicht um darüber zu jammern, nicht um sie zu vergleichgültigen, nicht um zu verzweifeln. Sondern um durch bewusstes Betrachten und Auseinandersetzen mehr Raum für sich selbst zu gewinnen. Manche trifft es früher, manche erst viel später, aber ab einem gewissen Zeitpunkt ist das Leben nicht mehr so „wie früher". Das Berufs-, Familien- und Beziehungsleben ändert sich. Der Körper und die geistigen Fähigkeiten verändern sich. Geschwindigkeit, Leistungsfähigkeit, Lust und Launen wandeln sich. All das kann ein Aufruf sein, sich neu aufzustellen, dem Leben in der „zweiten Lebenshälfte" (und für manche beginnt diese „erst" mit 70, 80 Jahren!) mit anderen Augen zu begegnen. Ein Perspektivenwechsel auf Körper, Geist und Gefühlsleben kann auch mit einer grundlegenden Neuausrichtung des eigenen Antriebs einhergehen. Die Frage, warum wir Dinge tun oder nicht (mehr) tun (wollen), wird neu beantwortet werden müssen. Die Anerkennung von außen wird vielleicht weniger wichtig, die Anerkennung von innen dafür umso wesentlicher. Auch die Balance von Körper und Seele steht vor neuen Herausforderungen.

Gehen wir mit all diesen Themen achtsam um, so reifen wir auch als Menschen. Wer kennt sie nicht, die „komischen Alten", die nur noch granteln oder nicht mehr zuhören, bei denen es nur noch um sie geht oder deren unangenehme Eigenarten sich so verschärft haben, dass der Umgang mit ihnen zur Qual wird. Wen wundert es, wenn solche Menschen immer einsamer werden, weil sie in ihrer Eigenwelt allein bleiben und scheinbar auch allein bleiben wollen. Alle anderen vergrämen, ihnen die Schuld für alles Mögliche geben, ständig fordern oder abweisen. Und Hand aufs Herz: Wer von uns will schon so werden? Aber wo sind die Gegenmodelle, die nicht in Selbstaufgabe oder Selbstverleugnung münden? Was tut das Alter(n) mit uns, dass es so schwierig macht, ein ganzer Mensch voller Mitgefühl für sich selbst und die anderen zu bleiben?

„Die Zeit ist ein sonderbar Ding …", singt die Marschallin im Rosenkavalier, „… wo ich doch stets dieselbe bin", ergänzt die 90-jährige Opernsängerin Christa Ludwig, die die Rolle der Marschallin ihr Leben lang gespielt hat. Sie konkretisiert zu diesem Thema bei ihrer Jubiläumsgala der Salzburger Festspiele im August 2018 weiters: „Nein, nicht dieselbe – nur die Gleiche." Denn der Körper und die Erfahrung verändern sich mit der Zeit und mit ihnen ändern sich auch die Sichtweisen. Als Grande Dame lebt sie das „In-Würde-Altern" vor. Sie unterrichtet auch mit 90 Jahren noch

Nachwuchssänger, ihr wird Respekt gezollt – und sie gibt ebenso viel davon weiter. Man merkt auch, dass sie Respekt vor sich selbst und vor ihrem Leben hat. Ohne sich dabei zu wichtig oder zu ernst zu nehmen. Sie hat einen starken Charakter, ohne aber ihr Ego unangenehm dominant werden zu lassen. Sie zeigt eine gewisse Eigenheit, ist sehr direkt und hält nichts zurück – ohne aber dabei sich selbst oder andere zu verletzen oder den Respekt zu verlieren. Sie ist stolz auf vieles in ihrem Leben und weiß zugleich, dass es immer noch besser geht. „Glück" ist für sie eine Frage der Perspektive. Und sie ist davon überzeugt, dass man „ein Talent zum Leben haben müsse", dass es einer gewissen Einstellung bedarf, jeden Tag sagen zu können: „Es geht mir gut!" Natürlich setzt das voraus, dass die Gesundheit mitspielt, dessen ist sie sich bewusst. Aber wenn dem so ist, dann liege es nur noch an uns selbst, so ihre Meinung. Eine gehörige Portion Humor macht schnell klar, dass sie nichts predigt, was sie nicht lebt. Denn das Leben ist auch mit 90 natürlich nicht einfach – wie zu keiner Zeit –, doch das zeigt sie nicht. Sie zeigt die Früchte ihrer inneren Auseinandersetzung, indem sie das, was sie beschäftigt, in Form von Witz und Weisheit verarbeitet.

Ludwig ist damit ein *Role Model*, wie es bis vor nicht allzu langer Zeit unter den Begriffen der „echten Lady" oder eines „wahren Gentleman" von den meisten noch gekannt wurde. Sie gibt immer noch weiter, was sie in ihrem (Berufs-)Leben gelernt hat, und hört zugleich nicht auf, weiter zu reifen und zu strahlen. Und sie gibt nicht auf. Schönheit, Freude, Grazie, Eleganz und Größe vereinen sich in ihrer Person zu lebendigen, einzigartigen Begriffen. Denn das Alter zwingt zum Abweichen von der Norm. Mittelmaß war in der Jugend schön. Das Alter verlangt Persönlichkeit. Was sie zeigt und was sie sagt, beides zeugt von einer gewissen inneren Erhabenheit über Konventionen. Es ist keine, die sie sich selbst verleiht und die sie über andere erhöht, sondern eine natürliche Größe, weil sie das Leben an sich auch in dieser wahrscheinlich letzten Lebensphase meistert. Weil sie trotz des Alters dem Alter trotzt. Und die auf peinliche Art ewig Jugendlichen, die schönheitschirurgisch „Gepimpten" oder egozentrisch Aufgeblasenen verweist sie, ohne eines Seitenblickes zu bedürfen, kraft ihres schlichtweg schönen Wesens auf die Ersatzbank. Spürbar blickt sie mit einem lachenden und einem weinenden Auge auf ihr Leben. Die Vergangenheit schätzt sie wissenden Auges hoch, die Zukunft erwartet sie offenen Auges, ins Hier und Jetzt blickt sie dankbar fürs Sein.

So einfach sie es aussehen lässt: Auf diese Art zu altern ist nicht vielen Menschen gegönnt. Die meisten, so muss man leider festhalten, scheitern eher daran, als dass sie am Alter(n) wachsen würden. Ludwig steht im Zentrum ihrer sich selbst im Laufe ihres Lebens erarbeiteten Welt, ohne dabei anderen das ihnen eigene Zentrum wegzunehmen. Jede/r möge in ihrem/seinem eigenen Licht strahlen, so ihre unausgesprochene *Message*. Wie viele andere sind im Alter(n) stattdessen verbittert, zurückgezogen, tieftraurig, depressiv, frustriert, verzweifelt oder geradeheraus wütend?

„Das Alter(n)" beginnt natürlich nicht erst mit 90 Jahren, sondern bereits viel früher. Spätestens mit 90 sieht man nur mehr das Ergebnis davon, wie wir mit den Herausforderungen der zweiten Lebenshälfte und mit uns selbst umgegangen sind. Ludwig mag ein Vorbild für die Bewältigung dieses Vorganges sein. Aber jedem Menschen ist ein eigener Weg beschert. Bei den meisten beginnt dieser Weg mit der sogenannten Midlife-Crisis, im Durchschnitt irgendwann zwischen 40 und 60 Jahren. Sowohl das Lieben als auch das Leben werden in dieser Umbruchzeit auf die Probe gestellt.

Was das L(i)eben im Alter(n) schwer macht

Wir Menschen sind uns trotz aller individuellen Unterschiede im Kern doch sehr ähnlich. So beschäftigen Menschen sich laut Existenzialpsychologie ein Leben lang – je nach Lebensphase und Umständen mal mehr, mal weniger – mit vier schier unlösbaren Grunddilemmata. Diese vier „Großen Fragen" nach unserem Verhältnis zu *Tod*, *Existenz*, *Freiheit* und *Einsamkeit* (mehr dazu weiter unten) rufen uns immer wieder dazu auf, eine individuelle Bezugnahme zu ihnen vorzunehmen. Es sind deshalb Dilemmata, weil es auf sie zum einen keine allgemeine Antwort gibt (obwohl Religionen dies versuchen und daher mitunter sehr erfolgreich sind) und weil zum anderen die individuellen Antworten, die jeder für sich findet, im Laufe eines Lebens immer wieder neu formuliert bzw. auf ihre Gültigkeit hin getestet werden.

Eines dieser vier grundlegenden Themen drängt sich ab der berühmten Krise in der Lebensmitte unweigerlich früher oder später in den Vordergrund – ob wir dies nun wollen oder nicht. Dieses Thema ist der Tod. Zunächst nicht immer sofort in Form des physischen Todes, sondern vielmehr in Form des Verlusts. Der Jugend und Vitalität, des gewohnten Aussehens, des beruflichen Elans, der Karrierechancen, der gewohnten Beziehungsform, der Hoffnungen etc. Zugleich mehren sich auch die Konfrontationen mit dem physischen Tod mit zunehmendem Alter. „Jedermann!", möchte man an dieser Stelle rufen: Verwandte, Bekannte, Freunde oder auch Prominente wie Sänger oder Schauspieler, Politiker oder Medienmenschen, mit denen man ein Leben lang vertraut war (und sei es auch nur medial), werden krank und sterben. Die, die wir als „wir" verstehen, als Menschen, mit denen wir unsere Lebenswelt teilen, werden weniger. Die anderen, die neuen, werden mehr. Sie sehen anders aus, sind jünger, verhalten sich anders, sprechen anders, tun andere Dinge, hören und sehen anders und anderes, haben andere Sichtweisen – die Welt wird immer weniger „unsere" und immer mehr „ihre". Das gehört zum Lauf der Dinge dazu, keine Frage. Und dennoch empfinden wir es selten als angenehm, langsam nicht mehr im Mittelpunkt dieser, bis dato „unserer", Welt zu stehen, uns dem äußeren Rand anzunähern, oder sogar an den Rand gedrängt zu werden.

Erkennen wir das Vergehen und den Tod als omnipräsente Begleiter des Daseins an, dann erscheinen plötzlich auch die anderen Lebensthemen in einem wesentlich intensiveren Licht: Die demutgebietende Unglaublichkeit der *Existenz*, der lebenstreibende Widerspruch der *Freiheit*, die ungewollte Unüberwindbarkeit der *Einsamkeit*. Das ganze Leben wird in diesem Licht bedeutungsvoller, als es noch in der ersten Lebenshälfte war, in der es zumeist als selbstverständlich hingenommen wurde.

Die Frage nach dem eigenen Verhältnis zum Tod eröffnet in diesem Prozess des Reifens wiederum neue Fragen in den anderen drei Lebensthemen:

- *Existenz* (das gute, richtige, sinnvolle und auch sinnlich erfüllende Leben): Wie wollen wir selbstbestimmt leben? Diese Frage stellen wir uns meist schon ab den jungen Erwachsenenjahren. Was lieben wir am Leben? Was macht das Leben l(i)ebenswert?
- *Freiheit* (unsere Wahlmöglichkeiten, Entscheidungen und Verantwortlichkeiten im Hier und Jetzt und in der Zukunft): Was wollen und was müssen wir wirklich? Auch diese Frage beschäftigt uns im Erwachsenenleben, besonders mit zunehmenden Verantwortungen, sobald Beruf und Familie den vollen Einsatz und oft noch mehr fordern. Wie viel Selbstaufgabe und wie viel Selbstbestimmung brauchen die Liebe und das gute Leben?
- *Einsamkeit* (denn wir verlassen diese Erde ganz alleine): Wie tief kann die Verbindung zu uns selbst, zu anderen, zur Umwelt und zum großen Ganzen/Universum/Göttlichen etc. wirklich sein? Diese Frage stellen sich viele zu Beginn ihres Erwachsenenlebens und finden dann vorübergehend oder längerfristig Schutz in einer Partnerschaft oder in Religion/Spiritualität/Natur. Früher oder später kehrt sie jedoch zurück, wenn Scheidungen, Trennungen oder der Tod den Partner aus der Gleichung streichen, wenn Schicksalsschläge das Glaubenssystem erschüttern oder wenn Bewegungshemmnisse die Natur in die Ferne rücken lassen. All dies geschieht besonders oft in der zweiten Lebenshälfte. Wen oder wie können wir lieben, wenn uns das Subjekt der Liebe oder die Quellen für allverbundene Lebensfreude abhandenkommen?

Im Angesicht des Todes und der eigenen Sterblichkeit stellt sich die Frage nach dem L(i)eben neu.

Im Laufe der zweiten Lebenshälfte zeigt sich der Alterungsprozess unweigerlich, oft kommen akute und chronische Krankheiten dazu, zudem erfasst uns das Ableben geliebter Menschen im eigenen Umfeld ganz existenziell. Existenziell bedeutet hier, dass uns die Präsenz des Sterbens, des Vergehens, auf eine höchstpersönliche Art und Weise betrifft, die unter die Haut geht und nicht abzuschütteln ist. Sie lässt ein Vortäuschen durch das Rolle(n) spielen in der Familie und in der Gesellschaft sowie ein Ablenken von sich selbst und vom Wesentlichen nicht nur nicht mehr zu. Vielmehr entlarvt ein solches Verhalten die eigenen Verdrängungsmechanismen, die ein Leben lang eingeübt wurden. Der Jugend werden sie verziehen, aber das Alter macht sich für sich selbst und andere nur allzu deutlich sichtbar. Mit jeder Falte, mit jedem wahrgenommenen Nachlassen von Kraft und Willen, mit jedem seelischen und körperlichen Schmerz ruft der Körper unserem Geist zu: „Erfinde dich neu! Finde einen neuen Zugang zu dir als Person, zum Leben, zur Welt und zu anderen! Gib auf, was nicht deins ist! Werde, wer du im Kern schon immer warst, bevor du dich verbo(r)gen hast!"

Gewissermaßen können wir mit zunehmendem Wegfall der Mühsal von Arbeit und Familie, aber auch mit dem Wegfall der Kräfte, die uns zuvor zu diesen Dingen befähigt haben, zu einer anderen Form des Lebens übergehen. Ähnlich wie Kinder das Leben noch unverbraucht, offenen Herzens und in aller Sinneslust erleben. Und doch zutiefst anders, energetisch verbrauchter, psychisch belasteter, mit Narben am Herzen und durch Gewohnheit, Erfahrung und veränderte Körperlichkeit eingeschränkten sinnlichen Möglichkeiten. Durch und mit all diesen mit der Zeit angehäuften „Blockaden", welche sich mit der Zeit angehäuft haben, gilt es, zu sich selbst zurückzufinden und in ein selbstbestimmtes Leben voranzuschreiben. Verdrängen, Wegschieben, Ignorieren und Bekämpfen bieten keine langfristigen Optionen mehr. Spätestens sobald die Entscheidung getroffen wurde, dem *Alter durch Reifung* selbstbewusst entgegenzutreten, ist Schluss mit dem Verstecken. Wer sich diesem Prozess jedoch nicht stellt, stellt sich der Aufgabe in diesem Lebensabschnitt nicht. Er bleibt in seinem alten Selbstbild stecken, möchte stehen bleiben und versucht damit, jemand anders zu sein, jemand, der nicht mehr hier ist und auch nicht mehr glaubwürdig wirkt. In diesem Fall jagen wir dann der eigenen Jugend nach, verfallen der Sucht nach Bestätigung für unser altes Selbstbild, wirken nach außen hin immer unechter und verlieren nach innen hin zunehmend die Verbindung zu uns selbst.

Den Vorgang des Reifens hingegen anzunehmen fordert dazu auf, sich selbst in den Facetten des Werdens und Vergehens noch viel eingehender kennenzulernen, sich mit sich noch grundlegender auszukennen und mit sich trotz und in all dem Wissen noch mehr anzunehmen, um mit sich trotz auch unangenehmer Veränderungen gut auszukommen. Sich selbst dadurch zu *genügen* führt zu jener Unabhängigkeit, die menschliche Größe auch im Alter auszeichnet, woraufhin sich Weisheit entfalten kann. Sie tritt an die Stelle des eigenen, im Laufe des Lebens liebgewonnenen Gewohnheitstiers. Statt uns der Sehnsucht nach der Vergangenheit und der Abwehr von Neuem oder der Aufrechterhaltung des Ewigselben hinzugeben, können wir jetzt dem Alterungsprozess und der Sinnentleertheit des Jagens nach Glück und Reichtum ins faltige Gesicht sehen – ja, diesen nach der Erfüllung von langersehnten, doch letztendlich uns fremden Wunschbildern und Illusionen fröhlich ins Antlitz lachen. Denn Witz entsteht, wo wir unsere eigenen Unzulänglichkeiten und die ungelösten Dilemmata unseres Lebens ganz klar sehen und sie mit einem Achselzucken und einem Augenzwinkern kommentieren. Die spürbar nachvollziehbare Wahrheit in einer solchen Haltung, die nicht verdrängen will, sondern bewusst anerkennt, was Tatsache ist, ohne sich davon „unterzukriegen" zu lassen, machen Weisheit und Humor letztlich untrennbar.

Am Wendepunkt verweilen

An diesem „Nullpunkt" angelangt, an dem die „alte Fassade" nicht mehr aufrechterhalten wird, kehrt sich die Zeit um. Unsere Zeitrechnung verkehrt sich, denn es ist der Moment, an dem sich die Vergangenheit der ersten Lebenshälfte als beendet herausstellt und die Zukunft sich als eine greifbar endliche herauskristallisiert. Der Fokus liegt nicht mehr darauf, älter zu werden und dagegen anzukämpfen oder damit zu hadern. Stattdessen richtet sich die

Aufmerksamkeit darauf, dass sich unsere eigene Lebenszeit verjüngt, zuspitzt, intensiviert – bis zum letzten Tag, der der erste einer anderen Zeitrechnung sein wird. Zeit wird immens kostbar, nicht weil sie vergeht, sondern weil sie (noch) ist. Am Nullpunkt dieser Erkenntnis – den manche bereits in ihrer Midlife-Crisis kennenlernen, andere erst viel später und viele gar nicht – passiert so etwas wie eine Schubumkehr. Was ein halbes Leben lang nach vorne gedrückt hat und uns zur Leistung, zum Aufbauen und später zum Aufrechterhalten nahezu gezwungen hat, kommt nun langsam zum Stillstand. Die Vergangenheit hört auf, das Ewiggleiche und logische Erweiterungen bisheriger Entscheidungen im Hier und Jetzt zu (re)produzieren. Die Gegenwart übernimmt. Und die Zukunft, die zuvor noch unbestimmt war, kann ab nun mit jedem Atemzug eingesaugt werden. Sie passiert nicht mehr „irgendwann", sondern geschieht hier und jetzt, und sie nimmt durch unsere eigenen Entscheidungen Form an. Wir erlangen die Freiheit, unsere Existenz im Angesicht des Todes und der Einsamkeit so zu gestalten, dass sich Schmerz und Freude durch Witz und Weisheit ausbalancieren können. An dieser Stelle vermag uns niemand anderer wirklich zu helfen – außer vielleicht jenen, die uns dabei begleiten, zu uns selbst zu finden und trotz all der großen Herausforderungen, die uns von Moment zu Moment aufs Neue beschäftigen, bei uns selbst zu bleiben.

„Meine einzige Verpflichtung im Leben ist, mir selbst treu zu bleiben."[19]

„Mir selbst" treu zu bleiben verlangt nach einem Bezug zu sich selbst, besser noch: zum eigenen *Selbst*. Das Selbst ist wahrlich wundersam. Es umfasst das eigene Ego und die individuelle Persönlichkeit mit all ihren Merkmalen, reicht jedoch zugleich weiter und tiefer. Der Begriff des „Selbst" wird in den Wissenschaften, also in der Psychologie, Philosophie und Pädagogik und sogar in

---

19 Ziegler, Gert: Tarot. Spiegel der Seele, S. 105.

ihren jeweiligen Teilfachbereichen, unterschiedlich verwendet. Eine mögliche Beschreibung lautet: *Das Selbst ist das Zentrum der Persönlichkeit.* Es umfasst sämtliche Charakteristika der Person auf Basis der bewussten sowie unbewussten Wahrnehmung und inkludiert den Betrachter seiner selbst, das wahrnehmende Bewusstsein. Das Selbst kann dann verstanden werden als der unbewusste Urgrund, von dem sich das bewusste Ich abgrenzt.

Das Ich bestimmt die eigene Identität, also die Ich-Vorstellung, indem etwa mithilfe der Stimme in unserem Kopf das von uns Erlebte interpretiert und zu uns in Bezug gesetzt wird. Das Ergebnis ist eine Selbstdefinition, ein ganz bestimmtes Selbstbild. Wobei das „Selbst" in diesem Begriff allerdings irreführend, weil „zu klein" gedacht, ist: Das Selbst selbst ist nicht reflexions- und kritikfähig, es ist auch nicht durch Beschreibungen so einfach kategorisierbar. Es ist das *Ich*, das wahrnimmt, denkt und ein Gedächtnis hat: Erkennen, Unterscheiden und Bewerten sind so betrachtet Funktionen des *Ich*. Was wir für unser Selbstbild halten, wer wir also zu sein glauben, ist zumeist nur unser Ich-Bild, das Bild, das unser Ego von sich hat, haben will und aufrechterhalten will. Ein Beispiel: Jemand beschreibt sich selbst vielleicht so: „Ich bin Hans, 35 Jahre alt, komme aus Bregenz, arbeite als Bauingenieur, habe eine Freundin und liebe Fußball." Und alles, was Hans erlebt, setzt er in Bezug zu seinen bisherigen Erfahrungen, Wertvorstellungen, seiner Lebenswelt, seinen Bedürfnissen und Vorlieben. Auf seinen entsprechenden, für ihn logischen und bedeutsamen Schlussfolgerungen basiert seine Ich-Vorstellung. „Wer ich bin" ist somit eine Beschreibung dessen, wer wir auf Basis der entsprechenden Aktivitäten des Ich zu sein glauben.

Das Selbst hingegen ist etwas anderes, der Begriff bezeichnet unseren Wesenskern, der unabhängig von wechselnden Bewusstseins*inhalten* existiert. Es ist weder das normative Regelwerk der Gesellschaft (das sogenannte „Über-Ich") noch das triebhafte Geschehen des Unbewussten (das sogenannte „Es") und auch nicht das denkende „Ich". Das Selbst umfasst die Person als Ganzes, mit all ihren wesensbezogenen Möglichkeiten und Eigenarten, ohne Einschränkungen durch Ich, Über-Ich und Es.

Warum sind wir aber immer wieder „uneins mit uns selbst" und nicht in unserer Mitte?

Wann fallen wir aus unserer Mitte, verlieren den Kontakt zu uns selbst, zu unserem Selbst? Wenn wir unser Selbst nicht (mehr) wahrnehmen, nicht (wieder-)erkennen oder wenn wir uns nicht wohlfühlen. Wenn es uns körperlich schlecht(er) geht – wenn wir uns allgemein diffus schlecht fühlen oder ganz konkret krank werden –, wir uns daraufhin schwierig verhalten, weil uns außerordentlich starke, oft negative Gefühle und Gedanken beherrschen. Dann sind wir oft uneins mit uns selbst, nicht eins mit unserem Selbst. Wir sind stattdessen eins mit dem Leiden, das uns momentan dominiert, eins mit der Sehnsucht nach der abwesenden Gesundheit, Kraft, Beziehung etc. All diese Momente können als Aufforderungen verstanden werden, zu unserem Selbst Kontakt aufzunehmen, zurückzufinden, Teile an uns zu erkennen, zu denen wir bislang noch keinen Bezug hatten. Solche Auslöser können Umstände von außen sein, wie ein massiver Unfall oder ein Unglück, das uns oder unseren Liebsten zugestoßen ist. Solche akuten Krisen können das ganze Leben lang geschehen. Ab der Lebensmitte jedoch gibt es langwährende Phasen, in denen die akute Krise nicht unbedingt an ein einzelnes äußeres Ereignis geknüpft werden kann, sondern in denen der „Abwärtstrend" als unaufhaltsam erlebt wird.

Die andere Variante, „uneins mit uns selbst zu sein", ist, dass wir nicht durch äußere Umstände verursacht, sondern scheinbar freiwillig das Einssein mit uns selbst verlassen. Wobei es sich dabei eher um eine angelernte Gewohnheit handelt, sich unter bestimmten Umständen von seinem inneren Kern „abzukoppeln". Aber warum verlassen wir uns selbst, wenn uns das ganz offensichtlich nicht guttut? Wie kommt es zur Selbstentfremdung? Oft geschieht dies, wenn unsere Umwelt oder unsere verinnerlichten Ideale etwas anderes wollen als wir selbst. Wenn wir Ansichten und Verhaltensweisen übernehmen (sollen), die unserem Selbst, unserem Wesen, nicht entsprechen. Wenn der soziale Druck oder die Triebe das Ruder an sich reißen. Von ihrer Warte aus gibt es keinen direkten oder bewussten Zugang zum Selbst, sie agieren in ihrem eigenen Regelkreis (soziale Ansprüche sollen erfüllt und Triebe befriedigt werden).

Nur das Ich hat immer die Wahl, sich dem Selbst anzunähern oder sich vom Wesenskern seiner Persönlichkeit zu entfernen.

Das gute oder eben schlechte Verhältnis von Ich und Selbst drückt sich in psychischer Gesundheit/Krankheit und in körperlichem/seelischem Wohlbefinden/Leiden aus. Andauernde innere Konflikte und gesundheitsschädigende Lebensweisen sind Anzeichen für ein Ungleichgewicht, ein Auseinanderdriften von Ich und Selbst. Befinden wir uns in einer Krise, so ist es Zeit, eine Entscheidung zu treffen – und zwar die Entscheidung, zurück zu uns selbst zu finden. Der Beginn des Alterns, der so oft in Form einer Midlife-Crisis ins Bewusstsein drängt, ist so eine Krisenzeit.

Wenn wir die Herausforderung annehmen, gewinnen wir zunehmendes Empfinden und Handeln aus dem inneren Frieden, anstatt aus dem inneren Ungleichgewicht, Kampf und Druck heraus. Die Zeitqualität verändert sich. Aus Geschwindigkeit und Tempo werden Ruhe und Langsamkeit. Diese Transformation von Druck zu Frieden zu vollziehen ist vielleicht die Aufgabe, die uns Menschen in der Zeit des Alterns, ab Beginn der zweiten Lebenshälfte auferlegt wird. Diese Transformation kann den gesamten zweiten Zyklus beanspruchen. Immer wieder werden innere und äußere Kämpfe oder Rückzugsphasen noch tiefergehende und wesentlichere Themen auf den Tisch legen, zur Ansicht preisgeben, uns zur Auseinandersetzung und Friedenschließung auffordern. Dabei gibt es für die einen das Ziel, so früh wie möglich in den Gleichmut oder auch zu ihrer Art von „Erleuchtung" zu finden. Sie üben sich vielleicht in Dankbarkeit oder in Mitgefühl, in Dissoziation oder in Meditation. Für andere stellt sich der Kampf als tägliche Herausforderung dar. Sie können sich nicht mit dem eigenen Gesicht im Spiegel abfinden, mit der veränderten Körperform oder der nachlassenden Leistungsfähigkeit, dem Rückzug aus der Gesellschaft, dem Weniger-wichtig-Werden oder dem Nicht-mehr-gesehen-und-begehrt-Werden. Dritte wiederum geben still auf, lassen sich gehen oder gar fallen und versinken schließlich in Depression oder Süchten.

Dieser Beitrag richtet sich an all jene, die solche Tendenzen kennen, sie aber nicht als der Weisheit letzten Schluss anerkennen. Die ins Reine mit sich selbst kommen und der guten Verbindung zum eigenen Selbst mehr Lebensraum schenken wollen. Um diesen Prozess zu unterstützen, finden sich hier nun eine praktische Liste mit Themen und Fragen sowie Übungen, die ebendieses Ziel verfolgen. Zum einen, indem die klare Wahrnehmung von begrenzenden Denk-, Fühl- und Verhaltensweisen gefördert wird, und zum anderen, indem unter Rückkopplung zum Selbst Platz für anderes, Neues, Unerwartetes geschaffen wird.

Die weiter unten angeführten Themen, Fragen und Übungen sind an jene Symptome geknüpft, die das Älterwerden mit sich bringt. Sie wurden aus einer Vielzahl an Gesprächen zusammengetragen und sind keinem spezifischen „Krankheitsbild" und keiner speziellen Phase (wie etwa den Wechseljahren) geschuldet, sondern stellen allgemeine Anzeichen des Älterwerdens und des Alterns dar. Die Aufzählung konzentriert sich auf eine Ansammlung von tendenziell negativ konnotierten Schilderungen. Das Ziel ist, ein Problembewusstsein zu schaffen, um im Angesicht der anstehenden Themen (wobei sich jeder Mensch den für ihn/sie zutreffenden Themen widmen kann) selbstbestimmt Maßnahmen setzen zu können.

Natürlich kann man sich auch fragen: Was ist gut am Altern? Und allein schon durch die Frage lassen sich viele positive Aspekte finden (mehr bei sich zu sein, weniger Stress zu haben, sich den wichtigen oder schönen Dingen im Leben widmen zu können oder alles, was nicht mehr passt, loszulassen etc.). Kaum jemand wird jedoch gerne mit den unangenehmen Anzeichen des Alterns konfrontiert – und alle erinnern sich sehr wohl an die Kraft und Fähigkeiten, an die geistigen und emotionalen Freuden des Jungseins. Der Vergleich mit „früher" ist eine zentrale Quelle für das Gefühl von Verlust. Wiewohl auch die Jugend und das mittlere Alter ihre Schattenseiten in sich tragen, sind es doch sehr spezifische Themenfelder, die das Altern an sich begleiten und uns als solche massiv herausfordern. In der Folge wird nicht zwischen weiblichen und männlichen Anzeichen unterschieden, die Konzentration erfolgt auf von beiden Geschlechtern gleichsam erlebte Schwerpunkte. Selbstverständlich geht es nicht allen Menschen gleich. Die Auflistung versteht sich als Zusammenfassung möglicherweise bereits akuter und noch anstehender Faktoren, die Menschen langsam aus ihrer gewohnten Mitte drängen oder mitunter völlig überraschend aus ihrem Zentrum fallen lassen. Bei manchen früher und unvermittelt, vielleicht schon ab Anfang/Mitte 40, bei anderen schleichend, kaum wahrnehmbar und vielleicht erst mit 70, 80 Jahren in vollem Ausmaß. Selbstverständlich gibt es einerseits Ausnahmen und es treffen andererseits nicht alle Aspekte auf alle Menschen zu. Die Einteilung in „Geist", „Emotionen", „Körper" und „Beziehungen" ist eine praktikable unter vielen anderen möglichen, die Grenzen zwischen den Bereichen sind zudem fließend und die Zustände in den jeweiligen Bereichen beeinflussen einander wechselseitig.

Die Bestandsaufnahme mag zunächst düster und negativ wirken. Es geht aber genau darum, den Schrecken des Alter(n)s direkt ins Antlitz zu blicken, damit sie ihre negative Macht verlieren und aus ihnen Reife entstehen kann. Nach der Beschreibung der Herausforderungen pro Thema widmen sich Fragen an sich selbst und die praktischen Übungen ebendiesem Transformationsprozess.

GEIST

„Die Vergangenheit türmt sich auf, die Zukunft nimmt ab."
Haruki Murakami

Das Leben verspricht ab einem bestimmten Zeitpunkt, der individuell verschieden, aber jedenfalls merkbar ist, keine Höhen mehr, sondern vielmehr eine Menge Tiefen im mehrdeutigen Sinn. Bei manchen Menschen gleicht das Abhandenkommen der positiven Erlebnisse einer sanft abfallenden Wiese, an deren Ende ein unbekannter Grund, jedenfalls kaum etwas Gutes, wartet.

Statt einzigartiger Gipfelerlebnisse und angenehm aufregender Premieren sind es eher die klein(er)en Freuden, mit denen wir uns mit zunehmendem Alter(n) zufriedengeben müssen. Es ist schlichtweg wenig wirklich Neues zu erwarten. Die große Liebe?

Die steile Karriere? Der Traumkörper? Unmengen an Geld, Macht und Ansehen? Die glückliche Familie? All das hat man entweder bereits erreicht oder es ist höchstwahrscheinlich zu spät dafür. Der Zeitpuffer, in dem noch Unglaubliches, weil höchst positiv Unerwartetes, passieren könnte, schmilzt immer weiter dahin – bis er ganz weg ist. Hoffnungen und Erwartungen ans Leben und an sich selbst verfallen zunehmend. Sie werden zernagt vom Zahn der Zeit, unmöglich gemacht durch einstige Entscheidungen und durch das Gefühl, nicht mehr genug Kraft, Mittel oder Beziehungen zur Verfügung zu haben.

Das Aufgeben von teils lebenslang gehegten und gepflegten Wünschen und Träumen kann ein Vakuum in der generellen Lebensausrichtung hinterlassen. Das Fehlen dieser größeren Perspektive kann daraufhin eine zerstörerische Auswirkung auf das alltägliche Erleben nach sich ziehen. Schwierigkeiten werden intensiver wahrgenommen, negative Gedanken mehren sich. Das Fehlen von Abenteuern (wie neue und intensive Beziehungen oder weite Reisen ins Unbekannte ohne vorgegebenen Zeitrahmen) und von der Aussicht auf wirklich Neues, Großartiges (nein, damit ist nicht Malen, ein Kochkurs oder der nächste Opernbesuch gemeint) hängt vor allem mit dem Schwinden der eigenen Energien zusammen. Die Kraft und der Wille für ungeahnte Abenteuer fehlen immer mehr. Ein 5-Sterne-Hotel ist zwar bequem, gibt aber wenig Kick. Überhaupt übernehmen Sicherheitsdenken und Bequemlichkeit zunehmend das Ruder. Wo sind die unglaublichen Begegnungen? Die gibt's nur mehr der „dritten Art", also im negativen Sinne. Auch und nicht zuletzt weil man Menschen immer besser durchschaut (oder zumindest glaubt, dies zu können) oder weil sich die gewohnte Umgebung massiv und immer schneller ändert.

Verlust ist allgegenwärtig, dieser Umstand ist immer schwerer zu ignorieren. Schwarzmalen und Negativität, Abneigung, Verwirrung, Desinteresse oder Widerstreben bemächtigen sich des Denkens.

Die Veränderungen des gewohnten Aussehens, der Muskelkraft und der Lebensenergie sowie des inneren Empfindens rütteln auch das gewohnte Selbst- und Weltbild auf und stellen es in Frage. Wer sind wir, wenn wir nicht mehr leistungsfähig, attraktiv, selbstbestimmt, handlungswillig sind?

Zudem nehmen die Konzentrationsfähigkeit und die Gedächtnisleistung ab, das Kurzzeitgedächtnis leidet hierbei besonders. Die eigene mentale Zuverlässigkeit sinkt dann auch in den Augen der anderen und damit mitunter die Einschätzung der Zurechnungsfähigkeit. Überhaupt kommt beim Vergleichen mit früheren Fähigkeiten und Möglichkeiten selten etwas Positives heraus.

Worin liegt nun der „Schlüssel zum Glück", was das Denken und die mentalen Vorgänge in der zweiten Lebenshälfte betrifft? Eine Möglichkeit bietet die bewusste Akzeptanz des neuen Lebensabschnittes und eine entsprechende Neuausrichtung des eigenen Lebens.

„Die Gefahr des Altwerdens liegt darin, gleichzeitig bequem und selbstgefällig zu werden. Wir sollten das Neue und das Fremde suchen, ihnen applaudieren und für sie wilde Partys schmeißen, wann immer sie in unser Leben treten. Wir sollten Straßen in unsere eigenen kleinen Köpfe hinein und aus ihnen heraus bauen, anstatt Mauern um sie herum zu errichten. Graben wir uns selbst nicht in unseren düsteren Vorstellungen ein! Ein paar Milliarden Menschen sind an solch dunklen Orten gefangen, ohne es zu merken – und sie versuchen nicht einmal zu entkommen. Sie fühlen sich dort behaglich, werden selbstzufrieden und nehmen dafür in Kauf, das Wachstum ihres eigenen Geistes zu behindern. Lasst uns nicht in der Enge eines kleinen Geistes eingehen!" (nach Kevin Hearne)

Hilfreiche Fragen:

- Wie kann ein glückliches, zufriedenes, erfülltes Leben ohne die alten und gewohnten Zielvorstellungen aussehen?
- Was möchten Sie bis zum Ende Ihres Lebens noch erlebt haben?
- Wann und wie möchten Sie sterben?
- Wer soll in kritischen Momenten anwesend sein?
- Was soll mit Ihrem Nachlass geschehen?
- Auf welche Ereignisse – vom jetzigen Zeitpunkt aus gesehen – möchten Sie vom Sterbebett aus zurückblicken können?
- Wie wollen Sie sich fühlen, wenn „es soweit ist"?
- Welche Entscheidungen können Sie treffen, damit Sie diesen Gefühlen genügend Raum in Ihrem Leben verschaffen?

- Womit möchten Sie sich geistig beschäftigen?
- Was bietet Ihnen geistige Nahrung, Anregung, kitzelt Ihre Neugier und regt Ihr Interesse an?
- Was wollen Sie noch lernen? Wozu? Wie?
- Wer möchten Sie im Alter sein?
- Wie sollen andere Sie wahrnehmen?
- Was an Gedankengut und welchen Eindruck wollen Sie hinterlassen?

Übungen:

LEBENSLUST: Erstellen Sie eine Liste mit allem, was Sie in Ihrer zweiten Lebenshälfte noch erleben möchten. Achten Sie darauf, dass es Ziele sind, die neu für Sie sind und die im Einklang mit den Antworten auf die obigen Fragen stehen. Lassen Sie dieser Liste Taten folgen, die Ihnen Spaß machen und Ihr Leben täglich ein Stückchen bereichern.

SELBSTBILD: Erfinden Sie sich neu. Tun Sie, was Sie schon immer tun wollten. Seien Sie, wer Sie schon immer sein wollten. Ziehen Sie sich an, wie Sie möchten. Wohnen Sie, wie Sie möchten. Sagen Sie, was Sie (!) für richtig halten. Unabhängig davon, was andere von Ihnen halten mögen.

GRENZGÄNGE: Versuchen Sie regelmäßig, über Ihren Schatten zu springen. Fragen Sie etwa nach, wenn Sie merken, dass Sie in Ihrer Eigenart auf Ablehnung stoßen: Was ist denn Ihre Meinung dazu? Warum sind Sie dieser Meinung? Inwiefern unterscheidet sie sich von meiner Meinung? Welchen Vorteil bieten die beiden Meinungen für sich? Ist es möglich, sie gleichwertig nebeneinander stehen zu lassen? Welche Art von Flexibilität braucht eine solche Haltung? Geistige, emotionale oder auch körperliche? Wo stehen Sie am öftesten an? An welche innere oder äußere Grenze wollen Sie gehen? Welche möchten Sie überschreiten?

EMOTIONEN

„Die Möglichkeiten verringern sich,
das Bedauern nimmt zu."

Haruki Murakami

Ängste, Wut und Enttäuschung, Frustration, Trauer und Ohnmacht im Angesicht des eigenen Vergehens sammeln sich mit
zunehmendem Lebensalter zu einem fruchtbaren Nährboden
für ihre eigene Vermehrung an. Diese Gefühle rotten sich auch
gern zusammen und bohren gemeinsam gemeine Löcher in
das Fass der Zuversicht und des Urvertrauens, bringen es zum
Schwanken, zum Auslaufen. Unabwendbar, scheinbar „von ganz
alleine". Das Unweigerliche, Ungewollte daran erzeugt noch mehr
Ängste, Frustration, Wut und Ohnmachtsgefühle. Das Alter über-
kommt einen, ob man will oder nicht. Positive Überzeugungen
schwinden wie die klare, feste, körperliche Form, die man einst
hatte. Selbstsicherheit, Selbstwert und Selbstwirksamkeit werden
gefährdet. Die Leichtigkeit des Seins kann von einer depressiv
anmutenden Schwermut oder einer aggressiv daherkommenden
Trotzhaltung zur Seite geschwemmt werden. Das Kernproblem ist,
dass wir weder selbst- noch fremdbestimmt altern. Das Altern ist
vielmehr vorherbestimmt. Egal, wie jugendlich wir altern, wie fit
wir bleiben, wie gesund und vital, geistig rege oder beziehungs-
freudig: Die Quellen positiver Gefühle werden weniger. Was übrig
bleibt, ist schal(er).

Vergangene Enttäuschungen türmen sich auf, während das
Gefühl, den Alltag bewältigen zu können, sinkt. Digitalisierung,
gesellschaftliche Veränderungen, das soziale Umfeld, soziale Sicherheit – alles Bereiche, die tiefe Verunsicherung zurücklassen
können. Wer wird einem durch das Leben helfen, wenn gar nichts
mehr geht?

„Die Hoffnung ist der Brennstoff und Lebenszweck des
Menschen. Ohne Hoffnung kann ein Mensch nicht leben."

Haruki Murakami

Daher sind Ängste und Sorgen auch die größten Bremsen des Lebens. Alles, was Hoffnungen zunichtemacht, hemmt die Lebensfreude. Leider ist daran auch unser Körper, insbesondere der Hormonhaushalt, beteiligt (mehr dazu weiter unten im Abschnitt „Körper"). Mit positivem Denken alleine lässt sich die emotionale Befindlichkeit nicht ausreichend verändern. Die Gefühlszuordnung, also die Interpretation des körperlichen Zustandes als etwa angenehm oder unangenehm, entsteht zwar an der Schnittstelle von Körper und Geist, im Gehirn. Die neuronale Plastizität, also die Veränderbarkeit des Gehirns und der neuronalen Vernetzungen, ist an sich etwas Wunderbares. Was wir durch Wiederholung lernen, prägt sich uns als Gewohnheit ein. Automatismen an Reaktionsweisen, an Einstellung und Bewertungen entstehen und können prinzipiell auch verändert werden. Diese Veränderung wird aber zunehmend schwieriger. Im Alter sind wir mehr Gewohnheitstier als je zuvor. Daher verstärken sich die Eigenarten eines Menschen auch im Alter sowie bestimmte Körperteile weiterwachsen (etwa die Nase, die Ohren oder das Kinn).

Den Kreislauf der Negativität zu durchbrechen ist also alles andere als einfach. Sorgen und Grübeln, das Zweifeln und Sichreinsteigern in Abwärtsspiralen der Hoffnungslosigkeit und der negativen Ahnungen sind deshalb keine sinnvolle Auseinandersetzung, weil sie sich nicht mit den echten Problemursachen, sondern nur mit Symptomen beschäftigen. Sich im negativen Kreis zu drehen und festzustellen, dass etwas nicht stimmt und was genau nicht stimmt, ist nicht dasselbe, wie genau zu erkennen, warum etwas mit oder in uns nicht stimmig ist. Auch äußere Sorgen, um andere, um Finanzielles, oder das Tragen von Sorgen anderer sind verlockende Alternativen, wenn es darum geht von einer echten Auseinandersetzung mit dem eigenen Alter abzulenken. Verantwortungen jeglicher Art, die man für andere übernimmt, die diese eigentlich auch selbst tragen könnten oder oft sogar müssten, weil sie lebensfähig sein sollten (Stichwort: Kinder), gehören überdacht und, wenn möglich, abgegeben. Dahinter lauern die Ängste, nicht mehr gebraucht und nicht mehr geliebt zu werden. Auch mit diesen gilt es, sich auseinanderzusetzen. Nicht mehr geliebt zu werden, wenn die Arbeitsleistung und die auch oft im Beziehungsleben üblichen Dienstleistungen (Stichworte: Haushalt oder emotionaler Mülleimer für andere) flachfallen, ebenso wie durch den Umstand, dass die körperliche Attraktivität oder die Lebensfreude weniger werden, ist eine der größten Ängste, die das Altern mit sich bringt.

Hilfreiche Fragen:

- Wofür werden wir tatsächlich geliebt?
- Wer liebt uns tatsächlich?
- Ist Liebe an Leistung gebunden? Wenn ja, an welche? Wollen Sie diese Leistung überhaupt erbringen? Wollen Sie diese Art von Liebe überhaupt?
- Was ist für Sie „Liebe"?
- Woran erkennen Sie, dass Sie geliebt werden?
- Was bereitet Ihnen Freude?
- Wo finden Sie Schönheit?
- Was gibt Ihnen das Gefühl, mächtig oder kraftvoll zu sein?
- Wobei können Sie so richtig entspannen?
- Was füllt Ihren Energiehaushalt?
- Was hören, sehen, riechen, schmecken und spüren Sie besonders gerne?
- Was hilft Ihnen, aus Gefühlen der Hilflosigkeit, Abhängigkeit und Fremdbestimmung herauszufinden?
- In welchen Momenten gewinnen Sie Zuversicht in sich und das Leben (zurück)?
- Wie kann eine Öffnung für bislang noch nicht in Ihrem Leben Dagewesenes aussehen?
- Welche Art Tätigkeit kann Ihnen das Gefühl der Selbstwirksamkeit (etwa etwas für Sie Wesentliches berühren und bewegen zu können) ermöglichen?

Übungen:

LEBENSFREUDE: Erstellen Sie eine Liste mit allem, was Sie zum Lachen bringt. Machen Sie täglich etwas von dieser Liste.

Versuchen Sie, die Liste jede Woche zu erweitern. Versuchen Sie, andere zum Lachen zu bringen. Genießen Sie das Lachen selbst, alleine oder gemeinsam. Gerne auch grundlos.

GRAZIE: Suchen Sie nach Vorbildern, also Menschen, die Ihnen auch im Alter gefallen. Versuchen Sie herauszufinden, was genau sie schön, interessant oder elegant macht bzw. warum sie Ihnen imponieren. Woher sie etwa ihre Kraft und ihr Selbstbewusstsein beziehen. Überlegen Sie, wofür und in welcher Eigenart Sie gerne ein Vorbild für andere, spätere Generationen wären. Stellen Sie sich vor, Sie wären diese Persönlichkeit: Wo und wie lebt sie? Welche Freunde hat sie? Was tut sie an einem gewöhnlichen Tag? Gibt es davon Komponenten, die Sie in Ihr Leben holen können und wollen?

GLEICHMUT: Versuchen Sie auf alles, was Sie normalerweise ärgert, frustriert oder traurig macht, anders zu reagieren. Zum Beispiel indem Sie nichts tun. Oder etwas Absurdes sagen (etwa: „Holzwurm"), sich woanders hinwenden, beispielsweise hinauf zum Himmel, oder einen Schritt zur Seite tun, und sich innerlich fragen: Was ist sonst noch möglich? Im Vermeiden des Ausagierens oder gar Hineinsteigerns in negative Gefühle liegt eine Möglichkeit, die neuronale Plastizität zu nutzen. Sie werden sich bei konsequentem Anwenden des „Nicht- oder Andersreagierens" auf die üblichen Auslöser für unangenehme Gefühle auch in schwierigen Situationen ein Stückchen besser fühlen. Die Automatismen und Negativspiralen werden langsam durchbrochen und das Erleben wird verändert.

ZUVERSICHT: Richten Sie vermehrt Ihre Aufmerksamkeit auf Aspekte, die das Wunder des Lebens spürbar machen. Natur, Tiere, Kunst – je nach Persönlichkeit sind es unterschiedliche Erfahrungen, die uns die Besonderheit jedes Atemzugs spüren lassen. Befassen Sie sich mit Dingen, Pflanzen, Tieren und Menschen, die besonders widerstandsfähig sind. Wie sieht die Welt aus der Sicht eines 500 Jahre alten Baumes aus? Was macht einen

Diamanten so strahlend? Wie können Kakerlaken selbst die größten Katastrophen überleben? Aus welchen Biographien könnten Sie Hoffnung und Lebenskraft schöpfen?

AUTHENTIZITÄT: Achten Sie darauf, wer in Ihrem Umfeld oder auch in den Medien besonders echt wirkt und wer sichtbar eine Rolle spielt. Lernen Sie zu erkennen, inwiefern sich Körpersprache, Stimme und Inhalt gegenseitig widersprechen oder miteinander übereinstimmen. Bemerken Sie bei sich selbst, wann Sie ganz natürlich sind und wann Sie sich verstellen. Versuchen Sie in Zukunft, auch in jenen Situationen, in denen Sie sich früher verstellt haben, sich selbst treu zu bleiben. Versuchen Sie ebenso herauszufinden, warum Ihnen dies manchmal trotz ernsthaften Versuchens nicht gelingt und woran Sie dies erkennen können. Wird Ihre Stimme anders? Schweigen Sie? Verändert sich Ihre Körperhaltung? Nehmen Sie sich in Zukunft diese Anzeichen zum Anlass, sich anders zu verhalten. Gehen Sie weg, anstatt zu schweigen. Öffnen Sie Ihren Körper, beispielsweise verschränkte Arme, anstatt sich zu verschließen. Atmen Sie bewusst aus, bevor Sie etwas sagen. Suchen Sie auch die Nähe zu Menschen, die ganz sie selbst sind. Auch wenn diese vielleicht eine Menge Ecken und Kanten haben, so können sie verlässliche Beziehungspartner sein. Sie wissen, worauf Sie sich einlassen und dass diese Menschen zumindest sich selbst und ihren Eigenarten gegenüber treu sind.

INSPIRATION: Kaum etwas ist befriedigender, als aus sich selbst zu schöpfen, kreativ zu werden oder sich als erfolgreich in etwas zu erleben. Sei es eine Kunst oder ein Handwerk, sei es aktiv oder lernend. Ob Malen, Musik, Tanz, Schauspiel, Schreiben, Filmen, Fotografie, Schmuck, Schneidern u. v. a. m. – dem kreativen Ausdruck ist keine Grenze gesetzt. Welche Form des Schaffens beeindruckt Sie? In welcher Tätigkeit finden Sie eine gewisse Erfüllung? Was macht Ihnen schlicht Spaß? Wo bekommen Sie Inspiration für eigene (Lebens-)Entwürfe oder Vorhaben? Wo können Sie noch mehr dazu lernen?

LEIDENSCHAFT: Statt sich aufs Leiden zu konzentrieren, lieber die Leidenschaft(en) ins Zentrum der Aufmerksamkeit stellen. Was bewegt Sie zutiefst? Wobei empfinden Sie Lust und wovon bekommen Sie gute Laune? Welche Premieren in Ihrem Leben sind noch ausständig, die Sie unbedingt erleben möchten? Üben Sie sich darin, selbstbestimmt raus aus dem Jammertal zu finden. Suchen Sie für Sie spannende Abenteuer und widmen Sie sich den Momenten, die Sie in der Seele oder im Herzen tief berühren.

ZUFRIEDENHEIT: Erinnern Sie sich an einen Moment, an dem Sie a. *alleine* (also keine anderen Menschen in der Umgebung da) und b. *zufrieden* (also im Frieden mit sich selbst und der Welt) waren. Nun fragen Sie sich: Was hat diesen Moment so besonders gemacht? Welche Qualität war da, die Sie den Frieden im Innen und Außen so deutlich erleben ließ? Welche Umstände haben zu diesem Gefühl beigetragen?

KÖRPER

„Energie!" Cpt. Jean-Luc Picard

Selbst wenn wir geistig und emotional bereit für neue Abenteuer sind und in Universen vordringen wollen, wo zumindest wir noch niemals gewesen sind: Wo ist sie (hin), die Energie?

Wer sich zu viel Energie über die Nahrung und Getränke zuführt, der wird einfach nur noch fett. Die Muskelmasse nimmt ab, der Energieumsatz wird weniger, der Stoffwechsel langsamer. Körperliche Fähigkeiten lassen nach, etwa sinnliche Fähigkeiten wie sehen und hören, aber auch die gewohnte Bewegungsfähigkeit. Die Libido macht sich still und heimlich davon, stattdessen regiert die Lust aufs Essen, auch bekannt als der „Sex des Alters". Die Atmung wird zudem flacher, langsamer, das Atmen fällt mitunter schwerer – als würde uns mit weniger Sauerstoff und mit dem verringerten Stoffwechsel immer weniger Energie im Körper zur Verfügung gestellt werden. Das Kraftwerk „Körper" schwächelt, wird brüchig, einzelne Bestandteile versagen. Heilung braucht länger, wobei einiges unheilbar bleibt. Leiden werden chronisch, belasten dauerhaft die eigene Befindlichkeit. Schmerzen gehören früher oder später zum Alltag, etwa Gelenks- oder Rückenschmerzen. Diverse andere „Verschleißerscheinungen" hemmen den Elan und machen vorsichtig. Laufen, Gehen, Stehen werden weniger selbstverständlich. Kreislaufschwächen, Schwindelgefühle, Verdauungsprobleme, unkontrollierbare Gewichtszu- oder abnahme, Gelenksschmerzen, Muskelschwäche, Knochenporösität oder Bindehautschwächen − das Alter hält viele „Schwachstellen" bereit. Die obige Aufzählung versteht sich daher bei Weitem nicht als vollständig. Das Leben schenkt jedem Menschen seine ganz eigenen Alterssymptome, die teils genetisch oder familiär bedingt, teils der eigenen Lebensweise und teils schlicht der Biologie der Zeit geschuldet sind.

Auch das Hormonprofil wandelt sich mit der Zeit drastisch, was wiederum die Selbstverständlichkeit des gewohnten Selbstgefühls und der emotionalen Balance durcheinanderbringt. Der Abfall des Hormonspiegels bzw. die Verschiebung der vorherrschenden Hormone beeinflusst unsere Stimmung, Vitalität und Lebenskraft: Melatonin (das für Erholungsphasen wie den Schlaf wesentlich ist), das Wachstumshormon (für Zellwachstum, Muskelaufbau oder Fettabbau zuständig), die Geschlechtshormone Östrogen, Testosteron und Progesteron − sie alle verändern sich. Dies bewirkt massive Befindlichkeitsstörungen, Libidoverlust, steigendes Aggressions- oder Depressionspotenzial, Schlafstörungen u. v. a. m. Aber auch die für Glücks- und Hochgefühle bzw. Beruhigung und Entspannung zuständigen Hormone/Neurotransmitter wie Serotonin, Dopamin, Endorphine, Oxytocin oder GABA werden beeinflusst. Auch das Adrenalin sollte andere Beachtung als bislang (Stichwort: Stressauslöser) finden: Es sorgt nämlich auch dafür, dass wir uns aktiv und lebendig fühlen, steigert die Herzfrequenz und fördert die Durchblutung.

Schon ab 45 Jahren werden zudem altersbedingte Veränderungen der weißen Hirnmasse zunehmend wahrscheinlicher. Sie müssen nicht notwendigerweise zu degenerativen Prozessen (etwa zu

Demenz) führen. Negativer Stress, Einsamkeit und Depressionen fördern jedoch den geistigen Abbau. Die Merkfähigkeit kann leiden, die Konzentrationsspanne sinken, was das Zuhören und das Nachvollziehen von Gedanken und Gefühlen anderer oder das umfassende Verstehen komplexerer Vorgänge schwieriger macht. Das Kurzzeitgedächtnis wird ebenfalls immer mehr in Mitleidenschaft gezogen. Bislang gewohnte Namen oder Zahlenfolgen fallen plötzlich aus, Worte werden verwechselt ... Mit der geringer werdenden Verlässlichkeit des eigenen Gehirns einher geht verständlicherweise entweder ein Abschottungsprozess, um dieses Geschehen vor sich selbst oder anderen zu verbergen, oder tiefe Erschütterung und Selbstzweifel treten ein, bis zum Abfall des Selbstwertgefühls und dem Auftreten von Ängsten aller Art. Die körperlichen, geistigen und emotionalen Empfindungen, Zustände und Gefühle hängen stets eng miteinander zusammen und beeinflussen sich gegenseitig. Geht es einer Ebene schlechter, so müssen die anderen Ebenen zunächst die Schwäche oder den Ausfall kompensieren – sind sie aber mit der langen Dauer oder der Intensität des Problems überfordert, so können sie ebenfalls nachlassen. Bei immer schwächer werdender Regenerationsfähigkeit mündet diese gegenseitige Verstrickung leicht in einem Teufelskreis.

Hilfreiche Fragen:

- Was gibt Ihnen Energie? Können Sie mehr davon bekommen/tun?
- Was kostet Sie Energie? Können Sie weniger davon bekommen/tun?
- Warum machen Sie keinen Sport?
- Welche Art von Bewegung macht Ihnen Spaß? Wie bringen Sie diese in Ihr Leben?
- Welche Art von gesundem Essen mögen Sie wirklich? Wie können Sie dieses auf immer wieder überraschende Art und Weise in Ihr Leben bringen?
- Was an Ihrem Körper schmerzt derzeit? Was hingegen funktioniert reibungslos? Was überwiegt?

Übungen:

SELBSTBILD: Nehmen Sie sich selbst in allen Eigenarten wahr, ohne sich dabei zu beurteilen. Erlauben Sie Ihrem Körper zu sein, wie er ist, und nehmen Sie sich in Ihrer momentanen Form an. Versuchen Sie, sich jeden Tag ein bisschen besser zu *fühlen*, anstatt „nur" besser aussehen zu wollen. Konzentrieren Sie sich bei der Selbstwahrnehmung mehr auf den/die, der/die durch die Augen sieht und durch die Ohren hört, als auf Äußerlichkeiten. Malen Sie sich regelmäßig aus, wie Sie sich fühlen, wenn Ihr Körper, Geist und Gefühlsleben in optimalem Zustand sind (nicht jünger als jetzt, sondern von der momentanen Ausgangslage ausgehend). Überlegen Sie, welche Schritte Sie setzen können und wollen, um Ihrem idealen Gefühlszustand im Hier und Jetzt näherzukommen.

WOHLGEFÜHL: Ob ausreichend Bewegung oder gute Ernährung, guter Schlaf oder effektive Massagen, es gibt unglaublich viele Wege, das eigene körperliche Wohlbefinden zu fördern. Erstellen Sie eine Liste Ihrer persönlichen Wohlfühlfaktoren und machen Sie regelmäßig, am besten täglich etwas davon.

GLÜCKSGEFÜHLE: Tryptophan ist wichtig, da es dem Körper als Basis für die Serotoninbildung (bekannt als das „Glückshormon") dient. Es kann durch Sport zur Verfügung gestellt werden. Nach echter Anstrengung sorgt es dafür, dass wir auch echte Hochgefühle erleben, da wir Endorphine, Dopamin und letztendlich als Belohnung Serotonin ausschütten. Koffein soll hingegen (ebenso wie Nikotin) vermieden werden: Kaffee behindert den Prozess der Umwandlung von Tryptophan in Serotonin, Nikotin sorgt nur kurzfristig für einen Anstieg, aber langfristig für einen gesenkten Serotoninlevel. Oxytocin, das Kuschelhormon, kann durch das Streicheln etwa einer Babykatze genauso stimuliert werden wie durch zärtlichen Hautkontakt.

GEISTIGE BEWEGLICHKEIT: Sich immer wieder mit neuen Reizen auseinanderzusetzen oder Spiele aller Art (z. B. Brettspiele, Kreuzworträtsel, Musikinstrumente), Lesen sowie die Einbindung in reale (nicht virtuelle) soziale Netze helfen dabei, das Gehirn in Schwung zu halten. Neues oder Überraschendes, wie etwa geschmackliche Abwechslungen durch fremdartiges Essen oder intensive Reize wie ein scharfer Chili, fördern die Dopamin- und Endorphinausschüttung.

LEBENSKRAFT: Riskieren Sie manchmal etwas – Adrenalin wird Sie mit Lebenskraft versorgen.

LICHTSPIELE: Gehen Sie vermehrt ans Licht oder machen Sie eine Tageslichtkur, denn Licht verbessert den Gemütszustand, den Schlaf und den inneren Antrieb.

RUHE: Tagzuträumen, den Sehnsüchten nachzuhängen, einfach nichts zu tun, sich den Medien und dem Telefon zu verweigern oder sich den schönen Dingen des Lebens zu überlassen – all das kann innere Ruhe fördern.

GARTEN EDEN: Auch das Gärtnern kann glücklich machen. Das Graben in der Erde hat nicht nur eine zutiefst sinnliche Komponente; das Licht, die Bewegung und die Luft, aber auch die Sorge um die Pflanzen und das gute Gedeihen derselben bringen tiefe Befriedigung. Stress wird abgebaut, das Immunsystem gestärkt, die Ausdauer gefördert, das Gehirn trainiert, Grob- und Feinmotorik werden geschult, die Sinne werden gestärkt, v. a. Geruchs-, Gehör- und Tastsinn. Und das Gehirn kann abschalten, die Alltagssorgen haben Pause …

BEZIEHUNG(EN)

„Beziehungen scheitern an mangelnder Selbstliebe. (…) Die meisten Menschen kommen mit sich selbst nicht gut aus und wissen erstaunlicherweise oft nicht, wie schlecht sie sich mit sich selbst verstehen. Gewöhnlich sind sie mit ihren sonstigen Beziehungen beschäftigt, in denen sie häufig Probleme haben. Das verwundert nicht – sind wir doch frustriert, wenn wir keine gute Beziehung zu uns selbst haben. Daher wollen wir in diesen Beziehungen das Glück und die Zufriedenheit finden, die wir in der Beziehung zu uns selbst nicht finden können. Jeder ist damit überfordert, ja, muss damit überfordert sein.“ (Michael Lehofer[20])

Mit zunehmendem Alter schwindet unangenehmerweise auch noch das zumindest zuvor gewohnte Ausmaß an Beachtung durch andere, wie die Achtung, die einem entgegengebracht wird. Mit abnehmender Attraktivität fürs andere Geschlecht, mit dem Austreten aus dem Berufsleben und mit dem immer weniger Wichtigwerden für die eigene Familie werden wir immer „unsichtbarer“ für andere, wir treten aus deren Sichtkreis heraus. Aber auch das eigene Interesse, die innere Offenheit, der Wunsch nach ausgiebigem Austausch und nach dem tiefen Eintauchen in die Welt anderer, die drängende Suche nach Verbindung schwinden. Wir werden mit zunehmendem Alter immer mehr an den Rand der öffentlichen Wahrnehmung gedrängt. In der Leistungsgesellschaft zählen wir mit der Zeit nur noch als Konsumenten. Auf der Straße oder im Supermarkt werden wir immer mehr als Person mit eigener Persönlichkeit übersehen, werden zur austauschbaren Figur eines oder einer „Alten“.

Soziale Isolation und Einsamkeit spielen einander in die Hände. Sind wir nicht mehr ins Berufsleben eingebunden und kaum mehr im alltäglichen Familiengeschehen präsent, so bleiben nur noch Freunde (die naturgemäß ebenso weniger werden), fernere Bekannte sowie ehrenamtliches Engagement bzw. andere Nebentätigkeiten, um soziale Kontakte aufrechtzuerhalten. Und *„wer zu lange einsam*

---

20 Lehofer, Michael: Mit mir sein. Selbstbliebe als Basis für Begegnung und Beziehung. Braumüller, S. 11.

ist, wird ein Superstar in Schrulliwood", meint dazu so treffend etwa Musicalstar Alexander Göbel. Dieser Satz trifft die negativen Auswirkungen, wenn man zu viel „mit sich" ist, auf den Kopf. Wir führen dann Selbstgespräche – das muss ja noch nichts Schlimmes sein –, aber wir bekommen auch nur Antworten von uns selbst. Das heißt, es gibt kein Regulativ, wenn wir uns etwas Unwirkliches einbilden oder uns in etwas hineinsteigern. Niemand hält uns den Spiegel vor, diskutiert mit uns Dinge durch, zeigt andere Sichtweisen, beruhigt oder befruchtet uns im Gespräch oder durch seine bloße Anwesenheit.

So können sich Ängste besonders in der Atmosphäre der Isolation nahezu ungehemmt entwickeln. Wer außerdem vor allem mit sich selbst im Austausch ist, der verliert zunehmend die Fähigkeit, auf andere einzugehen, geistig flexibel zu sein, verschiedene Meinungen zuzulassen – und will zunehmend selbst bestätigt werden. Diese verengte Sichtweise wiederum beschränkt die Zahl an möglichen Interaktionspartnern enorm. Der Teufelskreis der Einsamkeit schließt sich.

Einsamkeit wird zugleich von der Gesellschaft stigmatisiert, also entweder als Zeichen sozialen Versagens angesehen oder als Selbstverständlichkeit im Alter angenommen. Weder Selbstmitleid und innerer Rückzug noch Verachtung sind hilfreiche Verhaltensweisen. Natürlich kommen viele Menschen auch gut mit dem Alleinsein zurecht. Nichtsdestotrotz kommt mit zunehmender körperlicher Gebrechlichkeit ein Eindruck von Hilflosigkeit und eine gewisse Bangigkeit vor der Zukunft (etwa im Pflegefall). Die Abhängigkeit von der Hilfe anderer, wenn es etwa darum geht, schwere Dinge zu heben, komplizierte Angelegenheiten zu erledigen oder Ähnliches, ist ebenso höchst unangenehm. Die Kinder wollen möglichst wenig gestört werden, haben mit ihrem eigenen Leben alle Hände voll zu tun. Und eine Belastung möchte wahrscheinlich ebenso niemand sein.

Der Begriff der „Freiheit" bringt mit dem Alter veränderte Komponenten mit sich: Zunehmend frei vom Erwerbsleben und von sozialen Verpflichtungen schwinden auch die damit bislang einhergegangenen notwendigen Verantwortungen. Entscheidungen betreffen zunehmend nur noch das eigene Leben. Das kann sehr angenehm sein, wenn man die Selbstbestimmung als gesunder Mensch mit ausreichend finanziellen Mitteln und in gutem Sozialkontakt genießt. Es kann aber auch zur Belastung werden, wenn die Entscheidungen, die man selbst trifft, nicht dazu führen, die eigene Befindlichkeit zu verbessern, aus finanziellen Engpässen herauszufinden oder gute Beziehungen erleben zu können. Gerade der zuletzt genannte Aspekt erweist sich langfristig gesehen als stärkster Hebel für das Gefühl, ein erfüllendes Leben zu leben. Angesehen zu sein, geachtet und wertgeschätzt zu werden, zu lieben und geliebt zu werden sind Schlüsselelemente des gelingenden Lebens. Der Kern guter Beziehungen sind hochqualitative Begegnungen. Sie können sowohl die Einsamkeit ausgleichen als auch die Angst vor dem Tod lindern oder die Leiden des Älterwerdens schmälern. Dafür ist ausschlaggebender, ob wir selbst beziehungsfähig sind, als ob es „geeignete" Menschen in unserer Umgebung gibt. Je älter wir werden, desto eigenartiger und einzigartiger werden wir. Dass da jemand wie der Deckel perfekt auf unseren eigensinnigen Topf passt, wird immer unwahrscheinlicher. Dass wir selbst aber immer weiter lernen, konstruktiv – etwa humorvoll oder interessiert – mit Unterschieden umzugehen, dafür ist es nie zu spät. Mit der entsprechenden Einstellung werden auch die Weichen für entsprechende Erfahrungen (Stichwort: *self-fulfilling prophecy*) gestellt. Lernen wir nämlich mit der Zeit, nicht nur die Wellen der Gemeinsamkeit, sondern auch die der Unterschiedlichkeit miteinander zu reiten, so können sich ungleich mehr *magische Momente* ereignen.

Grundvoraussetzung für die Magie der Verbundenheit ist stets die gute Beziehung zu uns selbst, wie das oben angeführte Zitat so treffend schildert. Aus dieser Quelle können wir de facto immer schöpfen – allerdings nur, wenn wir Frieden mit uns und unseren Stärken wie Schwächen geschlossen haben.

Hilfreiche Fragen:
- Welche Aspekte Ihrer Persönlichkeit, Ihres Körpers, Ihres Gefühlslebens, Ihrer Gedankenwelt und Ihrer Verhaltensweisen finden Sie so richtig gut?
- Welche Aspekte Ihrer Persönlichkeit, Ihres Körpers, Ihres Gefühlslebens, Ihrer Gedankenwelt und Ihrer Verhaltensweisen gefallen Ihnen weniger oder ganz und gar nicht?

- Können Sie sich vorstellen, ohne die Ihnen weniger lieben Eigenarten zu leben? Was für ein Mensch sind Sie dann?
- Welche Art von engen Beziehungen wollen Sie führen?
- Kennen Sie Menschen, mit denen dies gelingen kann?
- Woran erkennen Sie jemanden, der Ihnen guttut?
- Bei wem fühlen Sie sich uneingeschränkt wohl?
- Wer oder was bringt Ihr Herz zum Überlaufen?
- Bei wem bekommen Sie Herzklopfen?
- Worüber streiten Sie am meisten?
- Können Sie das Thema für sich innerlich abhaken?
- Können Sie sich vorstellen, nie wieder darüber zu reden?
- Wofür wollen Sie geschätzt werden?
- Mit welchen Menschen möchten Sie sich auseinandersetzen?
- Was ist für Sie echte Freundschaft?
- Kennen Sie Menschen, die Ihren Freundschaftskriterien entsprechen?
- Wenn nicht: Wo finden Sie solche Menschen?
- Was möchten Sie mit diesen Menschen gemeinsam unternehmen?
- Was macht miteinander Spaß und/oder Sinn?
- Was wollen Sie in der Welt verändern?
- Was muss sich unbedingt in Ihrem Beziehungsleben ändern und wie können Sie dazu beitragen?
- Wofür, wo und wie können und wollen Sie sich ehrenamtlich engagieren?

Übungen:

SELBST UND LIEBE: Schreiben Sie alle körperlichen, gefühlsmäßigen, mentalen und verhaltenstechnischen Aspekte, die Sie an sich selbst ablehnen, nieder. Schreiben Sie auf einen zweiten Zettel pro Punkt das exakte Gegenteil auf. Überlegen Sie nun pro Punkt: Ist das Gegenteil zugleich ein Zielzustand, der Ihnen erstrebenswert scheint? Wenn nicht: Wie müsste das Ziel eigentlich lauten? Dann fragen Sie weiter: Ist dieses Ziel prinzipiell für

Sie erreichbar? Wenn ja, was hindert Sie daran, was zu erreichen? Oder ist das Ziel für Sie unerreichbar? Wenn dem so ist: Können Sie dann damit Frieden schließen, dass es (für Sie) nicht erreichbar ist? Oder ist das Ziel vielleicht doch nicht erstrebenswert für Sie? Wollen Sie den Punkt vielleicht ersatzlos streichen oder etwas ganz anderes stattdessen anstreben? Wenn Sie fertig sind, fassen Sie zusammen, was Sie alles ändern wollen, um zufrieden, also im Frieden mit sich zu sein. Nun stellen Sie sich pro Punkt vor, wie es ist, diesen Aspekt vollständig auszuleben. Wie fühlt sich das an? Ist es machbar? Was braucht es, um dorthin zu kommen, so zu denken, zu fühlen und zu leben? Versuchen Sie in regelmäßigen Abständen immer wieder darüber nachzudenken, ob Sie der Mensch sind, mit dem Sie Ihr Leben verbringen wollen, bis dass der Tod Sie scheidet! Denn niemand ist wichtiger als Sie selbst, niemand kann eine Lücke füllen, die in Ihnen liegt. Aber jeder andere Mensch wird zum Geschenk, sobald wir mit uns eins und gut verbunden sind.

BEZIEHUNGSKILLER KILLEN: Schreiben Sie alles, was Ihnen an Ihren momentanen Beziehungen nicht gefällt, auf einen Zettel. Wirklich alles. Schreiben Sie nun darunter, was Ihnen alles an Ihnen selbst nicht gefällt. Sie haben nun zusammengefasst, was Sie an anderen und an sich selbst besonders kritisieren. Danach gehen Sie an eine besonders schöne Stelle in Ihrer Umgebung. Lesen Sie den Zettel nochmals durch. Sie erkennen jeden Punkt auf der Liste ganz genau. Machen Sie sich nun bereit, sich von diesen Gefühlen und Aspekten, die Ihr Beziehungsleben zu sich selbst und zu anderen regelmäßig vergiften, zu verabschieden. Zerreißen Sie den Zettel langsam und bewusst, und werfen Sie ihn weg, etwa in einen Fluss. Sehen Sie zu, wie die Teile weggespült werden. Oder zerknüllen Sie den Zettel genüsslich und verbrennen Sie ihn. Nie wieder sollen Sie sich über diese Dinge ärgern müssen. Das heißt nicht, dass die *Auslöser* für negative Gefühle weggezaubert würden. Aber Sie müssen nicht mehr so intensiv wie bisher darauf reagieren. Das erleichtert das Beziehungsleben enorm.

VERTRAUEN: Um zu vertrauen, muss man sich etwas trauen. Wir überantworten bestimmte Hoffnungen einer Person, ebenso wie wir im Falle des Selbstvertrauens uns selbst Bestimmtes zu-trauen. Das Gegenteil von Ver-Trauen ist Miss-Trauen. Im Misstrauen steckt, dass wir dem Falschen trauen könnten bzw. uns selbst eben nicht trauen. Der Zweifel und die Risikofeindlichkeit, die Abwehr von Neuem, das „Nein" zur Neugier – all das beinhaltet Misstrauen. Misstrauen zieht uns runter, Vertrauen baut uns auf. Bauen wir neues Vertrauen auf, bauen wir uns und unsere Welt neu auf. Doch worauf können wir im Alter (noch) bauen? Worauf und auf wen können wir uns wirklich verlassen? Vertrauen lässt sich besonders durch Interaktionen aufbauen, in denen wir erfahren, dass es keine negativen Konsequenzen gibt, wenn wir uns beispielsweise öffnen. Interaktionspartner müssen also vertrauenswürdig sein. Vertrauen bedeutet aber auch, dass wir uns trauen, uns verletzlich zu zeigen. Der Vertrauende kann etwas verlieren. Auch können wir situationsbedingt oder eigenschaftsbedingt vertrauen, uns also bestimmten „sicheren" Situationen aussetzen oder Dinge tun, in denen wir „gut" sind. Fragen Sie sich: Wem vertrauen Sie wirklich? Wem gegenüber zeigen Sie sich verletzlich? Auf welche Ihrer Fähigkeiten vertrauen Sie? In welchen Situationen fühlen Sie sich sicher, obwohl Sie dabei auch etwas wagen? Können Ihnen andere vertrauen, wenn sie sich Ihnen öffnen? Bauen Sie vertrauensvolle Beziehungen zu anderen auf, pflegen Sie sie?

GEMEINSAM: Konzerte oder Sportveranstaltungen eignen sich wunderbar dazu, sich auf „einer Wellenlänge" mit anderen zu fühlen.

BEZIEHUNGSBRILLE: Erkennen Sie, was Sie von anderen und sich selbst im Umgang erwarten und was Sie in anderen sehen wollen. Suchen Sie einen Partner für geistigen Austausch oder für geteilte sinnliche Freuden, für das Teilen des Alltags oder für ein vertrauensvolles Miteinander? Nicht jeder Mensch kann alles. Finden Sie Ihre eigenen Prioritäten heraus:

körperliches und sinnliches Wohlgefühl, geistige Höhenflüge oder emotionale Tiefgänge? Sehen Sie sich in Ihrer Umgebung um: Wer hat ähnliche Prioritäten? Wo finden Sie, was Sie brauchen? Und was fehlt noch? In welchem Kreis könnten Sie geeignete Menschen finden?

LADIES AND GENTLEMEN – WERT UND SCHÄTZUNG: Spenden Sie anderen, was Sie sich für sich selbst wünschen. Ohne etwas zurückzuerwarten. Aufmerksamkeit, Achtung, Wertschätzung, Respekt, Verständnis. Nehmen Sie wahr, dass andere Menschen, die Ihnen ein solches Verhalten nicht entgegenbringen, sich selbst ebenso wenig achtsam behandeln. Die meisten erwarten, von *anderen* anständig behandelt zu werden, ohne allerdings das eigene Verhalten an ihren Erwartungen auszurichten. Werden Sie un-abhängig von anderen und zur Quelle für das Verhalten, das Sie für richtig erachten!

GLÜCKLICHE LANGZEITBEZIEHUNG: Vertrauen ist alles. Dazu kommen Spannung, Spaß und Spiel. Sowie der selbstverantwortliche Umgang mit dem eigenen Gefühlsleben. Was können Sie selbst tun, um täglich von alledem mehr in die Welt zu bringen? Wem können und wollen Sie vertrauen? Wie und mit wem wollen Sie mehr Spannung, Spaß und Spiel ins Leben bringen? Und gelingt es Ihnen, täglich etwas mehr auf Ihren eigenen Gefühlshaushalt zu achten, darauf, dass es Ihnen gut und immer besser geht?

RUND MIT SICH UND DER WELT: Wer mit sich selbst gut klarkommt, der hat es auch mit der Welt einfacher. Beim Kontakt zu unserem Selbst gibt es weniger etwas zu *tun*, als vielmehr etwas nicht zu tun, nämlich uns nicht mehr von uns selbst abzulenken. Sind wir eins mit uns selbst, so kostet uns das aber nicht nur kaum Zeit, sondern wir sparen dabei auch eine Menge Kraft. Wir haben dann all die Energie zur Verfügung, die wir sonst mit Vergleichen, Bewerten, Interpretieren, mit Festhalten, Wegschieben und Ignorieren verschwenden. Wir werden ruhiger, entspannter und handeln „selbst-"verantwortlicher, achten also mehr darauf, was uns selbst guttut. Auch das Verhältnis zur Umwelt ändert sich dadurch. Wir nehmen die Welt nicht mehr durch die Filter unserer Ich-Vorstellungen wahr, sondern so, wie sie ist. Schließen Sie dazu die Augen und atmen Sie tief *aus*. Atmen Sie dabei in einem langsamen Atemzug alles aus, was in Ihren Lungen ist, bis gar nichts mehr drin ist. Lassen Sie danach Ihre Bauchdecke einfach los, sodass die Luft von ganz alleine in Sie und durch Sie strömt. Lassen Sie für 5 entspannte, sanfte Atemzüge Ihre Gedanken einfach wie Wolken am Himmel vorbeiziehen. Nun stellen Sie sich die allerschönste Landschaft in größtmöglichen Details von Farben, Formen und Licht, Geruch und Gefühl vor (bei jedem Mal sollten Sie sich jeweils eine etwas andere Landschaft aussuchen, damit Ihrer Kreativität keine Grenzen gesetzt werden). Nehmen Sie Ihren Platz in dieser Landschaft ein. Stellen, setzen, legen Sie sich hin, wo es am allerschönsten ist, dort, wo die Perspektive perfekt ist. Spüren Sie die Luft und die Sonne, den Wind und das Wetter auf Ihrer Haut, riechen Sie, was es zu riechen gibt, sehen Sie, was es zu sehen gibt, hören Sie genau hin – nehmen Sie alles hier Mögliche mit Ihren offenen Sinnen auf. Verweilen Sie in dieser Ihrer Mitte, in Ruhe, Frieden und Freude.

„Niemand liebt das Leben so wie einer, der alt wird."

Seneca

8.2

Retirement-Coaching: bewusste Auseinandersetzung mit dem Älterwerden am Übergang vom Arbeitsleben zur Pensionierung

Theo Brinek

Je näher Menschen dem 60. bis etwa 65. Lebensjahr kommen und damit auch an das Ende ihrer Berufstätigkeit im üblichen Sinne, desto notwendiger sind Überlegungen für die Zeit danach. Wer hat nicht schon Aussagen gehört wie: „…Wenn ich einmal in Pension bin, dann werde ich …", womit nicht selten Ängste vor der Zukunft überspielt werden. Ängste erzeugen Stress, der schlussendlich Krankheitsanfälligkeit besonders in dieser Lebensphase massiv erhöht, so er nicht regelmäßig abgebaut werden kann. Um den Überdruck und damit einhergehende Folgeerscheinungen zu vermeiden, müssen wir Ventile installieren. Ein solches Ventil ist: sich bewusst und gezielt mit dem Thema rechtzeitig auseinanderzusetzen.

Aber wann, wie und wo beginnt das Älterwerden? Altern beginnt im Kopf. Die Antworten zu Wann und Wie lassen sich im Wesentlichen davon ableiten. D. h. die eigene Einstellung und Haltung geben die Marschrichtung vor. Selbst wenn schwere Schicksalsschläge den Alterungsprozess beschleunigen können, liegt es immer noch an uns, wie wir traumatisierende Erfahrungen möglichst „sinnvoll" verarbeiten und in unseren Alltag einflechten können. Wer unter den Leserinnen und Lesern jetzt brüskiert mit dem Finger auf mich zeigen mag und mich des Zynismus anklagen will, möge erst bei Thorwald Dethlefsen und/oder Viktor Frankl nachlesen.

Dass wir altern, liegt nicht in unserer Hand. Wie wir altern, darauf können wir Einfluss nehmen. Überprüfen Sie Ihre Haltung für sich selbst mit diesem Gedankenexperiment:

ÜBUNG: EIN GEDANKENEXPERIMENT

Was fällt Ihnen spontan ein, wenn Sie an den Begriff „alter Mensch"
denken?

Schreiben Sie bitte die ersten fünf Einfälle auf:

1. _____

_____

_____

2. _____

_____

_____

3. _____

_____

_____

4. _____

_____

_____

5. _____

_____

_____

Wir alle laufen Gefahr, alte Menschen zu stereotypisieren. Vielleicht entdecken sie das eine oder andere Altersstereotyp in ihrem Gedankenexperiment.

Die Erfahrung zeigt, dass wir uns nicht gerne mit der Tatsache des Älterwerdens auseinandersetzen. Der Wunsch älter zu werden hält sich doch sehr in Grenzen, nachdem wir den Teenagerschuhen entwachsen sind. Aus Sicht der Jungen schauen wir Alten ohnedies alt aus. Also kommt es auch auf den Blickwinkel an und die Inhalte, die uns dieser Blick bietet.

Die Inhalte zeigen uns Perspektiven, die wiederum unser Alternsempfinden relativieren.

Beispiel: Wenn Menschen sich intensiv auf die Vorstellung einlassen, es sei ein deutlich lebensverlängerndes Medikament gefunden worden (verlängert die Zukunftsperspektiven), dann zeigen sie auch wieder die sonst nur für jüngere Menschen typischen sozialen Präferenzen, wie z. B. neue Menschen kennenzulernen. Umgekehrt verhalten sich jüngere Menschen in schwierigen Situationen wie etwa einer lebensbedrohlichen Erkrankung (verkürzte Zukunftsperspektive) wie sonst Ältere und konzentrieren sich vor allem auf emotional wichtige Personen in ihrem sozialen Umfeld (Hans-Werner Wahl, Die neue Psychologie des Alterns, S. 102).

Wichtig ist, dass wir uns früh genug mit dem Thema beschäftigen. Ich kenne einen internationalen Konzern, der jeder Mitarbeiterin, jedem Mitarbeiter und deren jeweiligen Partner(innen) ein Retirement-Coaching-Programm anbietet, und zwar beginnend fünf Jahre vor dem durchschnittlichen Pensionseintrittsalter. Dieses Programm läuft seit Jahren sehr erfolgreich und wurde sogar mit einem Staatspreis ausgezeichnet.

In diesem Programm werden die Teilnehmerinnen und Teilnehmer erst einmal angeregt, bewusst auf das Thema „Älterwerden" zu schauen, darüber nachzudenken und sich auszutauschen, was sie erwarten, was sie befürchten. Sie werden angeregt darüber nachzudenken, welche Ressourcen sie haben, auf welche sie nicht mehr zurückgreifen können, aber auch welche neuen Talente, Fähigkeiten und Erfahrungen es zu entdecken gab und gibt.

In unseren Breitengraden können die Menschen einen Zugewinn von fast 10 Lebensjahren innerhalb der letzten zirka 40 Jahre verbuchen, Tendenz steigend. Wir haben nicht nur einen quantitativen, sondern auch einen qualitativen Gewinn zu verzeichnen. Unser Wohlbefinden im Älterwerden hat sich verbessert, so sehr, dass wir heute anstatt der drei Lebensphasen, Jugend/Ausbildung, Beruf und Pension, noch eine vierte erfahren dürfen. Diese vierte Phase, die sich zwischen Beruf und Ruhestand hineinreklamiert hat, ermöglicht uns, dank bester medizinischer Versorgung und ausreichender gesunder Ernährung, uns in einem friedlichen sozialen Umfeld körperlich, geistig und seelisch weiterhin zu entfalten.

Es macht Sinn, wie das Beispiel des vorher erwähnten Konzerns beweist, dass wir uns die Zeit geben (lassen), bewusst dem künftigen Älterwerden ins Auge zu schauen. Bewusstmachung ist die Einstiegshürde, die in einem Einführungsseminar von 1–2 Tagen genommen werden kann. Ergänzend gilt es dann sich über gewisse Fachthemen informieren zu lassen.

Hier ein paar Anregungen:

- **Finanz- und Rechtsthemen**
    - § Finanzplanung fürs Alter
    - § Erbrecht
    - § Testamenterstellung
    - § Patientenverfügung
    - § Vorsorgevollmacht
- **Themen zur seelischen, geistigen und körperlichen Gesundheit**
    - § Ernährung
    - § Bewegung
    - § Sexualität
    - § Schulmedizin und Komplementärmedizin
- **Gedächtnistraining**
- **Umgang mit Computer und elektronischen Medien**

Dabei kann ein Arbeitgeber helfen ein Feld aufzubereiten, von dem dann die diversen Wege in die Zukunft führen. Davon profitiert natürlich auch der Arbeitgeber, der es für wichtig empfindet und auch versteht, die vorhandenen Ressourcen „der Älteren" optimal zu nutzen.

In der Einzelberatung können Klienten ungehemmt ihr Herz ausschütten und auch tiefsitzende Ängste und Erlebnisse, z. B. aus der Kindheit, ins Gespräch bringen und reflektieren. Es ist sehr berührend, wenn Menschen in einem oder mehreren Gesprächen einen lange getragenen Ballast losgeworden sind und mit Zuversicht in die Zukunft – auch des Älterwerdens – blicken.

Nachdem diese ersten Schritte gesetzt und Hemmschwellen überwunden worden sind, nachdem die Ängste und Wünsche konkret angesprochen worden sind, geht es ans Planen und Umsetzen.

Wie und wo kann und werde ich mich für die verbleibenden Jahre meiner Erwerbstätigkeit positionieren (können)? Wie werde ich den Schritt hinüber in die nächste Lebensphase gestalten. Was sind meine Vorstellungen für die Jahre danach?

Nehmen wir an, wir verbringen heute fünf Tage pro Woche täglich 9 Stunden am Arbeitsplatz, inkl. An- und Rückreise. Womit werde ich dann wöchentlich 45 Stunden füllen, das mir Freude und Sinn macht? Anstatt zu sagen „… Wenn ich einmal …", nehmen Sie ein Blatt Papier und einen Stift und erstellen Sie als (Un-) Ruhestandsaspirant Ihre erste To-do-Liste für die Zeit danach.

Nach einigen Entwürfen werden sich Konturen abzeichnen. Es wird sich zeigen, was aus der Wunschliste tatsächlich realistisch und möglich ist, wann und wie. Vermeiden Sie nicht, Ihren Befürchtungen ebenso mutig ins Auge zu schauen, wie z. B. „… Was, wenn die Partnerin oder der Partner erkrankt oder sogar pflegebedürftig wird …" Wenn Sie einmal diesen Gedankenlauf zugelassen haben, sind Sie für den Ernstfall schon etwas vorbereitet. Ihre engsten Vertrauten sollten über Ihre Pläne Bescheid wissen.

Die Jahre vergehen und die eigene Endlichkeit rückt immer näher ins Bewusstsein. Damit eröffnen sich uns Fragen wie: Was habe ich gut gemacht, was ist mir weniger gelungen? Wie sieht meine Soll-, wie meine Habenseite aus? Lebe ich ein Leben, das ich selber bin, oder lebe ich ein Leben, wie ich glaube, dass es von mir erwartet wird? Trage ich in falsch verstandener Liebe die Schuldenlast eines anderen Menschen, oft eines Elternteils oder eines anderen Vorfahren? Habe ich mir erlaubt glücklich zu sein und gebe ich mir jetzt die Erlaubnis noch glücklicher zu sein?

Schieben wir diese und andere Fragen nicht vor uns her. Nehmen wir die „Five Regrets", die fünf meistbedauerten Punkte, die Menschen in einer Palliativstation gegen Ende ihres Lebens geäußert haben, als Warnung und Herausforderung, um früh genug diesen Bedauernsfallen zu entkommen.

Als die Patienten befragt wurden, was sie bedauern oder anders machen würden, tauchten immer wieder gemeinsame Themen auf.

Hier sind die häufigsten fünf:

1. Ich wünschte, ich hätte den Mut gehabt, ein Leben ehrlich zu mir selbst zu leben und nicht das Leben, das andere von mir erwarten.

2. Ich wünschte, ich hätte nicht so hart gearbeitet.

3. Ich wünschte, ich hätte den Mut gehabt, meine Gefühle auszudrücken.

4. Ich wünschte, ich wäre in Kontakt mit meinen Freunden geblieben.

5. Ich wünschte, ich hätte mir erlaubt, glücklicher zu sein.

Denken wir an all die Vorteile, die uns das Älterwerden beschert. Machen Sie sich auch dafür eine Liste und schreiben Sie alles hinein, was Ihnen dazu einfällt. Das beginnt schon damit, dass einem immer wieder ein Platz in öffentlichen Verkehrsmitteln angeboten wird. Beim ersten Mal vielleicht ein Erkenntnisschock, ab dann gewöhnt man sich gerne daran. Wenn Sie die Liste der Vorteile und

Annehmlichkeiten des Älterwerdens mehrmals ergänzt haben, stellen Sie ihr die Nachteile gegenüber und trachten Sie, dass die Vorteile überwiegen.

Nun bleibt noch, die eigene Liste der fünf am meisten bedauerten Punkte zu erstellen, beginnend mit „Ich wünschte, ich hätte …" Hoffentlich bleibt die restliche Seite einfach leer.

9.

Die letzte Lebensphase

9.1
Menschlichkeit im Umgang mit Sterbenden: Unterstützung für Angehörige

Monica Aschauer

Menschen sterben so individuell, wie sie leben. Damit sind ihre Bedürfnisse, Ängste und Wünsche höchst unterschiedlich. Und zu jedem Sterbenden gibt es noch eine Reihe von Angehörigen und Zugehörigen, deren Ängste, Wünsche und Bedürfnisse ebenso einzigartig sind. Zudem gilt es, die Sichtweisen der Sterbenden und der Angehörigen in gleichem Maß zu beachten. Jeder und jede muss für sich persönlich herausfinden, was in der konkreten Situation angebracht und angemessen ist. Dies kann sich täglich, wenn nicht sogar stündlich verändern. Daher ist es kaum möglich, einen allgemeingültigen Leitfaden für die Unterstützung von Angehörigen von Sterbenden zu erstellen.

Als Krankenschwester auf einer Palliativstation habe ich täglich Kontakt mit schwerkranken und sterbenden Menschen und erlebe, wie unterschiedlich sowohl Betroffene als auch ihre Angehörigen mit den sich oft täglich verändernden Herausforderungen umgehen. Meine Aufgabe – neben der eigentlichen Pflege und Betreuung der Kranken – ist es dann, jeweils individuell auf die Bedürfnisse möglichst aller Betroffenen einzugehen und sie so zu begleiten, dass sie mit den anstehenden Anforderungen leben und diese schwierigste aller Herausforderungen bestmöglich aushalten können.

Dabei hat sich für mich gezeigt, dass es – trotz aller Unterschiede – doch einige Themenbereiche gibt, die in fast jeder Begleitung von Bedeutung sind.

a. Kommunikation zwischen Sterbenden und Angehörigen

Grundsätzlich fällt es uns Menschen in einer Gesellschaft, in der Tod und Sterben tabuisiert werden, sehr, sehr schwer, miteinander über dieses Thema zu reden. Wenn man nicht schon früher, in „gesunden Zeiten", in der Lage war, über Vorstellungen, Werte, mögliche Wünsche und Bedürfnisse in diesem Zusammenhang zu sprechen, dann ist es in der konkreten Situation noch viel schwieriger, Worte für die eigene Betroffenheit, die Ängste, die Sorgen etc. zu finden. Dies sehr oft auch deshalb, weil man den jeweils anderen schützen möchte und glaubt, dies am besten mit Schweigen und „Nichtansprechen" tun zu können. Wir erleben auf der Palliativstation relativ häufig, dass der Sterbende zu uns sagt: „Ich weiß, dass ich nicht mehr lange leben werde – aber bitte sagen Sie das nicht meiner Frau, sie soll nicht leiden." Und die Gattin sagt zu uns: „Ich weiß, dass mein Mann wahrscheinlich bald sterben wird, aber ich glaube, er weiß das nicht – bitte sagen Sie ihm nichts, er soll sein restliches Leben möglichst genießen." Wie schwer muss es sein, so einsam mit seinen Gedanken zu sein, weil man den anderen damit vermeintlich schützt. Und wie groß ist dann oft die Erleichterung, wenn es uns als Pflegende gelingt, die Kommunikation zwischen dem Kranken und seinen engsten Bezugspersonen zu ermöglichen. Sehr oft gelingt es, durch das Darüberreden und Teilen, durch das Annehmen des Sterbens mit all seinen Aspekten und durch das gemeinsame „Aushalten und Ausharren" eine neue, oft tiefe Verbindung zu schaffen, die diese Einsamkeit zumindest zum Teil überbrücken kann. Ehrlicherweise muss man aber auch sagen, dass dies nicht in allen Fällen möglich ist.

Fallbeispiel:

Eine Patientin mit einem Lungenkarzinom im Endstadium hatte sich in den letzten Tagen immer mehr von ihrer Familie, insbesondere ihrer Tochter zurückgezogen. In einem langen Gespräch mit der

– sehr belasteten und verstörten – Tochter erzählte mir diese, dass sie immer einen besonders engen Kontakt mit ihrer Mutter gehabt habe und nun überhaupt nicht damit umgehen könne, dass ihre Mutter sie immer öfter zurückweist, nicht mehr mit ihr redet und sogar die – für die Tochter wichtigen – Besuche ablehnt. Die Mutter sei in letzter Zeit „so anders". Ich versuchte sie behutsam aufzuklären, dass dies wohl mit dem nahenden Tod der Mutter zu tun habe, möglicherweise auch Hirnmetastasen der Grund für die Persönlichkeitsveränderung der Mutter seien.

Ich führte dann am selben Tag aber auch ein langes Gespräch mit der Patientin, erzählte ihr, dass die Tochter sie so gerne häufiger besuchen würde. Und die Frau meinte: „Wissen Sie, es fällt mir unendlich schwer, meine Tochter nicht zu sehen. Ich liebe sie so sehr, ich selbst habe ein großes Bedürfnis nach ihrer Nähe – aber ich möchte nicht, dass sie leidet, wenn sie mich in diesem Zustand sieht. Daher tue ich ihr gegenüber so, als würde ich sie nicht sehen wollen. Ich muss einen Schutzring um mich ziehen! Bitte sagen Sie ihr wieder, dass sie nicht auf Besuch kommen soll!"

An diesem Tag führte ich noch mehrere Gespräche sowohl mit der Patientin als auch mit der Tochter. Schließlich fragte ich die Patientin: „Was meinen Sie: Wenn es Ihrer Tochter schlecht ginge – und Sie dürften nicht bei ihr sein, damit Sie nicht leiden – würde es Ihnen dann besser gehen? Oder wäre es für Sie nicht hilfreicher, bei ihr zu sein und mit ihr auszuharren?" Die Patientin schaute mich völlig überrascht und irritiert an: „Natürlich würde es mir besser gehen, wenn ich bei ihr wäre! – Oh, ich verstehe! Bitte sagen Sie meiner Tochter, sie soll kommen!"

Nach dem Besuch der Tochter meinte sie dann: „Ja, Sie haben recht, jetzt geht es ihr besser!"

Die Frau ist dann 2 Tage später in Anwesenheit ihres Mannes und der Tochter ruhig verstorben.

Ein weiteres häufig wiederkehrendes Thema ist, dass Sterbende oft schon „weiter sind" als ihre Angehörigen. Viele möchten (und können) nicht mehr länger in diesem Zustand leben, sie wünschen sich zu sterben und sind mit diesem Wunsch für sich auch im Reinen. Den Angehörigen fällt es aber oft schwer, sie „gehen zu lassen". Auch da gilt es, die Angehörigen in vielen Gesprächen dabei zu begleiten, das Unausweichliche zu akzeptieren (siehe auch: „Umgang mit schwierigen Gefühlen").

In der allerletzten Lebensphase sind Sterbende meist nicht mehr kontaktierbar, d. h., sie können nicht mehr sprechen und reagieren häufig nicht mehr auf Ansprache oder Berührung. Dies heißt aber keinesfalls, dass sie nicht wahrnehmen, was rund um sie geschieht. Der Gehörsinn ist der am längsten erhaltene Sinn, d. h., man kann davon ausgehen, dass sterbende Menschen sehr wohl hören, was gesprochen wird, aber nicht mehr darauf antworten können. Daher: Sagen Sie, was Sie noch sagen wollen. Sprechen Sie ruhig alles aus, was Ihnen am Herzen liegt – und gehen Sie davon aus, dass es gehört wird. Und wenn Sie es nicht laut sagen können, dann sagen Sie es leise oder nonverbal, indem Sie es gedanklich tun. Ich bin fest davon überzeugt, dass Sterbende – in welcher Weise auch immer – wahrnehmen, dass jemand bei ihnen ist. Ich bin überzeugt, dass sie die Anwesenheit, die Liebe und Fürsorge spüren, die man ihnen entgegenbringt. Daher sage ich auch zu Angehörigen, die stunden- und tagelang hilflos und oft verzweifelt neben ihren Liebsten am Sterbebett sitzen, immer wieder: „Es ist nicht nichts, was Sie hier tun, sondern ganz im Gegenteil!! Es ist das Allerschwerste und Größte, die eigene Hilflosigkeit auszuhalten und hier an der Seite Ihres Liebsten auszuharren!"

Zu guter Letzt: Auch wenn Angehörige rund um die Uhr beim Patienten sind und ihn nicht beim Sterben alleine lassen wollen, ist es doch sehr oft so, dass der Patient gerade dann verstirbt, wenn die Angehörigen das Zimmer nur für ein paar Minuten verlassen. Es ist aus meiner Sicht durchaus wahrscheinlich, dass sich sterbende Menschen diesen Zeitpunkt aussuchen, weil sie nur so loslassen und gehen können. Es ist wichtig, dass Angehörige auf diese Möglichkeit rechtzeitig hingewiesen werden, damit sie dann keine Schuldgefühle haben, weil sie den Patienten/die Patientin gerade in diesem Augenblick alleine gelassen haben. Nein, im Gegenteil, sie haben offensichtlich in diesem Augenblick dem Sterbenden die Möglichkeit gegeben, in Ruhe gehen zu können.

Praktischer Hinweis: Fragen Sie einander als Angehörige und Betroffene schon möglichst früh im Verlauf des Krankheits- und Sterbeprozesses, was Ihre Vorstellungen und Gedanken zu diesem Thema sind, was Ihnen wichtig ist in der letzten Lebensphase und was Sie sich wünschen (etwa das Begräbnis betreffend). Erzählen Sie von Ihren Ängsten, den anderen und sich selbst betreffend. Hören Sie zu, was Ihr Gegenüber Ihnen mitteilen möchte, wovor der nahestehende Mensch Angst hat und was er in Bezug auf Sie befürchtet. Dieses Gespräch zu beginnen ist für viele Menschen unendlich schwierig. Holen Sie sich daher aktiv Unterstützung, zum Beispiel vom Pflegepersonal, aber auch von ÄrztInnen oder PsychotherapeutInnen.

b. Ängste von Angehörigen und Sterbenden

Ängste von Sterbenden:

Wie bereits erwähnt, sind Menschen sehr unterschiedlich und haben daher auch sehr unterschiedliche Ängste, aber einige kommen doch häufiger vor:
- Angst vor Schmerzen und anderen Symptomen wie Atemnot, Ersticken, Bewegungsunfähigkeit
- Angst vor Kontrollverlust und daraus folgender Abhängigkeit, etwa in Zusammenhang mit Körperpflege, Nahrungsaufnahme oder Ausscheidung
- Angst vor „Was kommt nach dem Tod?"
- Angst vor sozialen Konsequenzen, etwa „Wie wird mein Mann alleine zurechtkommen?", „Wie werden es die Kinder schaffen?", „Wie wird der Hund versorgt sein?", ungeklärte Erbschaftsangelegenheiten etc.

Tipp für die Angehörigen: Vermitteln Sie dem/der Kranken, dass Sie es „schaffen" werden, dass Haustiere versorgt werden, dass „die Dinge" geregelt sind etc. Dies kann viel an Belastung nehmen.

Ängste von Angehörigen:

- Angst vor dem Leiden (Schmerzen u. a.)
- Angst vor Verhungern der/des Sterbenden
- Angst vor dem Nicht-aushalten-Können
- Angst vor der Hilflosigkeit
- Angst davor, etwas falsch zu machen
- Angst davor, nicht alles getan zu haben, was möglich ist
- Schuldgefühle wie etwa „Ich habe meiner Mutter versprochen, sie kann zuhause sterben, und habe sie jetzt im Stich gelassen (weil sie auf der Palliativstation liegt)."

Abhilfe können auch hier offene Gespräche schaffen. Mit ÄrztInnen und Pflegenden, um über den Umgang mit belastenden Symptomen zu reden, aber auch um gegebenenfalls SozialarbeiterInnen oder andere SpezialistInnen einzubinden, die sich um die Klärung der Folgen für Kinder, PartnerInnen und Haustiere kümmern.

Tipp: Suchen Sie Unterstützung bei Pflegepersonal, SozialarbeiterInnen, ÄrztInnen und TherapeutInnen. Wenn diese um Ihre Ängste wissen, dann können sie helfen, damit umzugehen. Holen Sie sich gegebenenfalls auch Unterstützung von der mobilen Hauskrankenpflege und mobilen Palliativteams.

c. Essen und Trinken

KrebspatientInnen in der letzten Lebensphase haben sehr häufig weder Appetit noch Hunger. Es ist für Angehörige oft kaum auszuhalten, wenn die PatientInnen nichts mehr essen, nach dem Motto: „Solange sie noch etwas essen, bleiben sie am Leben." Hier ist es wichtig, dass die Angehörigen verstehen: „Er stirbt nicht, weil er nichts isst, sondern er isst nichts, weil er stirbt."

Oftmals kommen Angehörige mit selbstgekochten Köstlichkeiten und möchten die PatientInnen dazu bringen, zumindest noch ein bisschen etwas zu essen. Ja, oft nötigen sie die Kranken geradezu zum Essen. Die PatientInnen lassen dies den Angehörigen zuliebe über sich ergehen. Nachdem die Angehörigen dann gegangen sind, werden die Speisen aber häufig wieder erbrochen. Es ist daher sehr wichtig, immer wieder Aufklärungsgespräche zu führen. Schließlich handeln die Angehörigen nur aus Unwissenheit so.

Tipp: Behalten Sie im Bewusstsein, dass ein derart krebskranker Körper die Nährstoffe nicht mehr verarbeiten kann. Es wird quasi der Krebs gefüttert, nicht der Mensch. Wenn Sie dies wissen, ist es vielleicht leichter zu ertragen, dass der/die Kranke nichts mehr isst. Vielleicht ist es Ihnen möglich, sich in anderer Weise um Ihre/n Liebste/n zu kümmern. Zum Beispiel durch Mundpflege, Beinemassieren oder Eincremen. Lassen Sie sich vom Pflegepersonal beraten, welche Handlungen der Patientin/dem Patienten guttun könnten. Achten Sie aber bei Berührungen darauf, dass sie den Wünschen des Betroffenen entsprechen: Viele Sterbende wollen nicht berührt werden, empfinden zu viel körperliche Nähe als unangenehm, manche wollen nur durch wenige zielgerichtete Handgriffe unterstützt werden. Schauen Sie aber auch auf sich: Wenn Sie selbst nicht das Bedürfnis nach Berührung haben, nicht die Hand halten wollen, ist dies in Ordnung. Achten Sie auf Ihr Bedürfnis in gleichem Maß. Und bedenken Sie: Beides, das Bedürfnis des Sterbenden und das des Angehörigen, kann sich auch immer wieder verändern!

d. Umgang mit schwierigen Gefühlen der Angehörigen

Angehörige haben in dieser schwierigen Situation – so wie die Sterbenden auch – zum Teil Gefühle, von denen sie glauben, dass sie sie nicht haben dürfen. Gefühle, die sozial nicht anerkannt sind. Etwa „Er geht mir so auf die Nerven", zum Beispiel weil er desorientiert ist oder die ganze Zeit nur jammert, weil sie nicht redet und sich zurückzieht, weil sie andere zurückweist, weil er so anders ist als vorher – und sich die Persönlichkeit scheinbar verändert hat.

Gefühle wie Hilflosigkeit, Sorge und Angst sind in dieser Situation wohl anerkannt. Andere Gefühle wie Wut, Zorn und Aggression auf den Kranken, Wünsche wie „Am liebsten hätte ich, dass es vorbei ist", „Ich wünsche ihm, dass er erlöst ist – aber das darf man sich nicht wünschen", „Warum lässt er mich allein?" erzeugen oft ein Schamgefühl und werden daher unterdrückt. Auch Gefühle der Fremdbestimmung wie „Ich kann nicht mehr, wo bleibe ich, ich habe eigentlich kein eigenes Leben mehr – alle fragen immer, wie es ihm geht, keiner fragt, wie es mir geht" werden oft stumm ertragen und aus Scham nicht ausgesprochen.

Vielen Angehörigen ist nicht einmal bewusst, dass sie lange Zeit hintangestanden sind. Ich erlebe oft, dass sie völlig fassungslos und ungläubig reagieren, wenn ich sie danach frage, wie es denn ihnen eigentlich geht, wie sie mit dieser schwierigen Situation zurechtkommen. Viele empfinden dann viel Dankbarkeit, dass sie ihre Gefühle und Gedanken endlich einmal aussprechen dürfen, wobei sie auch erfahren, dass diese Gefühle völlig normal sind. Vielen fällt es auch leichter, sich Fremden wie dem Personal auf der Palliativstation zu öffnen, während man FreundInnen, Bekannten und vor allem der Kranken/dem Kranken gegenüber besonders Stärke zeigt. Sich auszuweinen und seine Ängste und Sorgen einmal abladen zu können, kann aber große Erleichterung verschaffen. Dies kann natürlich im privaten Bereich geschehen, aber auch im Austausch mit ÄrztInnen und Pflegenden im Krankenhaus, in einer Selbsthilfegruppe, in der Psychotherapie oder anderen Beratungseinrichtungen.

Tipp: Suchen Sie sich AnsprechpartnerInnen und trauen Sie sich, über Ihre Gefühle zu reden!

e. Das Unaushaltbare aushalten

Die oben genannten Gefühle (und viele weitere mehr) sind in der Begleitung von Sterbenden normal. Vielleicht hilft es, sich bewusst zu machen, dass sich sowohl die PatientInnen selbst als auch die Angehörigen bereits in einem Trauerprozess befinden. Trauer wird üblicherweise erst mit dem eingetretenen Tod in Verbindung gebracht, aber der Trauerprozess setzt bereits viel, viel früher ein. Schließlich kann man Trauer nach William Worden, einem amerikanischen Arzt und Trauerforscher, auch als „Verlustkummer" bezeichnen. Als Kummer, weil ich einen Verlust erleide oder erlitten habe. Und mit wie vielen Verlusten mussten die Betroffenen, aber auch die Angehörigen im Verlauf der Krankheit – zum Teil schon über viele Jahre – bereits zurechtkommen? Verlust von Unabhängigkeit, von (körperlichen) Fähigkeiten, von sozialen Kontakten, von gemeinsamer Zukunft, um nur ein paar zu nennen.

Tipp: Das Wahrnehmen, „dass man schon dabei ist, zu verlieren", kann den Prozess des Loslassens möglicherweise erleichtern. Die Trauer ist in jedem Fall ein fixer Bestandteil jeder Sterbebegleitung.

So wichtig es für Angehörige sein kann, anzuerkennen, dass man sich bereits in einem Trauerprozess befindet, so wichtig ist es aber auch, für sich selbst immer wieder Kraftquellen zu identifizieren und herauszufinden, wo und wie man sich stärken kann. Die Begleitung von Sterbenden ist höchst anstrengend und geht an die Substanz. Es ist daher keinesfalls egoistisch, immer wieder auch auf sich selbst zu schauen. (Ich weiß, dies wird einem oft genug gesagt, aber auch wenn man sich selbst zugesteht, ebenfalls bedürftig zu sein, hat man oft keine Ahnung, wie dies in der Praxis – neben der aufreibenden Betreuung und Begleitung der/des Sterbenden – aussehen könnte.)

Gestehen Sie sich daher immer wieder – zumindest kurze – Pausen zu, in denen Sie Dinge tun, die Ihnen wichtig sind und Freude machen. Dies kann für den einen ein Kaffeehausbesuch sein, für die andere eine Stunde Gartenarbeit, Musikhören, ein Wannenbad, eine Massage, ein Gespräch mit einem guten Freund, ein Besuch in der Kirche, ein Spaziergang, aber auch Austoben beim Sport …

Suchen Sie sich Ihre persönlichen Kraftquellen, aber auch Möglichkeiten, Spannung abzubauen, und seien Sie offen, diese auch anderswo als bislang in ihrem Leben zu finden! Vielleicht entdecken Sie etwas, das Ihnen in der momentanen Situation gut tut, von dem Sie bisher gar nichts wussten. Mir hat es zum Beispiel vor ein paar Jahren nach einem extrem belastenden Dienst sehr geholfen, im Auto ganz laut zu schreien. Ich wusste bis dahin nicht, dass dies ein gutes Ventil für mich sein könnte, aber seither setze ich es immer wieder einmal ein, wenn die Anspannung sehr groß ist. Alles, was dabei unterstützt, Dampf abzulassen und zu sich zu finden, hilft.

Gestehen Sie sich aber in dieser schwierigen Zeit auch zu, dass Sie möglicherweise manchmal lachen und fröhlich sind – haben Sie dann bitte kein schlechtes Gewissen. Es ist ganz offenbar möglich, viele unterschiedliche Gefühle nebeneinander zu erleben. Sie dürfen unendlich traurig darüber sein, dass ein von Ihnen geliebter Mensch bald sterben wird, Sie dürfen Angst vor dem „Danach" haben, aber Sie dürfen trotzdem auch manchmal unendlich glücklich über eine innige Begegnung, ein gutes Gespräch oder einfach einen tiefen Blick voller Liebe sein und auch einmal herzlich lachen. Dies alles kann unmittelbar nebeneinander vorkommen und dies alles hat Gültigkeit!

Ich glaube daran, dass wir Menschen in der Begleitung von Sterbenden und ihren Angehörigen zwar oft nicht wissen, was objektiv richtig und falsch ist, ich bin aber fest davon überzeugt, dass wir dann das Bestmögliche tun, wenn wir ganz sensibel „unsere Fühler ausstrecken", um herauszufinden und zu spüren, was der oder die andere gerade braucht – und dann nach bestem Wissen und Gewissen danach handeln. Dies gilt in gleichem Maße auch für die Sensibilität uns selbst gegenüber. Das Wesentliche in der Betreuung und Begleitung von Sterbenden ist nämlich aus meiner Sicht das Wissen, dass wir ALLE Menschen sind, und dass es daher gerade in solch schweren Situationen darum geht, möglichst einfühlsam und menschlich zu handeln und als Menschen miteinander umzugehen.

Möchten Sie mehr wissen über die Begleitung von Angehörigen oder sind Sie selbst betroffen und wünschen sich Begleitung: www.angehörig.at

Weitere hilfreiche Links:
Dachverband Hospiz Österreich:
   https://www.hospiz.at
Fonds Soziales Wien, Beratungszentrum Pflege und Betreuung:
   pflege.fsw.at/
Palliativbetreuung Fonds Soziales Wien:
   www.mobile-hauskrankenpflege.at/palliativ
Mobiles Hospiz der Caritas:
   https://www.caritas-wien.at/hilfe-angebote/hospiz

Mobiles Palliativteam der Caritas Sozialis:
https://www.cs.at/angebote/cs-hospiz-rennweg/mobiles-palliativteam
Mobiles Palliativteam Hilfswerk Österreich:
https://www.hilfswerk.at/wien/pflege/
pflege-und-betreuung-zuhause/mobiles-palliativ-team/
Palliativstationen in Wien: Göttlicher Heiland KH, KH Hietzing,
Wilhelminenspital, Hospiz Rennweg, Kontaktstelle Trauer der Caritas:
https://www.caritas-wien.at/hilfe-angebote/zusammenleben/
pfarrcaritas-und-naechstenhilfe/kontaktstelle-trauer/
Psychosoziale Angehörigenberatung der Caritas: www.caritas-pflege.at/wien/angehoerige/
psychosoziale-angehoerigenberatung/

Die Evolution der
Mitmenschlichkeit am Lebensende

Rolf Kaufmann

Ein praktischer Fall

Infauste Diagnose

Den beinahe fünfzigjährigen, kerngesunden Mann traf ein Blitz aus heiterem Himmel, die Diagnose „Inoperabler, aggressiver Krebs mit Metastasen." Die katastrophale Nachricht erschütterte ihn fundamental.

Seit einigen Wochen hatte die rechte Schulterpartie geschmerzt, besonders nachts. Zunächst hatte er die Sache bagatellisiert und geglaubt, er habe sich beim Sport übernommen. Als die Schmerzen nicht nachlassen wollten, befolgte er den Rat seiner Frau und suchte den Hausarzt auf. Diesem schwante nichts Gutes; er begnügte sich nicht mit einer einfachen Schmerzbehandlung, sondern schickte den Patienten umgehend zur Abklärung in eine renommierte Klinik.

Dort wurde die Wurzel des Übels bald entdeckt: In der Lunge, an einer inoperablen Stelle, wucherte ein bösartiger Krebs, dessen Metastasen die Schmerzen im Schulterbereich verursachten.

Die verheerende Diagnose traf den beruflich sehr engagierten, verheirateten Mann mit zwei Töchtern im jugendlichen Alter völlig unvorbereitet. Das Ganze erschien ihm wie ein böser Traum. Diese Einstellung behielt er bis zuletzt; er erwachte nie aus diesem Traum

ÄrztInnen und Pflegepersonal gingen sehr verständnisvoll um mit dem „Mann im besten Alter". Sie gaben ihm keinen Anlass zu falschen Hoffnungen und informierten offen. Zu einer kurzfristigen Verlängerung des Lebens wurden ihm Bestrahlungen und

Chemotherapie angeboten, wobei man ihn darauf hinwies, dass die Behandlung die Lebensqualität erheblich einschränken werde – der Arzt sprach sogar von einer „Rosskur".

Der Patient entschied sich augenblicklich für diese Behandlung und nahm ihre schweren Nebenwirkungen in Kauf. Er wollte leben.

Zur Verarbeitung des Schocks offerierte ihm die Klinik eine psychologische Begleitung und Besuche des Krankenhausseelsorgers. Später kam noch ein physiotherapeutisches Angebot hinzu: Massagen sollten die Muskelschmerzen lindern, die sich infolge der zunehmenden Verkrampfung einstellten.

Und nach drei Monaten durfte er sich auf Kosten der Klinik in die Privatabteilung verlegen lassen, von wo aus er in einer alten, wunderschönen Privatklinik einige Wochen „Ferien" machen durfte.

Auch die Angehörigen, vor allem seine Frau und die Töchter, hatten viel Verständnis für ihn. Sie ließen oft fünf gerade sein, wenn er daheim wegen Bagatellen explodierte.

Exit?

Einige Jahre zuvor hatte er einmal mit seiner achtzigjährigen Mutter über Exit gesprochen. Sie hatte ihm damals erklärt, im Fall einer unheilbaren Krankheit mit unerträglichen Folgen würde sie von ihrer Mitgliedschaft bei Exit Gebrauch machen und ihr Elend in Würde mithilfe eines begleiteten Freitods beenden. Das war ihm vernünftig erschienen; er hatte keine Mühe gehabt, die Pläne der Mutter gutzuheißen.

Jetzt aber war Exit überhaupt keine Option für ihn. Als ihn seine Mutter nach einigen Wochen einmal behutsam darauf ansprechen wollte, verwarf er die Idee sofort. Nein! Für den Tod war kein Platz in seinem Leben. Den leisesten Hinweis auf seine aussichtslose Lage empfand er, wie er sagte, als „brutal".

Die Realität war aber: Trotz Bestrahlung und Chemotherapie wucherte der aggressive Krebs weiter. Doch das wollte er nicht wahrhaben. Er entzog sich auch zusehends dem Gespräch mit dem

Klinikpsychologen; weitere Besuche des Pfarrers hatte er schon nach dem ersten Gespräch mit diesem vehement abgelehnt.

Seine Einstellung versteinerte ihn zusehends; die Muskeln verhärteten sich und begannen zu schmerzen. Schließlich wurde der Schmerz unerträglich. Niemand durfte ihn mehr anrühren, auch nicht der Physiotherapeut. Gegen den Schmerz und den Stupor halfen nur noch Medikamente in hohen Dosen. Bestens betreut, war er völlig isoliert.

Allmählich begann die Mehrzahl der Angehörigen, sich ins Unvermeidliche zu schicken, auch wenn der Patient der Wahrheit nicht ins Gesicht blicken konnte. Um weiterleben zu können, mussten sie sich innerlich von ihm lösen, was sie sehr rücksichtsvoll, mit viel Feingefühl und Verständnis taten. Eine bewundernswerte Leistung.

Das 5-Phasen-Modell

Den Angehörigen und dem Personal half das 5-Phasen-Modell von E. Kübler-Ross (1926–2004), mitmenschlich und verständnisvoll mit dem Patienten umzugehen. Die Schweizer Psychiaterin hatte dieses Modell vor einem halben Jahrhundert aufgrund von zweihundert Gesprächen mit unheilbar Kranken entworfen (E. Kübler-Ross: „Interviews mit Sterbenden", 1971). Es beschreibt, wie die Psyche katastrophale Botschaften verarbeiten kann.

Das zum Teil umstrittene Modell half mit, die moderne Sterbeforschung zu begründen; inzwischen gehört es in Pflegeberufen zum allgemeinen Lehrstoff der Ausbildung.

Die 5 Phasen, frei formuliert:
1. „Nein!" – Verdrängung
2. Zorn und Aggression
3. Verhandlung
4. Niedergeschlagenheit, reaktive Depression
5. „Ja!" – Annahme des Unvermeidlichen

Das Modell beschreibt den Verarbeitungsprozess vom „Nein!" zum „Ja!".

Unser Patient verharrte bis zuletzt in der Phase 1. Phase 2 flammte beim Übertritt in die Palliativstation kurz auf; denn der Umzug hatte ihm handgreiflich vor Augen geführt, dass er nun ein Todeskandidat war. Seine Wut ließ er am Personal aus, das jedoch professionell reagierte. Bald verdrängte er wieder und wartete weiterhin auf ein Wunder.

Schuldgefühle?

Wenige Wochen vor seinem Tod fiel er seiner Mutter während eines Gesprächs plötzlich um den Hals und sagte unter Tränen: „Ich habe in meinem Leben alles verkehrt gemacht!" Die Mutter versuchte zu trösten: „Kein Mensch kann *alles* verkehrt machen. Vieles hast du recht gemacht. Niemand kann alles *gut* machen. Was plagt dich denn?" Die Antwort war spontan und sehr dezidiert: „Das kann ich dir unmöglich sagen!" Dabei blieb es. Er nahm sein Geheimnis mit ins Grab. Beichten war keine Option.

Und wie ging es weiter? Die zunehmende Dosis von Beruhigungsmitteln bewirkte eine Regression seines Bewusstseins auf die archaisch-mythische Stufe. Auf dieser Entwicklungsstufe des Geistes glaubt der Mensch an das Jüngste Gericht …

In seinen gesunden Tagen hatte der Patient diesen Glauben für ein Märchen gehalten. Doch in den letzten Tagen seines Lebens schien ihn das mythische Bild aus der menschlichen Kindheit wieder eingeholt zu haben. Trotz höchster Dosen von beruhigenden Medikamenten rief er immer wieder: „Nein, nein, nein!" Er wehrte sich mit aller Kraft gegen böse Mächte, die ihn überwältigen wollten. Von außen erweckte es den Eindruck, er erlebe in seiner Fantasie etwas Furchtbares. Trotz der sedativen Mittel waren die letzten Tage ein schrecklicher Kampf. Im archaisch-mythischen Zeitalter hätte man geglaubt, er kämpfte mit dem Leibhaftigen und wehrte sich dagegen, ins Höllenfeuer geworfen zu werden. Es war auch für das erfahrene Personal ein überaus heftiger Todeskampf.

Danach rätselten Angehörige darüber, worin die Schuld des Verstorbenen bestanden haben könnte. Da er psychisch gesund war, konnten krankhafte Schuldfantasien ausgeschlossen werden. Vermutlich bedrückte ihn eine reale Schuld; worin diese bestand, blieb sein Geheimnis. Einmal tauchte die Frage auf, ob vielleicht Schuldgefühle sein Immunsystem geschwächt hätten, sodass sich der Krebs im Körper besser ausbreiten hatte können ... War es möglich, dass er sich unbewusst selber bestraft hatte? Was für Abgründe!

Nach einer Weile hörten die wilden Mutmaßungen über seine Schuld auf, und man ließ ihn in Frieden ruhen. Phase 5 war erreicht. Das Leben ging weiter.

Der Fall zeigt, dass das 5-Phasen-Modell nicht automatisch abspult, wenn der Mensch mit katastrophalen Botschaften konfrontiert wird. Um seine heilsame Wirkung entfalten zu können, braucht es die *bewusste* Unterstützung durch die Betroffenen. Das Grundschema der Verarbeitung fataler Nachrichten, das uns die Natur in vagen Umrissen bereithält, bedarf der Ergänzung durch unser Bewusstsein, unsere Kultur und Gesellschaft.

Versuchen wir nun noch, Bilanz zu ziehen: An welchem Punkt befand sich die Evolution der Mitmenschlichkeit am Lebensende in unserem konkreten Fall?

Die Bilanz

Die Spitze der Evolution

Zur Evolutionsspitze gehören der Hausarzt, die Klinik und die erwähnten Angehörigen.

Der Hausarzt war spitze, weil er seine Intuition ernst nahm und sofort abklären ließ, was hinter den Schmerzen des sonst kerngesunden Mannes stand. Er hätte es sich bequemer machen und zunächst einmal Schmerzmittel verschreiben können. Das wäre lukrativer gewesen als die Einweisung in die Klinik.

Das renommierte Krankenhaus machte seinem Ruf alle Ehre. Es war medizinisch, psychologisch und menschlich auf der Höhe der Zeit. Auch die erwähnten Angehörigen verhielten sich vorbildlich.

Ein neues Paradigma

Das erfreuliche Resultat ist nicht zuletzt auch dem 5-Phasen-Modell von Kübler-Ross zu verdanken, das ein Meilenstein in der Geschichte des Umgangs mit Sterbenden wurde. Der Fortschritt war u. a. das Resultat eines Wandels im Arzt-Patienten-Gespräch. Die junge Psychiaterin stieg vom Arztpodest herunter und ließ sich auf der Höhe ihrer PatientInnen nieder. Die Wandlung des hierarchischen in ein dialogisches Gespräch förderte die Evolution der Sterbeforschung nachhaltig.

In den Augen der damaligen Medizin waren die Gespräche der jungen Psychiaterin zu wenig sachlich. Dass sie sich im ärztlichen Gespräch subjektiv engagierte, wurde als dilettantisch empfunden. Damals herrschte noch die Ansicht, eine Wissenschafterin/ein Wissenschafter dürfe sich vom Forschungsgegenstand nicht infizieren lassen; er müsse objektiv bleiben und kühl Distanz wahren. ÄrztInnen waren darum „Götter in Weiß".

Für die PatientInnen war Kübler-Ross eine große Hilfe bei der Verarbeitung der Katastrophe, die sie ereilt hatte. Ich durfte die junge Psychiaterin vor einem halben Jahrhundert bei ihrer Arbeit *live* miterleben und war beeindruckt von ihrer intuitiven Einfühlungsgabe.

Ihr Gespräch mit den PatientInnen folgte dem neuen Paradigma, das mit der Psychoanalyse aufgekommen war. Dabei begegnen sich Ärztin/Arzt und Patientin/Patient ganz persönlich (Stichwort: Übertragung/Gegenübertragung). Eine Psychoanalyse berührt beide GesprächspartnerInnen in der Tiefe. Die Kunst der Therapeutin/des Therapeuten besteht darin, trotz der intimen Begegnung objektiv zu bleiben (Stichwort: Therapeutische Abstinenz). Diese Kunst erlernt die Therapeutin/der Therapeut in ihrer/seiner eigenen Lehranalyse, die ihr/sein Bewusstsein nach innen erweitert (vor allem durch die Arbeit an ihren/seinen Träumen).

Memento mori!

Es ist das Verdienst von Kübler-Ross, die Evolution der Sterbeforschung um einen Schritt weitergebracht zu haben. Neu war, dass sich die Ärztin/der Arzt *subjektiv* auf sein: „Memento mori!" einließ. Darin besteht die künftige „Lehranalyse" der SterbeforscherInnen. Ohne das Bedenken des eigenen „Vor-Laufens zum Tode" (Heidegger) stagniert die Sterbeforschung. Die Meditation von Psalm 90: „Bedenke, dass du sterben musst!" sollte zu einem festen Bestandteil derselben werden, zu ihrer *Conditio sine qua non*.

Ob die Evolution der Mitmenschlichkeit am Lebensende stagniert oder weiterschreitet, hängt also davon ab, wie weit unsere Gesellschaft imstande ist, das Tabu des Todes zu überwinden und die Vorläufigkeit allen Daseins bewusst ins Leben zu integrieren.

Bekanntlich ist nur das todsicher, dass wir sterben müssen. Weil aber niemand weiß, wann das der Fall sein wird, müssen wir beizeiten beginnen, loslassen zu lernen.

Im Alter von fünf Jahren wird sich der Mensch seiner Vergänglichkeit langsam bewusst. Dann kann die Einübung in die Kunst des Abschiednehmens beginnen.

Wichtig ist für ein Kind zu lernen, dass nicht immer alles nach dem eigenen Kopf geht. In diesem Punkt sind viele heutige Eltern allzu nachgiebig. Sie lassen ihren Kinder zu viel durch und verziehen diese damit zu starrköpfigen kleinen Göttinnen und Göttern, die wähnen, die Welt müsse nach ihrer Pfeife tanzen. Mit einer permissiven Erziehung können Kinder nicht flexibel werden, und später verharren sie dann bei katastrophalen Ereignissen zu lange in der Phase I, womit sie ihrer Umgebung unnötig zur Last fallen.

Ohne „Memento mori!" stagniert die Evolution der Mitmenschlichkeit am Lebensende. Unsere Wohlfühlkultur muss lernen, den Tod ins Leben zu integrieren.

Das brächte den Vorteil, dass wir flexibler würden. Flexibilität ist die Voraussetzung echter Lebensfreude. Wer sich die Vor-Läufigkeit seines Daseins bewusst macht, lernt auch, das Leben zu genießen, und bleibt so innerlich jung, selbst wenn er alt wird. Das Bedenken des Todes bringt inneren Gewinn. Segen. Das ist die gute Seite des Todes.

Der im Schock festsitzende Patient konnte die Hilfe von Exit nicht in Anspruch nehmen. Damit hätte er, ganz nebenbei, dem Staat und der Krankenkasse sehr viel Geld erspart. Viel wichtiger als die Geldfrage ist aber die geistige Flexibilität. Sie hilft, sich ins Unvermeidliche zu fügen und durch das anfängliche „Nein!" zum großen „Ja!" zu finden.

Zusammenfassend lässt sich zu unserem Fall sagen: Die Evolution der Mitmenschlichkeit am Lebensende hat in letzter Zeit erfreuliche Fortschritte erzielt. Aber trotzdem bleibt noch viel zu tun. Der Zeitgeist weicht dem „Memento mori!" noch aus. In diesem Punkt müssen wir weiterkommen. Die Evolution ist noch lange nicht zu Ende. Jeder kann mithelfen, dass sie wieder einen Schritt vorankommt.

9.3
Auf der Suche nach der Balance: vom Durchhalten und vom Loslassen

Gerhart und Clara Langthaler

Auszüge aus einem Tagebuch, das während mehrerer Wochen entstanden ist. Eine Tochter begleitet ihren Vater und gemeinsam formulieren sie die nachstehenden Gedanken in der Hoffnung, Menschen in ähnlichen Situationen beistehen zu können.

Selbstporträt – Wer ist die Person, die von einer entscheidenden Lebensphase erzählt?

Weißt du, wer du wirklich bist? Es sollte dich interessieren. Wir alle sind durch unsere Umwelt geprägt. Das beginnt im Mutterleib und endet am Totenbett. In höchst liebevoller Absicht haben mich meine Eltern zu „etwas" formen wollen. Gärtnern gleich, erzogen sie mich zu einem nützlichen Menschen. Auftrag: für andere da zu sein. Dem folgte ich, soweit ich es konnte, stellte eigene Interessen und Absichten möglichst zurück.

Ich bin von jeher ein gläubiger Mensch, nicht im konfessionellen Sinn. Nach meinem Gespür sind wir Teil eines Großen und Ganzen. Das schließt Zweifel und mangelndes Vertrauen nicht aus.

In diesem Sinn habe ich die bald 85 Jahre meiner irdischen Existenz vielfach voller Freude und Glück verbringen dürfen, wofür ich besonders dankbar bin. Natürlich gab es viele Höhen und Tiefen, die – wie sich denken lässt – nicht in wenigen Sätzen darzustellen sind.

Ich habe mein Leben als fünffacher Vater verbracht, war in mehreren Berufen tätig, u. a. als ausgebildeter Grafiker, war Verleger erfolgreicher Bücher, schließlich als Lehrer, als Trainer und Coach für Persönlichkeitsentwicklung tätig, rund ein Viertel Jahrhundert lang. Immer stand die Frage „Wer bin ich wirklich?" im Vordergrund, an mich gerichtet und an all jene vielen, die sich mir anvertraut haben. In diesem Sinn richte ich diese brennende Frage auch an dich, liebe Leserin, lieber Leser und hoffe dir ein wenig helfen zu können, besonders in dieser Phase deines Daseins.

Ein messerscharfer Befund – verändert das Wesentliche des Daseins

Die Computerdiagnose ist unbestechlich: Pankreaskrebs, Metastasen in der Leber. Kommentar der Fachärzte: Operation oder ähnliche therapeutische Maßnahmen nicht mehr möglich. Es bleibt eine paläative Betreuung.

Die polierte Seite einer schmutzigen Münze

In einer Phase wie dieser heißt es, alle Werte neu zu überdenken. Vieles, das ich bisher übergangen habe, erhält in dieser Situation eine neue Bedeutung. Das sind vor allem Erkenntnisse und Einsichten, die unter anderen Umständen nie zustande gekommen wären. Vieles, das ich aus Hochmut übergangen habe, betrachte ich jetzt sehr demütig. Es eröffnen sich Tag für Tag neue Perspektiven, die letzten Endes zu einer völlig anderen Betrachtung unserer Existenz führen.

Realität contra Wirklichkeit – Von der Konstruktion zu den Beweisen

Mehr und mehr beschäftigt mich die Frage, wie weit unser gesamtes Leben aus Erwartungen und Vorstellungen besteht, aus Erzählungen unserer Gesellschaft. Mit der Erkenntnis, dass es für alle diese unsere

Erwartungen keinerlei Beweise gibt (abgesehen von dem Befund), kommen wir zu der Einsicht, dass wir von den unterschiedlichsten Konstruktionen leben. Von Dingen, die wir erhoffen, die wir befürchten, die uns in jeder Hinsicht umzingeln.

Krankheit – Angst vor der Wirklichkeit – Fast ein Geheimwissen

Diese Ansicht verdanken wir Menschen, die sich intensiv mit den Erkenntnissen von Jahrtausenden in den unterschiedlichsten Kulturen beschäftigt haben. Diese Ängste gehen so weit, dass jene Lehren als esoterischer Humbug abgetan oder in irgendeiner anderen Weise, speziell in unserer Kultur, sogar verteufelt werden.

Mein Begleiter Hieronymus Bosch – Auf dem Weg in eine selbst gemachte Hölle

Als aufgeklärte Gesellschaft wissen wir endlich, dass es kein Inferno, keine Hölle realiter gibt. Aber es ist uns über Jahrhunderte vermittelt worden, dass es einen strafenden Gott gibt. Was absolut nicht sein kann. Denn wie wir alle wissen, besteht jegliche Art von Göttlichkeit aus purer Liebe – nach der wir uns bewusst oder unbewusst von Beginn an sehnen.

Das letzte Hemd hat keine Taschen – Was will ich, was muss ich hinterlassen?

In einer Zeit, in der das Materielle derart Überhand gewinnt, ist es schwerer denn je spirituelle Werte zu finden, anzuerkennen und danach zu leben. Das beweist, dass Sterben und Tod in unserer Gesellschaft maßlos verdrängt werden. Welche ungeheure Bedeutung das Spirituelle aber für eine glückliche Existenz in Wirklichkeit hat, finden wir in dem Satz aus dem Tao: „Glücklich gekommen – glücklich gegangen." Es geht das ganze Leben darum, dieses in Freude und Harmonie zu gestalten. Dagegen wird alles andere belanglos.

Die neue Freiheit – Das große Abschiednehmen

Im Bewusstsein einer unheilbaren Krankheit, heißt es – so bitter das ist – nach und nach von den unterschiedlichsten Möglichkeiten und Dingen Abschied zu nehmen. Das können im ganz Besonderen Menschen, die uns ans Herz gewachsen sind, sein und auch liebe Gewohnheiten.

Über die vier Kostbaren Worte – Kein Zorn, keine Vergeltung, nur Liebe und andere Heilmethoden

Von einer ehrwürdigen Kultur wurden schon vor rund achttausend Jahren wesentliche Empfehlungen hinterlassen:
- Bemühe dich, deine Liebe allen lebenden Dingen zukommen zu lassen.
- Ohne jegliches Vorurteil: vor allem gegenüber dir selbst.
- Das schließt mit ein, dass du allem und jedem, auch deinen ärgsten Feinden, so du welche hast, reuelos vergibst.
- Gib dich in uneingeschränkter Dankbarkeit diesem Dasein hin. Und erlaube dir, dich diesem Dasein auf die denkbar beste Weise zu widmen.

Ich bin – Du musst es nicht glauben, du musst es sein

Seit jeher zeigen Weise und Philosophen auf, dass wir mit dem entsprechenden Selbstbewusstsein erkennen dürfen, dass wir Teil eines Großen und Ganzen sind. Weder dieses noch jeder und jede von uns kann in diesem Sinn verloren gehen. Voraussetzung ist, diese Erkenntnis wirklich zu spüren und sie nicht nur nachgedacht zu erfassen.

Sonderticket mit langer Laufzeit – Möglich ist alles, aber wahrscheinlich ist es nicht

Eine Weisheit, die uns J. N. Nestroy hinterlassen hat. Gewisse sogenannte Wunder geschehen noch immer. Hier tut sich die große Frage nach der Balance auf, dem rechten Gleichgewicht zwischen Loslassen und Festhalten. Vermutlich zählt diese Herausforderung in dieser Verfassung zum Schwierigsten. Will ich bleiben oder will ich gehen?

Oh, wie schade – ach, wie fein – Über Gewinn und Verlust vor der Abreise

So unwahrscheinlich es klingt, aber gerade ein Hinscheiden in dieser schwierigen Form (die sich niemand wünscht, aber alle befürchten) beschert uns Einsichten und Erkenntnisse, zu denen wir sonst nie gelangen würden. Grund genug, auch in dieser Phase von großer Dankbarkeit erfüllt zu sein. Dankbarkeit als eine der wesentlichen Voraussetzungen für ein bereichertes und glückliches Dasein.

Literaturhinweise

6.1 Ludwig Janus/Nana Walzer: Menschlichkeit beginnt bereits vor der Geburt

Blazy, H. (Hg.) (2009): „Wie wenn man eine innere Stimme hört." Mattes, Heidelberg.

Blazy, H. (Hrsg.) (2012): „Gespräche im Innenraum". Intrauterine Verständigung zwischen Mutter und Kind. Mattes, Heidelberg .

Blazy, H. (Hrsg.) (2014): „Und am Anfang riesige Räume ... und dort erschien das Baby". Mattes, Heidelberg.

Blazy H. (Hrsg.) (2015): Jenö Raffai. „Gesammelte Aufsätze". Mattes, Heidelberg.

Blazy H. (Hrsg.) (2016): „Der Neuland Seefahrer beginnt seine Reise." Mattes, Heidelberg.

Evertz, Klaus, Janus, Ludwig, Linder, Rupert (Hrsg.) (2014): Lehrbuch der Pränatalen Psychologie. Mattes, Heidelberg.

Grille, R. (2005): Parenting for a Peaceful World. Longueville Media, Alexandria, Australia.

Hidas, G., Raffai, J. (2005): Die Nabelschnur der Seele. Psychosozial, Gießen.

Janus, L. (2010): Über Grundlagen und Notwendigkeit der Förderung der Elternkompetenz. In: Völlmicke, E., Brudermüller, G. (Hrsg.): Familie – ein öffentliches Gut. Königshausen und Neumann, Würzburg.

Janus L. (2011): Wie die Seele entsteht. Mattes, Heidelberg.

Janus, Ludwig (2018): Homo foetalis et sapiens. Das Wechselspiel zwischen dem fötalen Erleben mit den Primateninstinkten und dem Verstand als Wesenskern des Menschen. Mattes, Heidelberg.

6.3 Brigitte Sindelar: Pubertät und Adoleszenz

Friedrich, M. H. (1999/2005). *Irrgarten Pubertät. Elternängste.* (3. Auflage Ausg.). Wien: Ueberreuter.

Friedrich, M. H. (2003). *Kinder ins Leben begleiten.* Wien: öbv&hpt.

Sindelar, B. (2013). *Seelenkundig. Eine Einführung in die Psychologie des Menschen.* Wien: Austria Press.

Sindelar, B. (2014). Kinder und Jugendliche, gefangen im weltweiten Netz. *Zeitschrift für freie psychoanalytische Forschung und Individualpsychologie 1/1*, S. 97–116. doi: 10.15136/14.1.1.xx-x5.

Sindelar, B. (2014). *Von den Teilen zum Ganzen: Theorie und Empirie einer integrativen psychologischen und psychotherapeutischen Entwicklungsforschung.* Münster: Waxmann.

Sindelar, B., & Bendas, C. (2015). Neue Aktionsfelder der destruktiven Aggression: Mobbing und Cybermobbing bei Jugendlichen – Ergebnisse einer empirischen Untersuchung. *Zeitschrift für freie psychoanalytische Forschung und Individualpsychologie 2/2*, S. 70–87. doi: 10.15136/15.2.2.70-87

7.2 Thomas A. Bauer: Wissen schaffen – Bewusstsein erweitern: das generative Potenzial der sozial-medialen Praxis

Adolf, Marian / Stehr, Nico (2018): Information, Knowledge, and Return of Social Physics. IN: Administration and Society 2018, Vol 50(9), S. 1238–1258: Sage

Bauer, Thomas A. /Ortner, Gerhard E. (2006): Werte für Europa. Medienkultur und ethische Bildung in und für Europa. Düsseldorf: B+B Medien

Bauer, Thomas A. (2011): Globalisierung aus kommunikationswissenschaftlicher Perspektive. IN: Dvorák, Johann/ Mückler, Hermann (Hg.): Staat – Globalisierung – Migration. Wien: Facultas WUV

Bauer, Thomas A. (2014): Kommunikation wissenschaftlich denken. Perspektiven einer kontextuellen Theorie gesellschaftlicher Verständigung. Wien: Böhlau

Berger, Peter L. /Luckmann, Thomas (1972): Die gesellschaftliche Konstruktion der Wirklichkeit. Eine Theorie der Wissenssoziologie. Frankfurt am Main: Fischer TB

Blaschitz, Edith /Seibt, Martin (2008): Medienbildung in Österreich. Historische und aktuelle Entwicklungen, theoretische Positionen und Medienpraxis. Wien: Lit-Verlag

Bourdieu, Pierre (2005): Was heißt sprechen? Zur Ökonomie des sprachlichen Tausches. Wien: Braumüller

Enzensberger, Hans Magnus (1970): Baukasten zu einer Theorie der Medien. IN: Glotz, Peter (Hg.): Baukasten zu einer Theorie der Medien. Kritische Diskurse zur Pressefreiheit. München: Fischer TB, S. 97–132

Flusser, Vilém (1998): Kommunikologie. Frankfurt am Main: Fischer TB

Luhmann, Niklas (2004): Die Realität der Massenmedien. Wiesbaden: VS Verlag für Sozialwissenschaften

Mikuszeit, Bernd /Szudra, Ute (Hg.) (2009): Multimedia und ethische Bildung. Frankfurt am Main: Peter Lang

Piaget, Jean (1966): Psychologie der Intelligenz. Zürich: Rascher

Schmidt, Siegfried J. (/2003): Geschichten & Diskurse. Reinbeck bei Hamburg: Rowohlt

7.3. Nana Walzer: Emotionale Kommunikation – zur Praxis des verantwortlichen Handelns im Medienkontext

Ekman, Paul: Atlas of Emotions. http://atlasofemotions.org/

Europäisches Parlament, Wahlbeteiligung bei der Europawahl 1979–2014: www.europarl.europa.eu/elections2014-results/de/turnout.html

Janus, Ludwig: Grundlinien einer Tiefenpsychologie der Mentalitätsgeschichte. In: Walzer, Nana/Gowin, Peter (Hg.): Die Evolution der Menschlichkeit. Wege zur Gesellschaft von morgen. Braumüller 2017, S. 70ff.

Kaufmann, Rolf: Fortschritt – wohin? In: Walzer, Nana/Gowin, Peter (Hg.): Die Evolution der Menschlichkeit. Wege zur Gesellschaft von morgen. Braumüller 2017, S. 15ff.

ORF-Gesetz, öffentlich-rechtlicher Auftrag: https://www.jusline.at/gesetz/orf-g/paragraf/4

Popp, Reinhold/Rieken, Bernd/Sindelar, Brigitte: Zukunftsforschung und Psychodynamik. Zukunftsdenken zwischen Angst und Zuversicht. Waxmann 2018.

Walzer, Nana: Identität im Übergang. In: Walzer, Nana/Gowin, Peter (Hg.): Die Evolution der Menschlichkeit. Wege zur Gesellschaft von morgen. Braumüller 2017, S. 87ff.

Walzer, Nana: Zum Mehrwert der Vielfalt durch Kommunikation. In: Walzer, Nana/Gowin, Peter (Hg.): Die Evolution der Menschlichkeit. Wege zur Gesellschaft von morgen. Braumüller 2017, S. 297ff.

Walzer, Nana/Thoma, Ron: Open Minded Leadership. Wege zu herausragender Führung. LIT Verlag 2017.

Verhaeghe, Paul: Autorität und Verantwortung. Kunstmann 2016.

Walzer, Nana: Trump – Der Kommunikator. In: Rodenberg, Hans-Peter: Trump – Politik als Geschäft. LIT Verlag 2017.

Walzer, Nana: Die Kunst der Begegnung. Vom Ich zum Wir. Braumüller 2016.

9.1 Monica Aschauer: Menschlichkeit im Umgang mit Sterbenden. Unterstützung für Angehörige

Böke, H./Knudsen-Böke, L./Müller, M. (Hg), Trauer ist ein langer Weg, Düsseldorf, Patmos, 2000

Kulbe, Annette, Sterbebegleitung. Hilfen zur Pflege Sterbender, München, Urban & Fischer, 2008

Kübler-Ross, Elisabeth, Interviews mit Sterbenden, Gütersloh, Kreuz, 1996

Kübler-Ross, Elisabeth, Leben, bis wir Abschied nehmen, Stuttgart, Kreuz,1998

Kübler-Ross, Elisabeth, Reif werden zum Tode, Knaur, 2004

Müller, Monika, Dem Sterben Leben geben. Die Begleitung sterbender und trauernder Menschen als spiritueller Weg, Gütersloh, 2004

Specht-Tomann, M. und Tropper, D., Wege aus der Trauer, Düsseldorf, Patmos-Verlag

Tausch, Anne-Marie, Gespräche gegen die Angst, Reinbek, Rowohlt Taschenbuch-Verlag, 1987

AutorInnen

Herausgeberin

© Nana Walzer

Mag. Dr. Nana Walzer

Mag. Dr. Nana Walzer ist promovierte Kommunikationswissenschaftlerin und studierte Musik- und Theaterwissenschaften sowie Soziologie. Sie ist als Autorin und Publizistin, Trainerin, Vortragende, Lehrbeauftragte und Moderatorin tätig. Seit 2016 tritt sie als Kommunikationsexpertin im ORF auf. Ehrenamtlich setzt sich Dr. Walzer besonders für die europäische Idee und ein menschlich orientiertes Europa ein. Sie ist Vorsitzende von europe:united – Organisation für ein menschliches Europa (www.europeunited.eu) und unterstützt das BürgerInnenprojekt europa.cafe (www.europa.cafe), als deren Sprecherin sie 2018 den Europa-Staatspreis der Republik Österreich verliehen bekam. Publikationen: Die Kunst der Begegnung im Braumüller Verlag, 2016. Die Evolution der Menschlichkeit. Wege in die Gesellschaft von morgen, herausgegeben mit Mag. DDr. Peter Gowin im Braumüller Verlag (2017). Open Minded Leadership. Ein Weg zu herausragender Führung, verfasst mit Ing. Ronald Thoma, im LIT Verlag (2017). Nähere Informationen unter: www.walzer.eu

AutorInnen

© Monica Aschauer

Mag. Monica Aschauer, DGKS

Monica Aschauer, geboren 1963, ist glücklich verheiratet und hat eine Tochter. Sie studierte Handelswissenschaften an der WU Wien und arbeitete 14 Jahre lang als Personalberaterin. Nachdem sie nebenbei für 2 Jahre ehrenamtlich im Hospiz St. Raphael im Göttlicher Heiland KH tätig war, entschloss sie sich mit 40 Jahren zu einem vollkommenen Berufswechsel und absolvierte die Ausbildung zur diplomierten Gesundheits- und Krankenschwester. Nach drei Jahren Tätigkeit auf einer Internen Station im SMZ Süd wechselte sie im Jahr 2010 wieder zurück ins Göttlicher Heiland Krankenhaus, wo sie seither als Diplomkrankenschwester auf der Palliativstation arbeitet. Außerdem ist sie immer wieder als Kursleiterin für den Lehrgang Lebens-, Sterbe- und Trauerbegleitung im Kardinal König Haus tätig. Monica Aschauer war und ist es immer besonders wichtig, auch die Angehörigen ihrer Patienten gut und umfassend zu betreuen und zu begleiteten. Neben ihrer Aufgabe als Krankenschwester auf der Palliativstation ist sie derzeit dabei, sich in diesem Bereich auch selbstständig zu machen. www.angehörig.at

© Thomas A. Bauer

o. Univ. Prof. Dr. Thomas A. Bauer

1945, Universitätsprofessor und em. Ordinarius für AV Journalismus, Medienkultur und Medienbildung - seit 1993 am Institut für Publizistik- und Kommunikationswissenschaft der Universität Wien. Gastlektor in verschiedenen internationalen Universitäten. Vorsitzender des Hrsg.-Verbandes für OKTO Vienna Community TV, President of the Austrian-American Film Association (AAFA), President of European Society for Education and Communication (ESEC), Vorstand des Österr.

PR-Ethik-Rates (2015), Vorsitzender des wissenschaftl. Beirates des Eco-C Programmes. Arbeitsschwerpunkte sind u.a. Medienkultur, Medienbildung, Bildungsmedien, Media Literacy Studies, kulturtheoretische Kommunikationswissenschaft, Cultural and Future Studies, Kommunikationsberufe, Inter- und transkulturelle Kommunikation, Alternative Medienarbeit, Multikulturelle Lehrprogramme, Interuniversitäre Open-distance-learning-Programme, Interuniversitäre Lehrprogramme zu Gesundheitskommunikation, Umweltpublizistik, Gesundheitskommunikation, Multikultureller Journalismus, Religionsjournalismus, Public Diplomacy, Balkan Studies. Publikationen in den Bereichen Medienpädagogik, Medienbildung, Medienkultur, Partizipative Medienarbeit, Kommunikations- und Medientheorie, Systemanalyse, Future Studies, Sozialer Wandel, Bildungsgesellschaft, Transformation und Zivilgesellschaft. Homepage: www.thomasbauer.at

© Theo Brinek

Theo Brinek, MA

Theo Brinek hält einen Master of Arts in „Mediation & Konfliktregelung" und ist eingetragener Mediator (BMJ), anerkannter Systemaufsteller der Deutschen Gesellschaft für Systemaufstellungen (DGfS), Coach und Unternehmensberater. Brinek war jahrelang im Hotelmanagement (operativ und beratend), sowie als Lektor am Ryerson und Centennial College in Toronto, Kanada tätig. Er war auch über Jahre international mit Projetentwicklung und Finanzierung engagiert. Als Buchautor hat er sich zum Thema „Kreatives Konfliktmanagement im Gesundheits- und Krankenpflegebereich" einen Namen gemacht. Sein Themenfokus liegt auf Stressmanagement, Konfliktmanagement am Arbeitsplatz, Familienunternehmen – Konfliktbearbeitung, Nachfolge, interkulturelles (Konflikt-)Management und Retirement Coaching. Kontakt: www.coach-mediator.com

© Christina Hager

Dr. phil. Christina Hager

Dr. phil. Christina Hager, Studium der Pädagogik und Psychologie, langjährige Erfahrung als Pflichtschullehrerin, in der LehrerInnenaus- und -fortbildung an der Pädagogischen Akademie/Pädagogischen Hochschule und an der Universität Wien sowie in der Bildungsforschung.

© Ludwig Janus

Dr. med. Ludwig Janus

Ludwig Janus, Jg. 1939, Dr. med., psychoanalytischer Psychotherapeut in eigener Praxis in Dossenheim bei Heidelberg. Lehranalytiker und Supervisor in der psychoanalytischen und tiefenpsychologischen Weiterbildung, Ausbilder in der Förderung der vorgeburtlichen Mutter-Kind-Beziehung. Wissenschaftliche Arbeiten zur Ge-schichte der Psychoanalyse, der Psychohistorie und der pränatalen Psychologie. Mitglied verschiedener wissenschaftlicher Fachgesellschaften, unter anderem der DPG, der ISPPM und der GPPP. Homepage: www.ludwig-janus.de.

© Rolf Kaufmann

Rolf Kaufmann

Rolf Kaufmann, geb. 1940 in Zürich, ist von Haus aus Theologe. Er erwarb sich am Jung-Institut das Diplom als Analytischer Psychologe. Neben der psychotherapeutischen Praxis war er Zen-Lehrer und Erwachsenenbildner. Er ist Freitodbegleiter bei Exit und Dozent am ISAP Zürich, dem Internationalen Seminar für Analytische Psychologie. Er schrieb sieben Bücher zum Thema zeitgemäße Spiritualität."

© Babak Kaweh

Babak Kaweh

Babak Kaweh, geb.1959, halb Deutscher (mütterlich)/ halb Iraner (väterlich) Medizinstudium in Köln, Lehr- und Supervisionstätigkeit an diversen Universitäten, Buchautor, Psychotherapeut (Deutschland), zertifizierter Erwachsenenbildner, akkreditierter Lehrcoach und Master- Lehrtrainer, Unternehmensberater und Certified Management Consultant (CMC). Seit März 1988 als Lehrkraft, Coach und Supervisor im Gesundheitswesen, in der Wirtschaft und Erwachsenenbildung in den Bereichen Kommunikation, Beratung, Selbstmanagement, systemische Familienarbeit, Konfliktmanagement, Persönlichkeitsentwicklung, Teamentwicklung, Rhetorik und Präsentation tätig. Heute Gesellschafter und Geschäftsführer einer der wenigen mehrfach ISO-zertifizierten Trainings- und Consultingfirmen Österreichs, der Babak Kaweh GmbH. Lehrgangsleiter und Referent der Berufsausbildung Lebensberatung (www.lsbausbildung.at) und der Coaching-Diplomausbildung (www.coachingin. wien), Gründer und Leiter der Akkreditierungskörperschaft ARETIK www.aretik.com für den Bereich Erwachsenenbildung.

© Gebrüder Pixel

Clara Langthaler, BA

Clara Langthaler. BA studiert Geschichte im Master an der Universität Wien. Bachelorabschluss August 2018. Einer ihrer Interessensschwerpunkte ist die österreichische Geschichte. Daneben sind Literatur, Kunst- und Kulturvermittlung weitere Themenfelder, die sie aktiv verfolgt. Ehrenamtliche Tätigkeit in der Arbeit mit Kindern- und Jugendlichen bei den Pfadfindern & Pfadfinderinnen Österreichs. Mitarbeiterin bei Odeur – Mehr Power durch Öle.

© Clara Langthaler

Gerhart Langthaler (22.06.1933- 10.07.2018)

Gerhart Langthaler war Zeit seines Lebens ein viel beschäftigter Verleger, Coach und Graphiker. Er war 20 Jahre als Verleger tätig und war Mitgründer der New Design Universität. Er unterrichtete Kommunikation, Ästhetik, Illustration und Marketing. In seiner Beratertätigkeit arbeitete er für Institutionen und private Unternehmen, vielfach im Non-Profit-Bereich, bei Personalfragen oder bei internen Marketingaufgaben. Seine Schwerpunktthemen waren Konflikt-, Stress- und Organisationsmanagement. Seine künstlerische Tätigkeit betrieb er frei von wirtschaftlicher Anhängigkeit. Bis in die 80er-Jahre organisierte er viele Ausstellungen, unter anderem in Zürich, Paris und Österreich. 2003 gab es eine große Ausstellung im Wiener Künstlerhaus. Seitdem immer wieder kleinere Werkschauen. Seine künstlerischen Werke umfassen Ölbilder genauso wie mehrere Meter lange Arbeiten zu aktuellen Themen. Kreativität und die Freude am Erschaffen waren Zeit seines Lebens konstante Begleiter.

© Maria Koblicha-Rathausky

Veronika Lippert

Geboren, als drittes Kind von vier Geschwistern 1971 in Wien, verheiratet und Mutter von drei Kindern. Studium der Heil- und Sonderpädagogik in Wien. Während bzw. nach der Schulzeit und des Studiums weitere Ausbildungen: Das Kindheitstrauma des sexuellen Missbrauchs, Traumgenese, Folgen und Behandlungsansätze; Fortbildungsseminar für Anlaufstellen und Sozialdienste bei sexuellem Missbrauch; Ausbildung zur Spielanimation/Spielpädagogin im Bereich Freizeit- und Behindertenpädagogik; Großgruppenanimation/Kreativtechniken; Integration von Randgruppen; rechtliche Grundlagen im Umgang mit Kinderbetreuung; Weiterbildung zur zertifizierten

Elterntrainerin mit Schwerpunkt ABC-Elternführerschein; zertifizierte Erwachsenenbildnerin. Homepages: www.elternwerkstatt.at und www.v-eronik.at

© Daniel Passweg

Ing. Daniel Passweg, MSc. BSc.

Daniel Passweg, geboren 1963 in St. Pölten, ist Professor für Kommunikation am Department für Diversität der Pädagogischen Hochschule Niederösterreich, Sozialwissenschaftler und in freier psychosozialer Praxis tätig. Sein Weg führte ihn zunächst über das TGM Wien und ein Physikstudium an der Technischen Universität Wien zum technischen Berater und Trainer für Unternehmen und Dozent für Informatik an Pädagogischen Hochschulen, Fachhochschulen und am Wifi Wien. Sein zweiter Bildungsweg brachte ihn, mit den Schwerpunkten Neuro-linguistische Programmierung und Systemische Familienberatung, in die Salutogenese als Berater, Lehr-Coach und Lehr-Supervisor sowie Zivilrechts-Mediator. Das anschließende Studium Counseling am Universitätsinstitut für Beratungs- und Managementwissenschaften an der Fakultät für Psychologie der Sigmund Freud Privatuniversität Wien rundete den Abschluss dieser neuen beruflichen Ausrichtung ab. Der Autor ist sehr am Menschen, seinem Umfeld und seiner persönlichen Entwicklung interessiert. Aufgrund der bisher mehr als 20-jährigen Lehr- und Beratungstätigkeit im Bildungsbereich konzentrieren sich seine Forschungsarbeiten vorwiegend auf diesen Bereich. http://www.passweg.at

© Felicitas Matern

Dr. Karin Schreiner, MA

Interkulturelle Trainerin und Coach für international tätige Unternehmen und Institutionen in Österreich und den Nachbarländern. Inhaberin von „Intercultural Know How – Training & Consulting". Dozentin an der Universität Wien, Donau Universität Krems und an den Fachhochschulen Wien bfi, Wien WKO,

Kufstein, Linz sowie an der Hochschule Konstanz – RheinAhrCampus Remagen – zu den Themen interkulturelle Kommunikation, interkulturelle Konfliktlösung, interkulturelles Management und interkulturelles Coaching. Autorin zahlreicher Bücher zu interkulturellen Themen (Auslandsentsendung, kulturell unterschiedliche Werte, bikulturelle Paare, kulturelle Vielfalt). Nationale und internationale Vortrags- und Seminartätigkeit bei Tagungen und Kongressen zu interkulturellen Themen in Business, Gesundheitsbereich und Bildung. Homepage: www.iknet.at

© Brigitte Sindelar

Univ.-Prof. Dr. Brigitte Sindelar

Klinische Psychologin und Psychotherapeutin (Individualpsychologie) mit dem Schwerpunkt Kinder- und Jugendlichenpsychotherapie. Universitätsprofessorin für Psychotherapiewissenschaft, Vizerektorin für Forschung und Leiterin des Instituts für Kinder- und Jugendlichenpsychotherapie sowie stellvertretende Leiterin des psychotherapeutischen Fachspezifikums Individualpsychologie an der Sigmund Freud Privatuniversität. Leiterin des Sindelar Center in Wien (www.sindelar.at) sowie eines Netzwerks von Betreuungseinrichtungen für Kinder und Jugendliche mit Lernproblemen in Österreich, Deutschland und der Slowakei (www.schmunzelclub.at). Trägerin des Österreichischen Ehrenkreuzes für Wissenschaft und Kunst.

© Susanne Strobach

Susanne Strobach, MSc

Susanne Strobach, MSc ist Gründerin und Geschäftsführerin der Achtsamkeits-Akademie in Wien (www.achtsamkeits-akademie.at). Sie ist Initiatorin und Co-Creatorin des ersten Masterstudienlehrgangs „Achtsamkeit in Bildung, Beratung und Gesundheitswesen", der seit März 2017 mit großem Erfolg an der KPH Wien läuft. Als Mitglied im AFNB-Trainernetzwerk – Akademie für Neurowissenschaftliches Bildungsmanagement – verbindet sie in Ihrer

Arbeit Achtsamkeit und Neurowissenschaften. Sie ist als Key-Note-Speakerin, Trainerin, FH-Lektorin, Buchautorin, Moderatorin und (Lehr-)Mediatorin europaweit tätig.

Mag. Karl Johannes Zarhuber

Mag. Karl Johannes Zarhuber studierte Germanistik und Kombinierte Religionspädagogik an der Universität Salzburg und unterrichtete beide Fächer am Privatgymnasium in Liefering/Salzburg. Parallel zu seiner 10-jährigen Lehrtätigkeit war er Landesgeschäftsführer des Österreichischen Jugendrotkreuzes in Salzburg. Im Februar 1996 wurde er zum Generalsekretär des Österreichischen Jugendrotkreuzes bestellt und übersiedelte berufsbedingt nach Wien. Schon in Salzburg begann Zarhuber eine berufsbegleitende transaktionsanalytische Ausbildung, die er dann in Wien im Bereich Organisation, Coaching und Supervision fortsetzte. 2012 wechselte er zur Internationalen Föderation der Rotkreuz. Und Rothalbmondgesellschaften für den Bereich „Jugend und Freiwilligkeit" nach Genf. Sein größtes Projekt ist der Aufbau und die Entwicklung der Humanitären Bildungsinitiative und Bildungsplattform, durch die eine humanitäre Wertebildung global, regional und lokal angestoßen und ermöglicht werden soll. Bildung liegt ihm am Herzen, weil sie im Besonderen junge Menschen dabei unterstützt, ihre Fähigkeiten und Fertigkeiten zu entdecken und zu entwickeln, um so ein selbstbestimmtes, gutes und glückliches Leben führen zu können.